A Beatriz,
por su apoyo
e ilusión

Primera edición: noviembre de 2005

Fotografías: Juan Alberto Martínez García

Edita:

Sant Domènec, 5 - 08012 BARCELONA
Tel. 93 218 90 26
www.salvatella.com

ISBN: 84-8412-325-1
Depósito legal: B-45.073-2005
Imprime: Derra, s.l.
Printed in Spain

José María Chaquet Ulldemolins

Aviones de Colección
Modelos Realistas en Papiroflexia

Editorial Salvatella

Índice

Índice de modelos

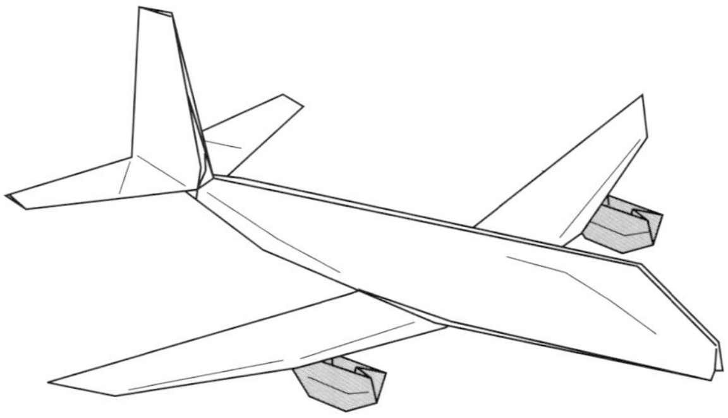

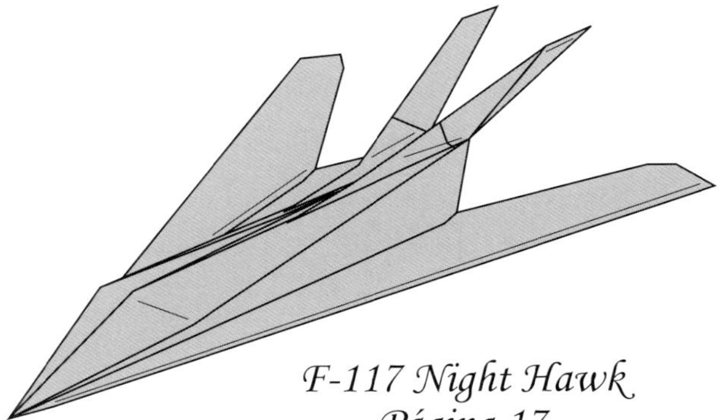

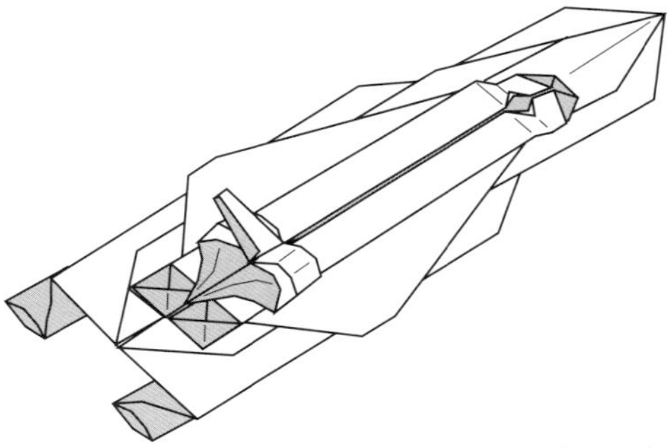

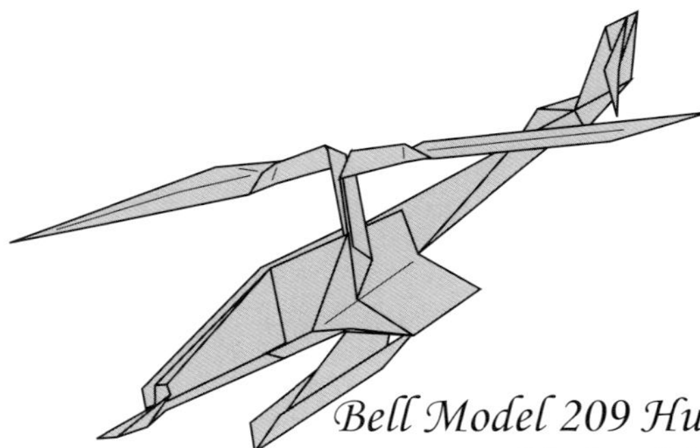

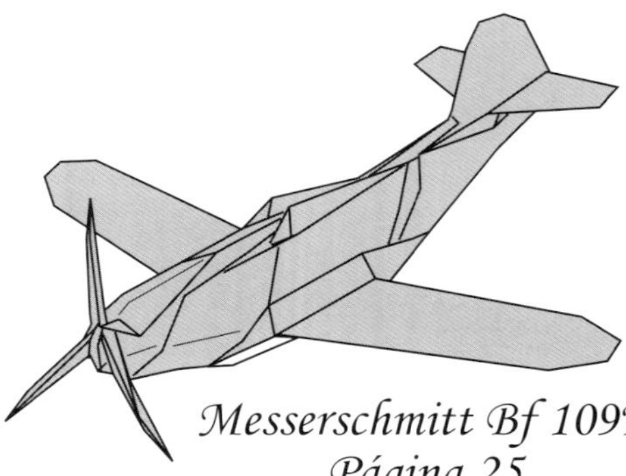

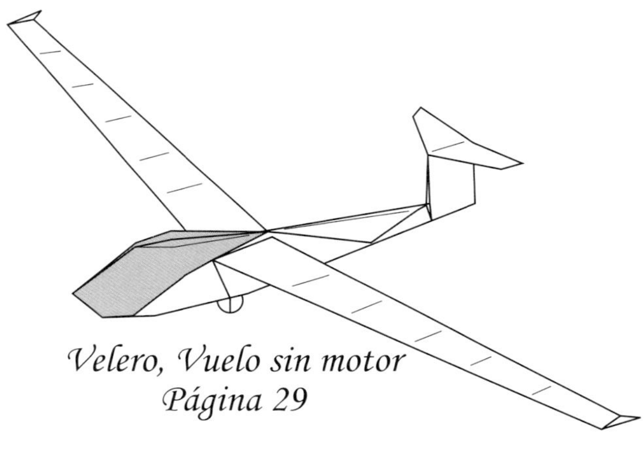

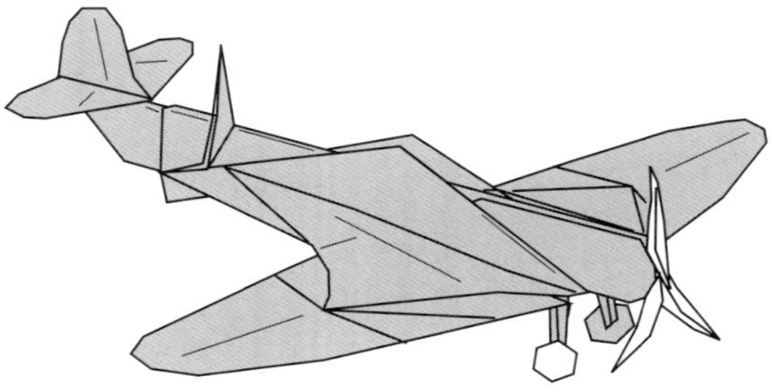

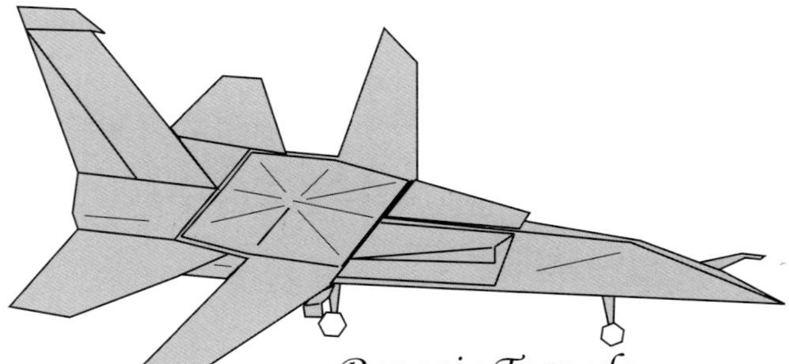

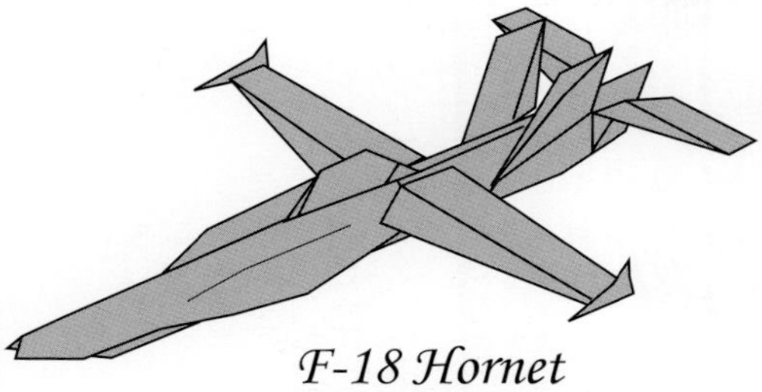

F-18 Hornet
Página 42

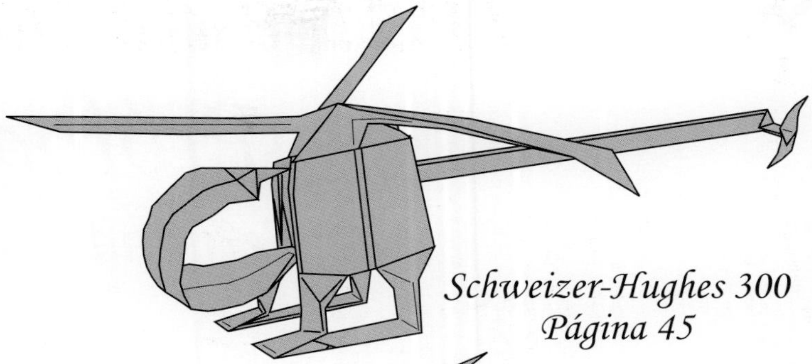

Schweizer-Hughes 300
Página 45

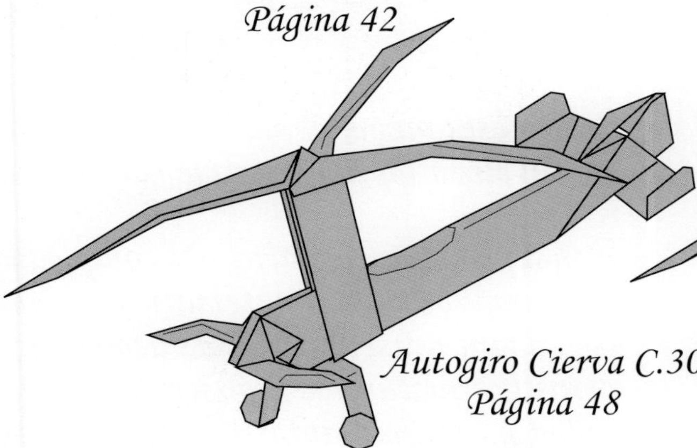

Autogiro Cierva C.30
Página 48

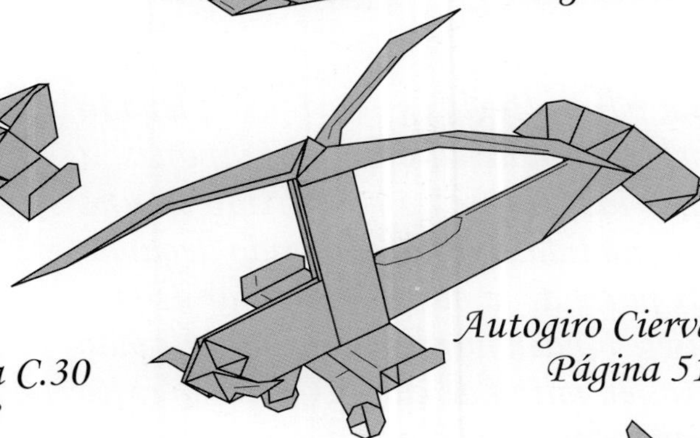

Autogiro Cierva C.19
Página 51

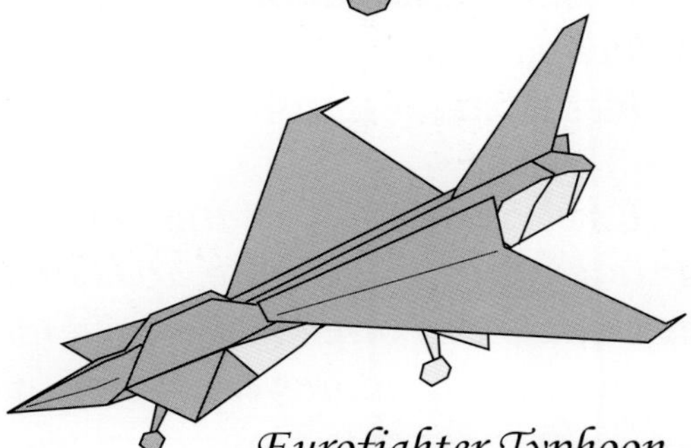

Eurofighter Typhoon
Página 54

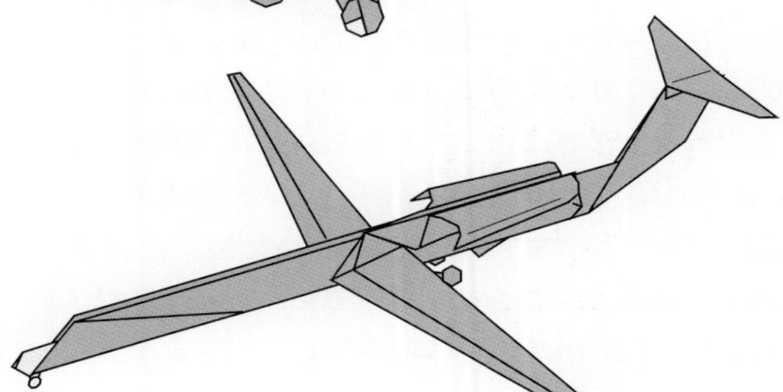

McDonnell Douglas MD-80
Página 59

C-212 Aviocar
Página 64

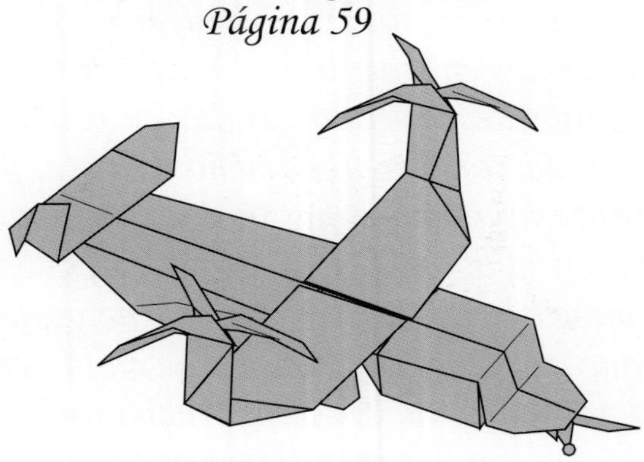

Bell/Boeing V-22 Osprey
Página 69

Fokker Dr I Barón Rojo
Página 74

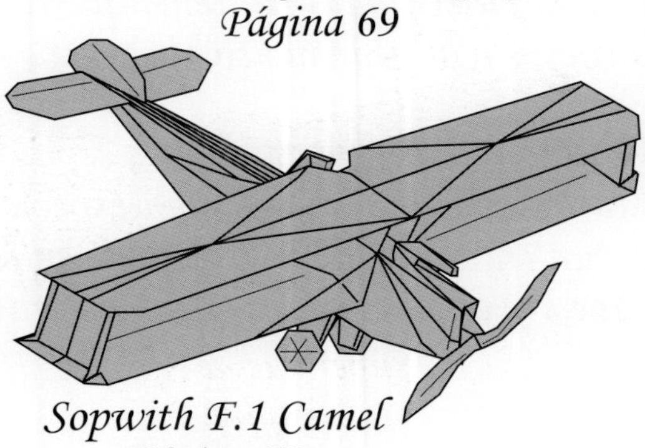

Sopwith F.1 Camel
Página 79

Prólogo
de Fernando Gilgado

La papiroflexia es el arte del plegado del papel y, aunque su origen es japonés, a lo largo de los años se ha convertido en una afición difundida en todo el mundo llegando a formar parte de la cultura popular de muchos países. ¿Quién no recuerda haber plegado avioncitos en mitad de clase? Quizá su éxito resida en todos los valores que se esconden detrás de cada pliegue del papel. No sólo es una actividad divertida y barata, sino que tiene un alto valor pedagógico, ya que ayuda a desarrollar la inteligencia espacial, a comprender conceptos geométricos y a mejorar la habilidad manual.

Debido a la difusión mundial de la papiroflexia, existen multitud de libros. Entre ellos podemos encontrar muchos dedicados a los aviones de papel en los que se prima el vuelo en detrimento del diseño realista. No hay tantas publicaciones que se centren en reproducir al detalle los modelos reales. Este libro presenta aviones de papel que no vuelan, pero que su principal valor reside en la veracidad de su diseño. Da esto prueba una vez más de que con la papiroflexia podemos conseguir cualquier figura sin tener que recurrir a las tijeras o al pegamento.

A la hora de inventar figuras es muy importante tener una motivación especial, ya que es un trabajo arduo y complejo en el que hay que invertir muchas horas de trabajo. Por esta razón, normalmente, los creadores suelen elegir los motivos que más les gustan.

Así podemos encontrarnos con plegadores apasionados de las matemáticas, a quienes les encanta diseñar figuras geométricas. A otros les gustan los monstruos e inventan todo tipo de seres fantásticos. Otros en cambio se inclinan por los insectos y crean todo tipo de bichos sin descanso.

En el caso de José María, nos encontramos ante un joven ingeniero apasionado por la aeronáutica. Forma parte de la nueva generación de plegadores españoles, a la altura de los grandes maestros internacionales. Sus modelos expresan su amor por las máquinas voladoras, por su historia y por sus formas aerodinámicas, que encierran el saber de generaciones de avezados ingenieros. Desde que es conocido en el mundo de la papiroflexia, siempre ha destacado por su evolución constante, sorprendiendo con modelos cada vez más complejos y detallados, y siempre dispuesto a difundir su gusto por los aviones. Fruto de este esfuerzo es el libro que tenéis entre vuestras manos.

Por tanto espero que disfrutéis con los modelos de esta obra, en la que pliegue tras pliegue podréis rememorar la fascinante historia de la aviación; pero, sobre todo, descubriréis la magia de la papiroflexia.

Presentación

Estimado lector-plegador, me complace presentarle mi primer libro, titulado "Aviones de Colección". En él he tratado de unir dos de mis grandes pasiones: la aeronáutica y la papiroflexia.

Llevo ya varios años disfrutando del arte de doblar papel. En este tiempo he observado que existen en la literatura papirofléctica pocos modelos de aviones reales. Hay multitud de preciosos aviones voladores, otros más complejos incapaces de volar, pero que no reproducen ninguna aeronave concreta. Por ello tuve la idea de crear este libro.

Se presentan dieciocho modelos. Todos ellos tratan, con mayor o menor suerte, de reproducir un avión (o un helicóptero, autogiro, etc.) real. He tratado de escoger aquellas aeronaves que tienen un gran peso en la historia aeronáutica, o aquellas cuya configuración me ha resultado interesante llevar al papel. En cuanto a la historia aeronáutica española cabe destacar los autogiros del ingeniero Juan de la Cierva. También encontramos dos parejas de aviones emblemáticos de las dos Guerras Mundiales. Por un lado el Fokker Dr I y el Sopwith Camel de la Primera Guerra Mundial, y por otro lado el Messerschmitt Bf 109 y el Spitfire de la Segunda Guerra Mundial.

Dentro del mundo de la papiroflexia existen diversas corrientes. Yo soy partidario de la ortodoxia, en cuanto que no se permiten cortes y se parte de un papel cuadrado. Todos los modelos de este libro siguen estas premisas, salvo el Airbus A320, que utiliza dos papeles rectangulares.

No he podido evitar incluir este avión porque es muy fácil de plegar y se consigue un efecto muy vistoso.

En cuanto a las técnicas de creación utilizadas, he buscado obtener modelos no excesivamente complejos, que puedan plegarse en la mayoría de los casos en menos de 50 pasos. No he utilizado la Teoría de Árboles para la creación de las bases, al menos directamente. Como se puede apreciar en los desarrollos, la mayoría de las figuras utilizan bases tradicionales o variaciones de ellas: base pez, pájaro, rana, blinz rana, etc. Ello hace que los primeros pasos de los modelos sean fáciles y reconocibles para el plegador experimentado.

Los desarrollos están ordenados en orden creciente de dificultad. Acompañando a cada modelo se dan unos pocos datos del avión real. También se presenta el patrón de plegado o "Crease Pattern" para entender cómo se reparte el papel en el modelo plegado. Además se muestran las tres vistas del modelo plegado, muy útiles para los últimos pasos. El número que aparece en una de las vistas es el "factor de reducción". Es la proporción que existe entre el modelo plegado y la longitud del papel inicial. De esta forma si un modelo tiene un factor de reducción de 0,600, si partimos de un cuadrado de 20 centímetros de lado, obtendremos una figura de 20 x 0,600 = 12 centímetros.

Todos los diagramas utilizan los llamados símbolos internacionales. Así se consigue, al igual que con las partituras musicales, que cualquier persona de cualquier nacionalidad pueda interpretar los desarrollos. No obstante, algunos pasos complejos constan de una breve explicación, tanto en castellano como en inglés, con el objeto de facilitar el plegado a cualquier lector.

En la sección "Técnicas, Insignias y Acabados" se dan algunos consejos sobre el papel a utilizar, así como ciertas técnicas que pueden aumentar el realismo de los modelos.

No le entretengo más. Ya sólo me queda invitarle a plegar uno de los aviones. ¡Qué lo disfrute!

José María

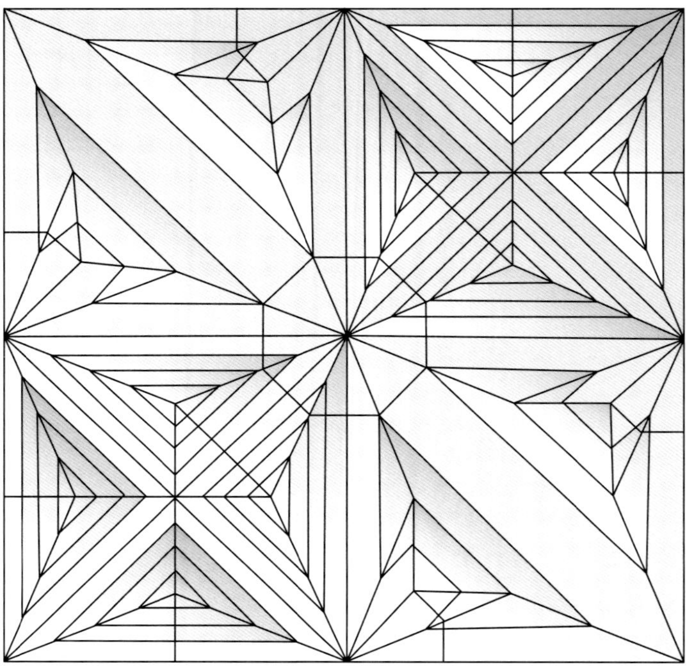

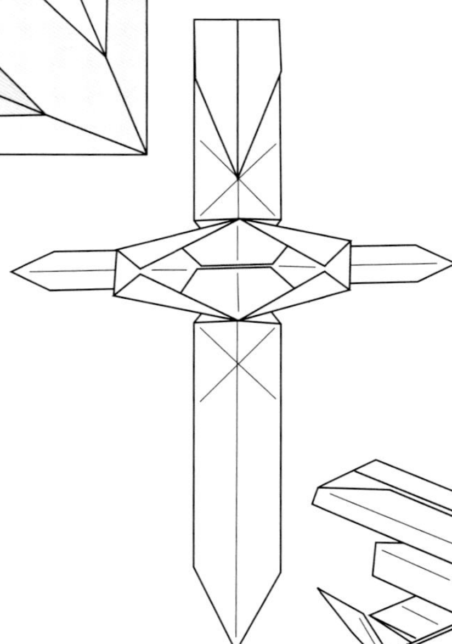

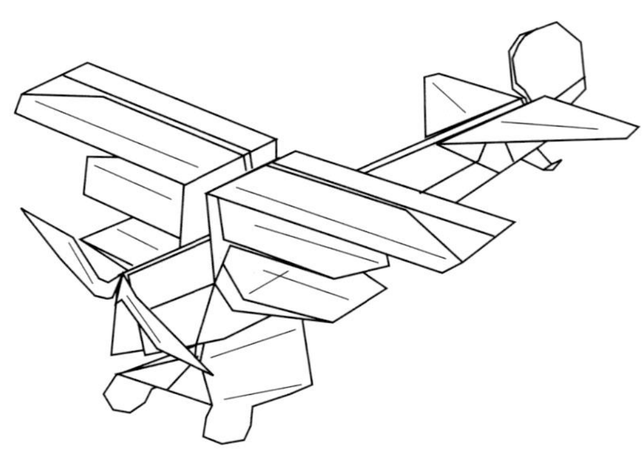

Símbolos

- Borde del papel
- Marca de un pliegue anterior
- Pliegue en valle
- Pliegue en monte
- Pliegue en transparencia
- Dirección de plegado
- Doblar hacia detrás
- Desplegar, sacar papel
- Dar la vuelta al modelo
- Vista ampliada
- Vista reducida
- Hundir
- Distancias iguales
- Ángulos iguales
- Ángulo recto
- Girar los grados indicados en la dirección de las flechas
- Comenzar con el color oscuro abajo
- Comenzar con el color oscuro arriba
- Utilizar un papel con el mismo color en las dos caras
- Repetir tantas veces como marcas tenga la flecha
- Repetir los pasos indicados
- Ver el modelo desde esta posición

Airbus A320

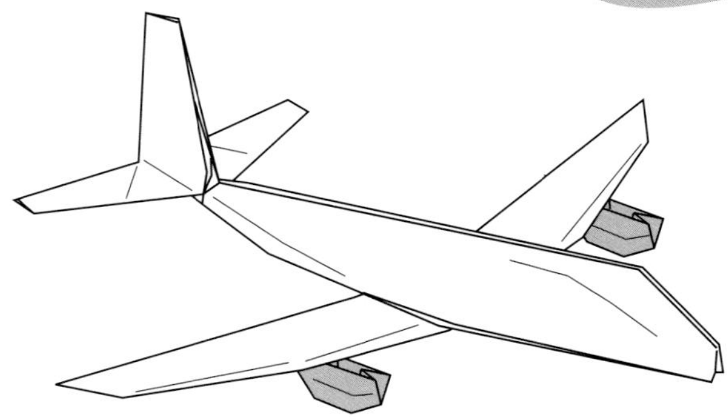

El primer A320 voló en febrero de 1987. En el proyecto participaron industrias aeronáuticas de Alemania, Francia, Gran Bretaña, España y Bélgica. Era el primer avión de pasajeros que contaba con un sistema de control "fly-by-wire" y con una avanzada aviónica en cabina. Puede transportar un máximo de 170 pasajeros. Una de las variaciones del A320 ha sido el A319 con un fuselaje reducido (33.8 metros) y con un número de pasajeros de 142. Otra versión es el A321 con un fuselaje alargado (44.5 metros) y capaz de alojar hasta 220 personas. Éste es el único modelo en el que no se parte del tradicional cuadrado de papel. Se necesitan dos rectángulos. Uno de 4x1 para el fuselaje y otro de 2x1 para las alas. Puede escogerse cualquier tipo de papel. Incluso cartulina.

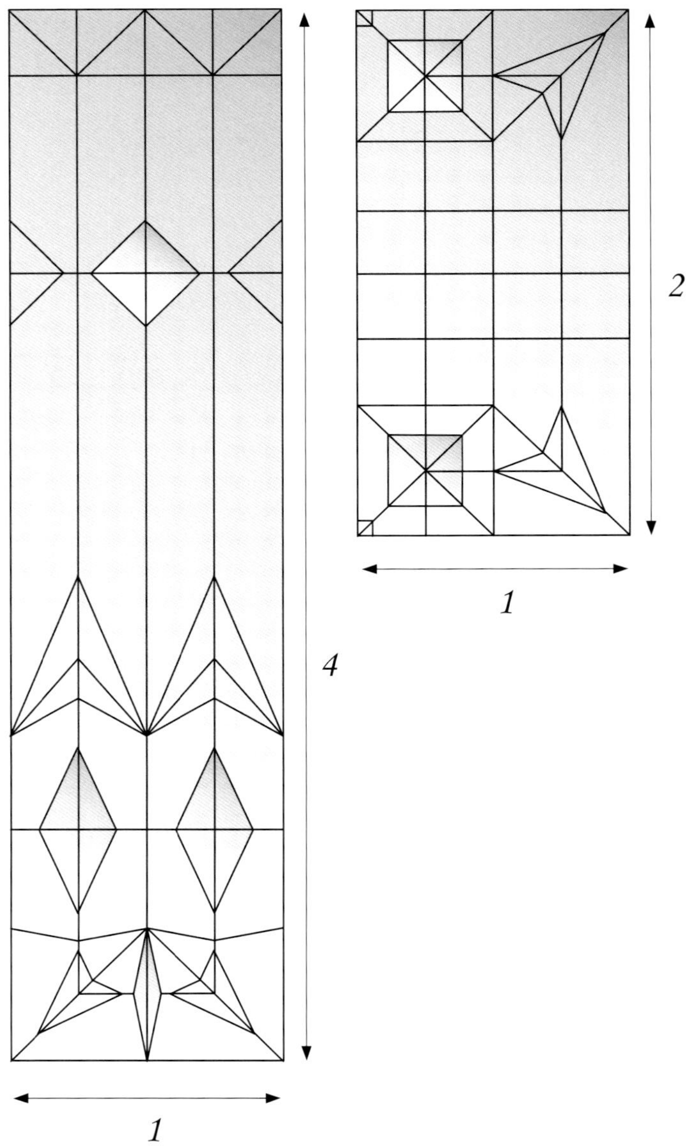

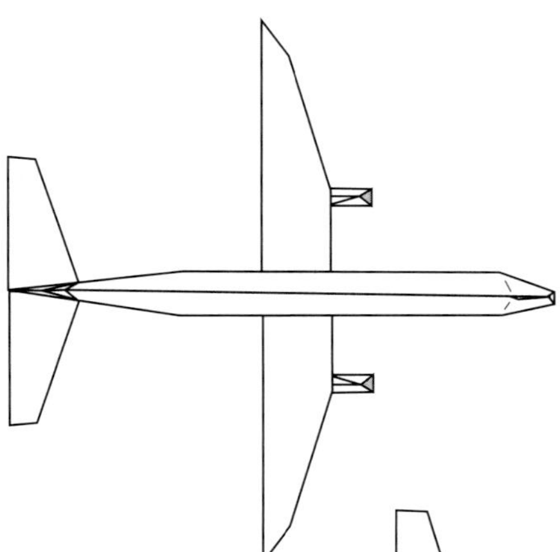

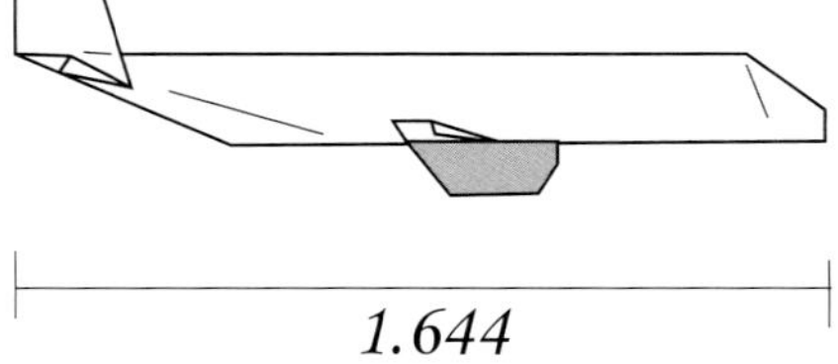

Plegado del fuselaje
Folding of the fuselage

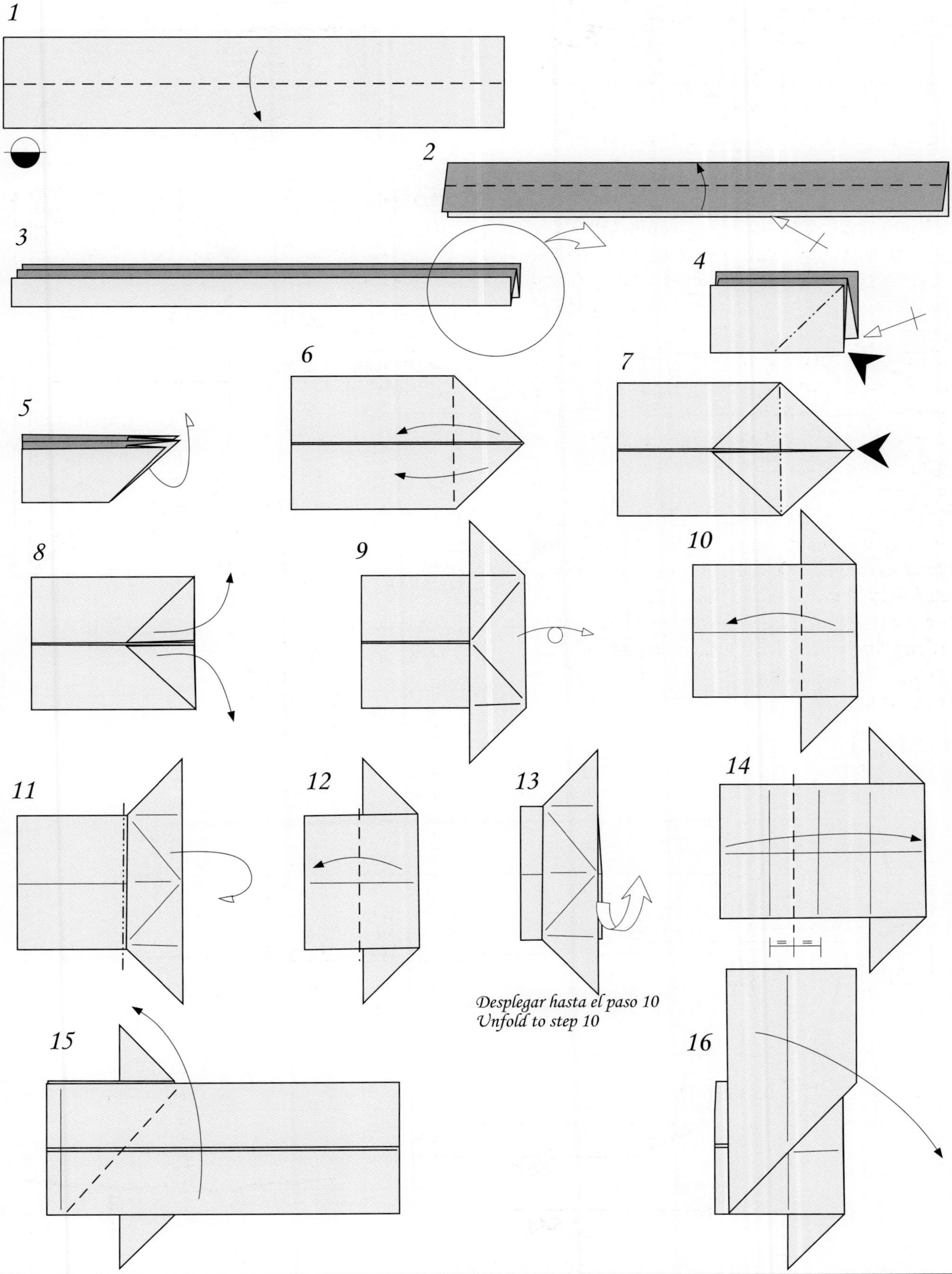

17

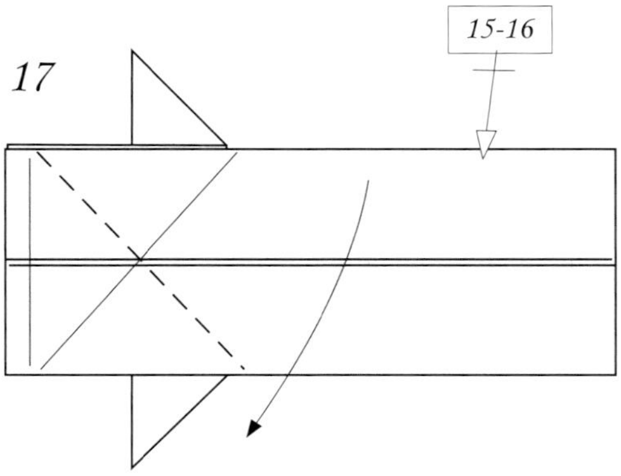

18

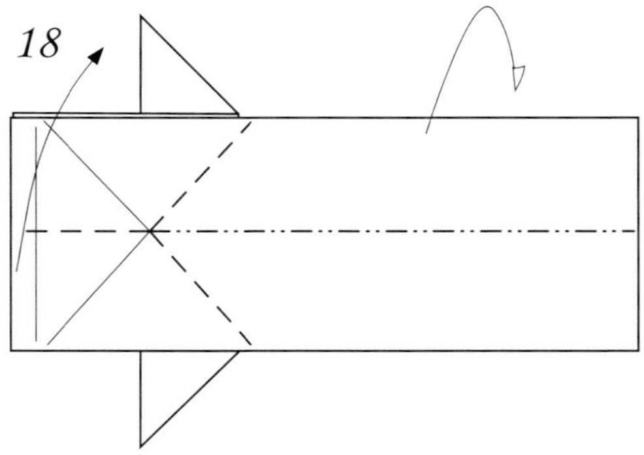

19

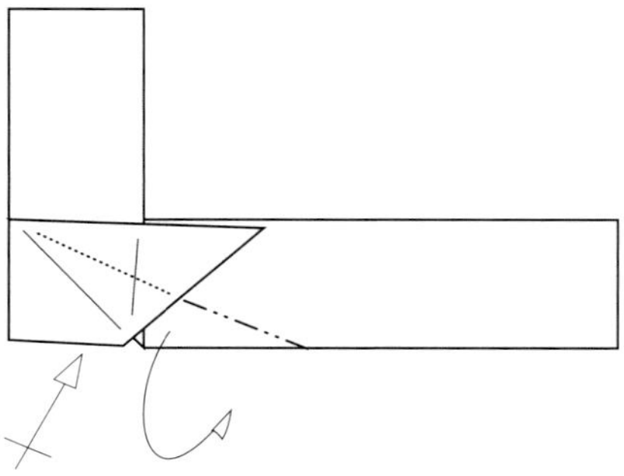

20

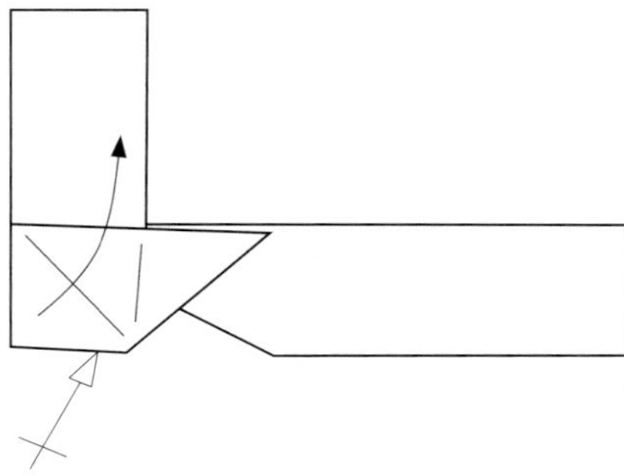

21

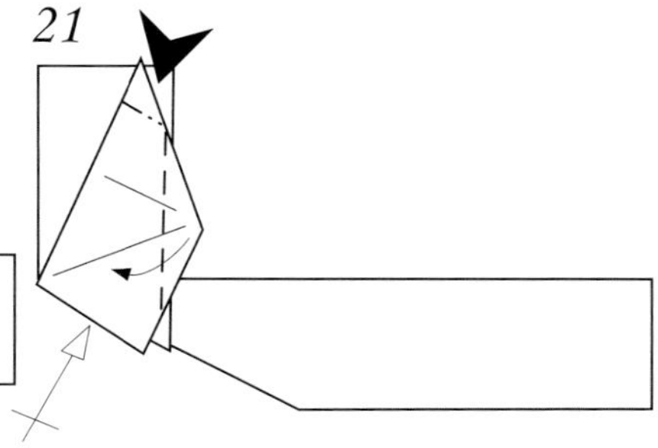

22

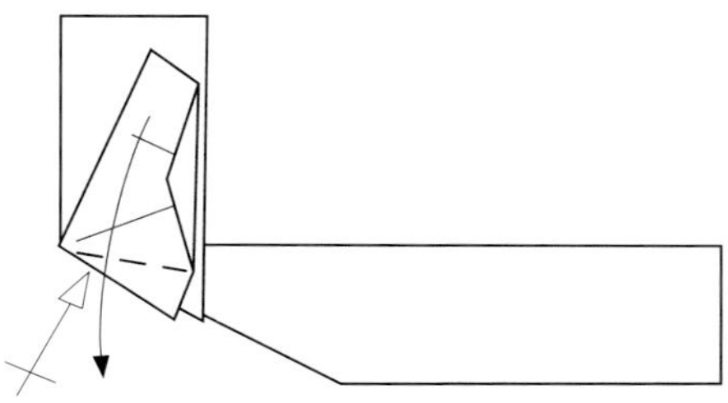

23

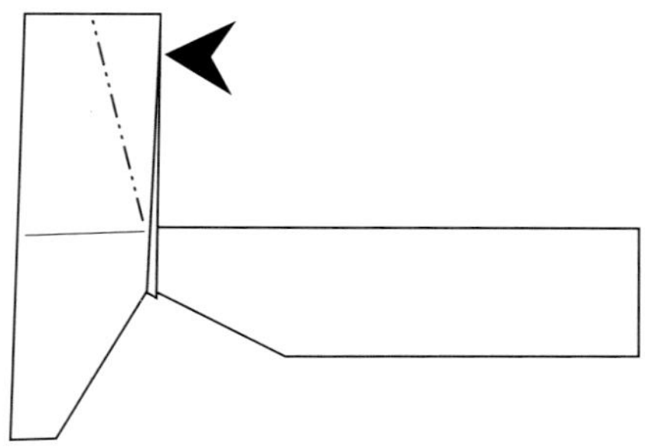

24

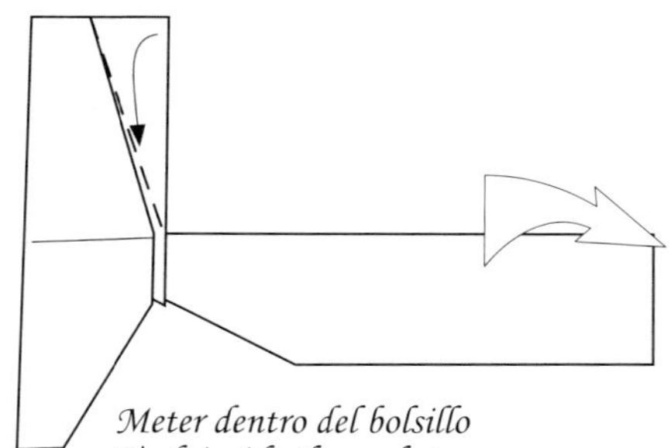

25

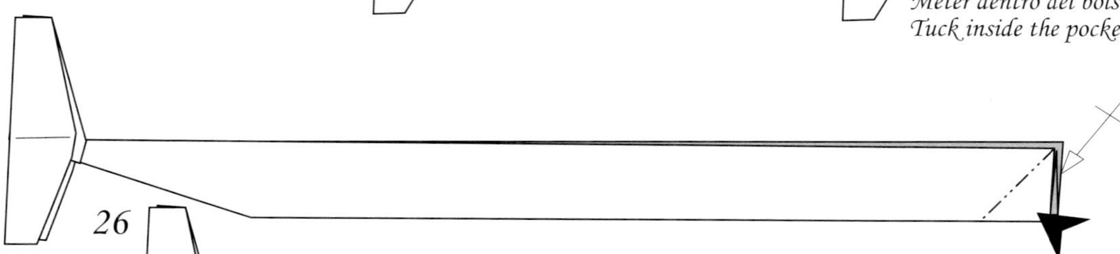

26

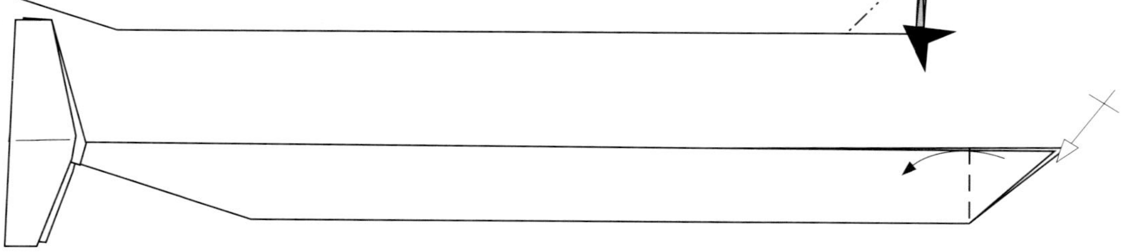

27

28

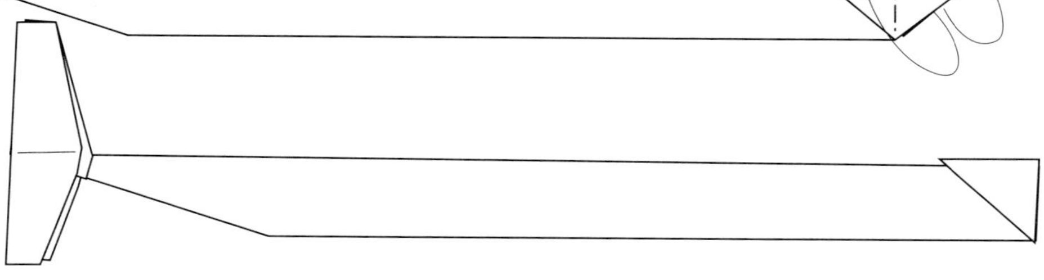

Plegado del ala
Folding of the wing

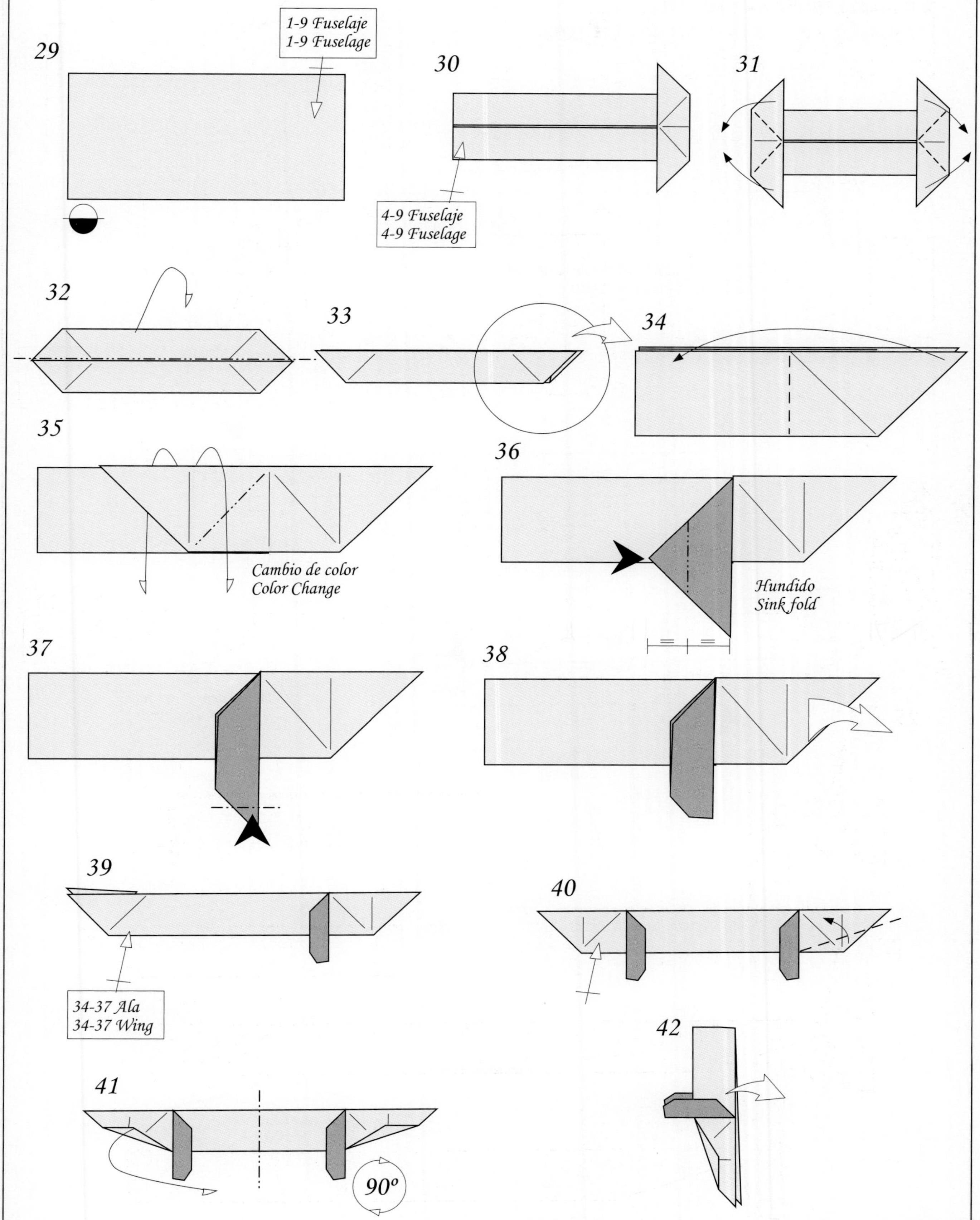

Unión del fuselaje con el ala
Interlocking of the fuselage and the wing

43

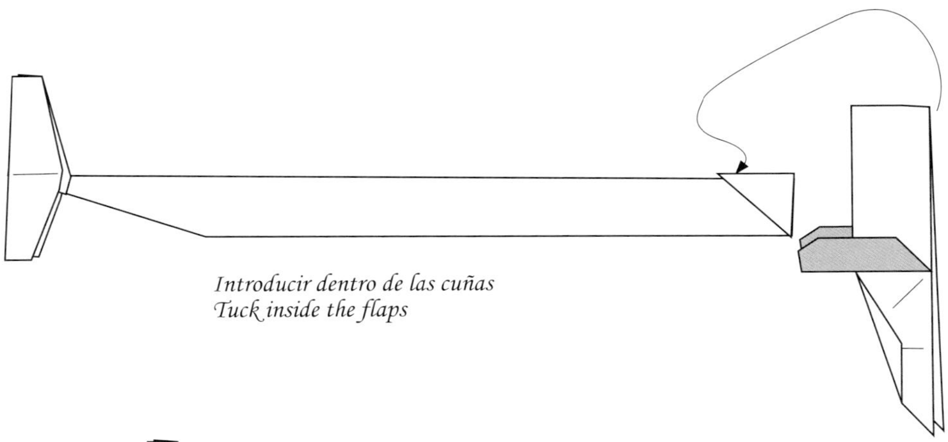

Introducir dentro de las cuñas
Tuck inside the flaps

44

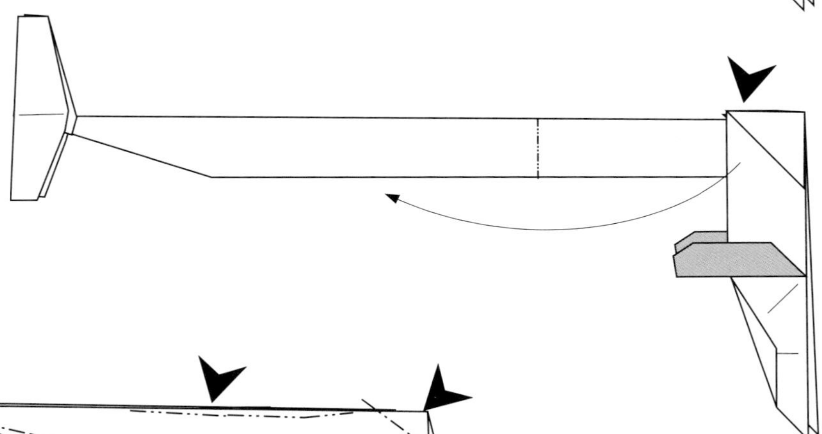

45

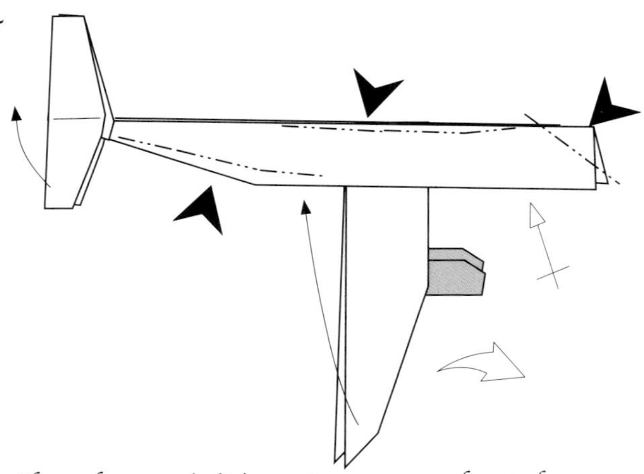

Plegar el morro asimétricamente para que quede cerrado
Fold the nose asymmetrically in order to close it

46

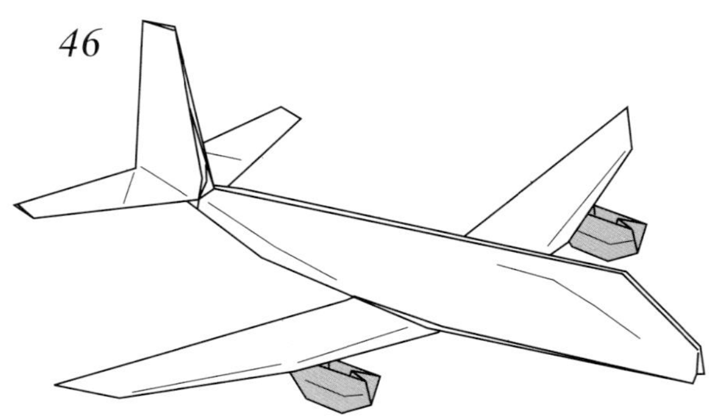

F-117 Night Hawk

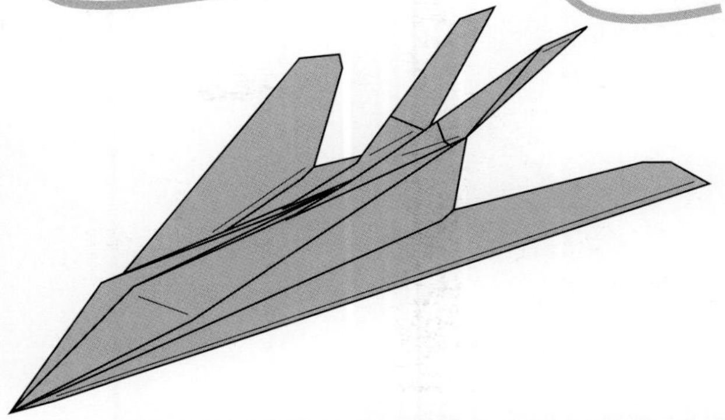

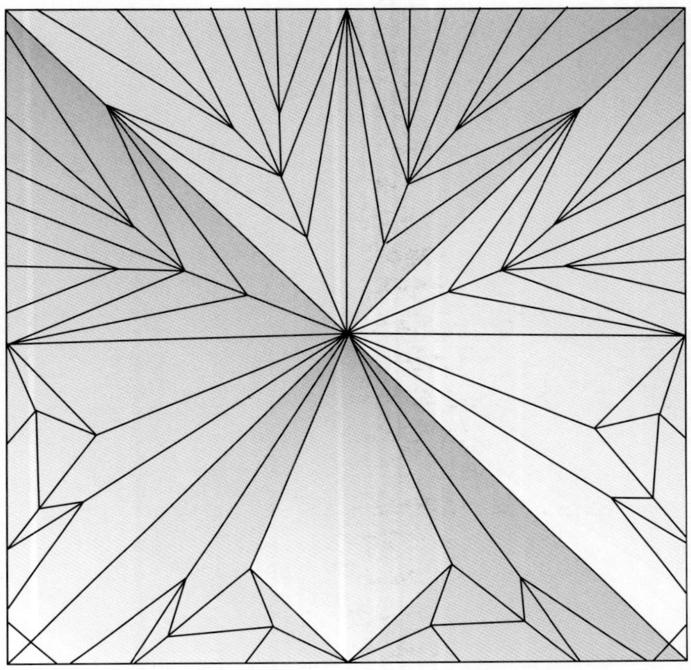

El avión F-117 presenta una silueta inconfundible desde cualquier ángulo. La configuración poliédrica refleja la energía del radar en todas las direcciones, convirtiéndolo en virtualmente invisible incluso para las plataformas AWACS. Para reducir costes y mantener el secreto, siempre que fue posible, se utilizaron los componentes y el equipo de otros aviones en servicio. La configuración en flecha del avión exige el uso de un control digital de vuelo. Se eligió el sistema cuádruple del F-16 GEC. Las toberas de escape tienen forma de estrechos orificios con aletas verticales que ayudan a transmitir el calor. Estos orificios están rodeados de material cerámico resistente al calor parecido al del "Shuttle".

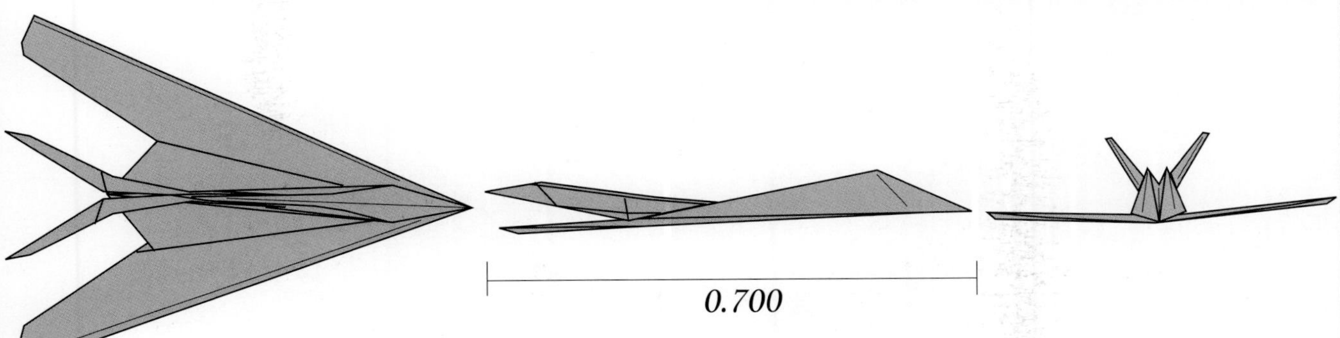

1

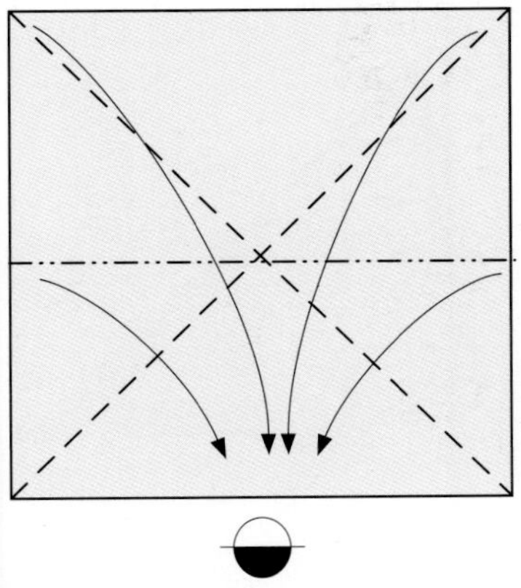

2

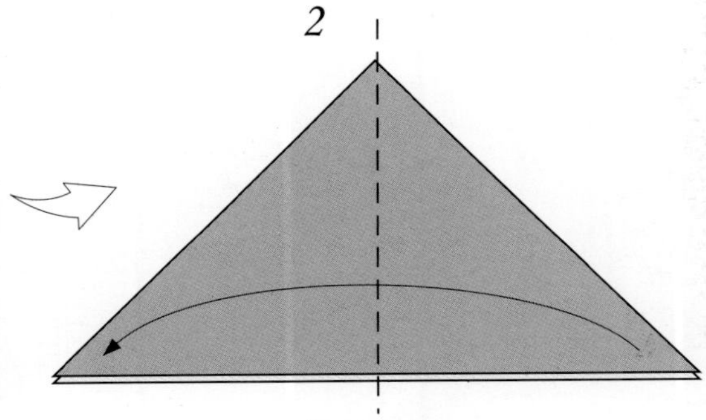

Dos puntas
Two flaps

3

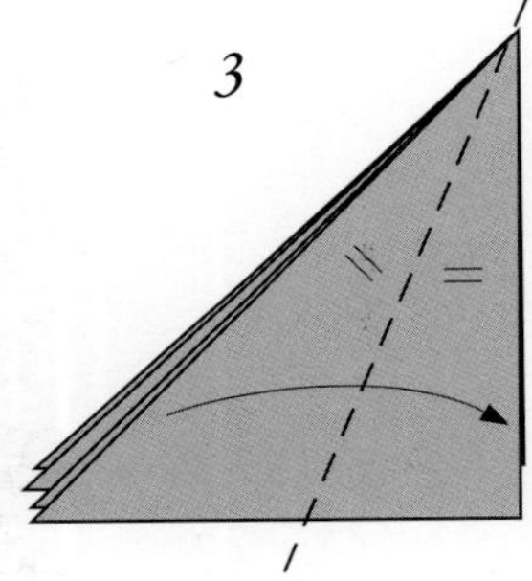

4

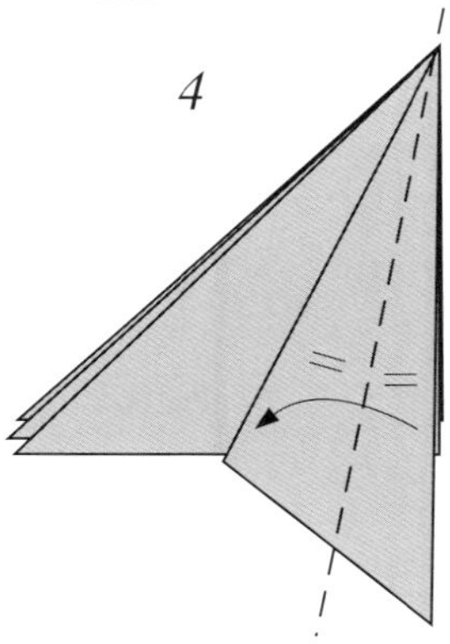

5

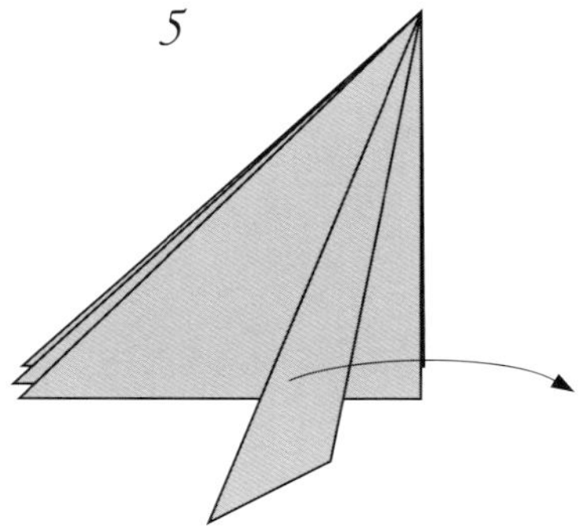

6

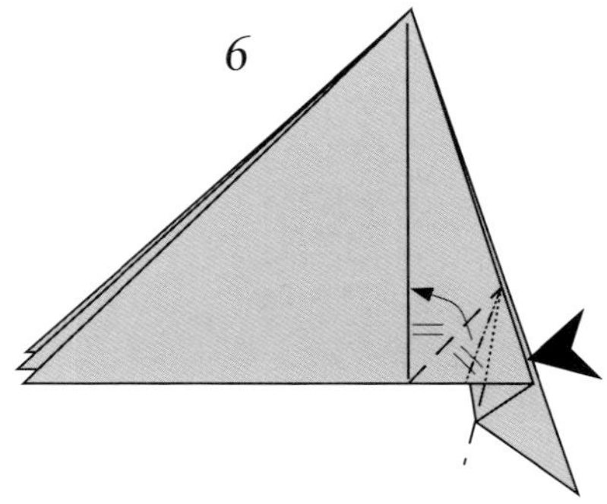

7

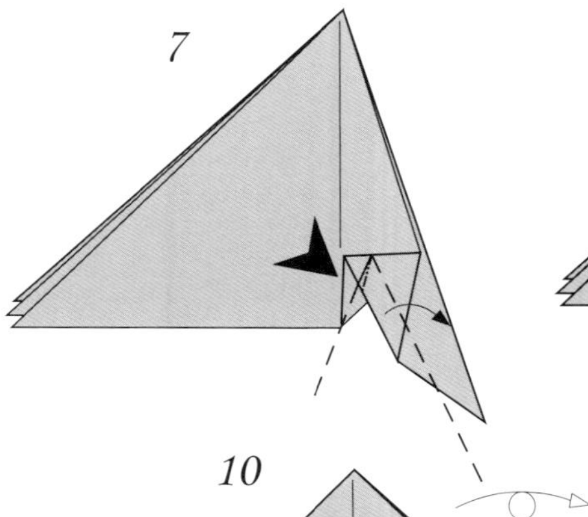

8

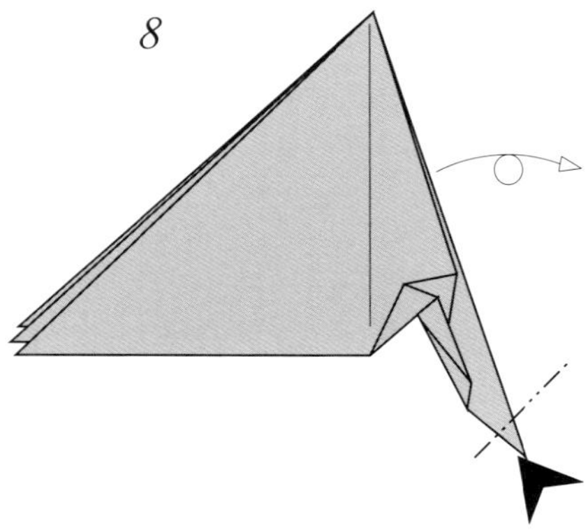

9

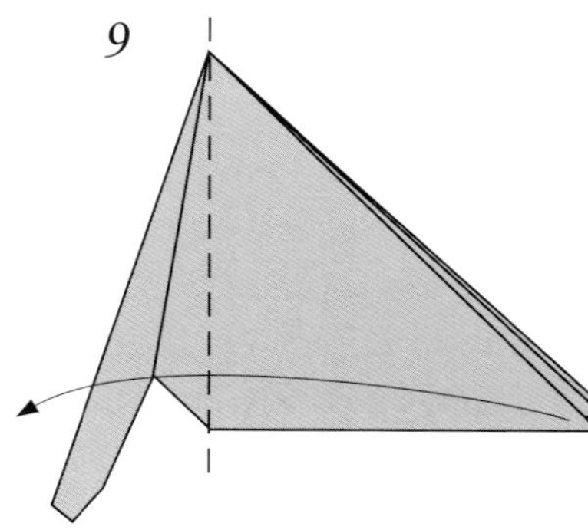

10

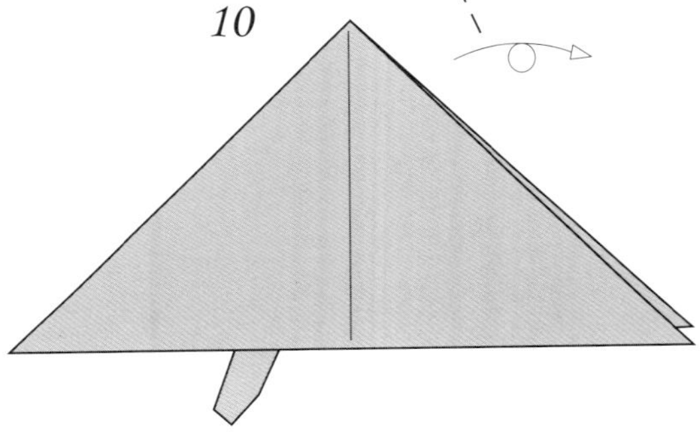

11

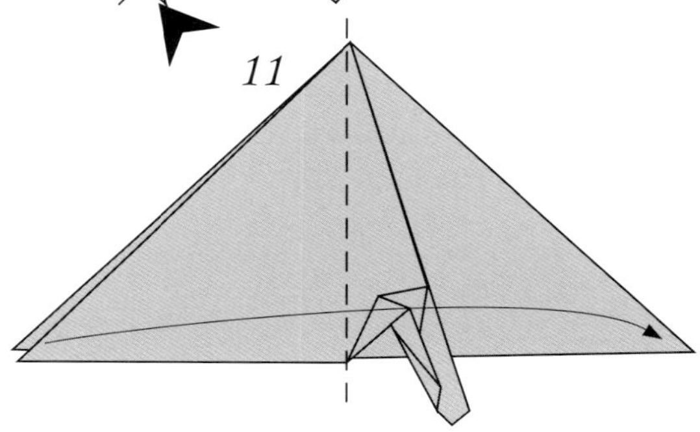

12

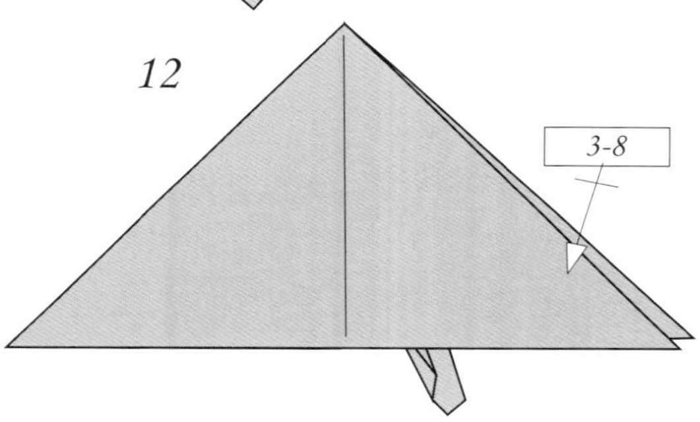

13

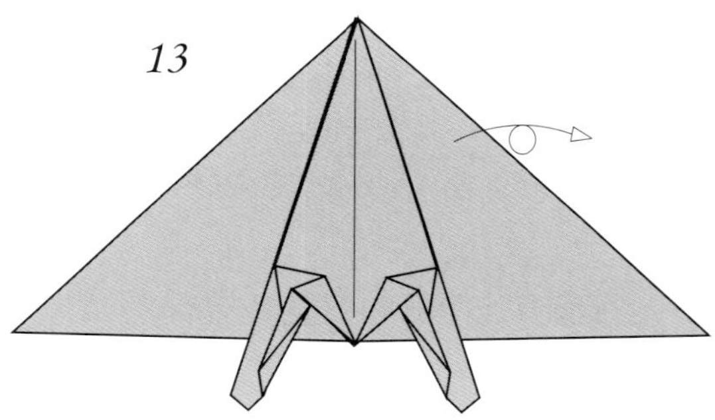

Repetir simétricamente
Repeat symmetrically

14

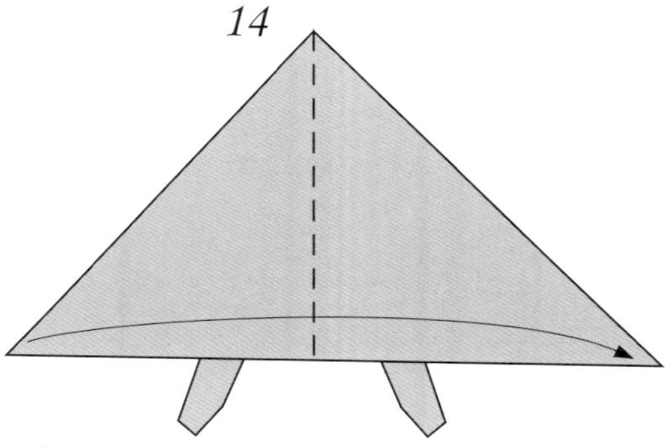

15

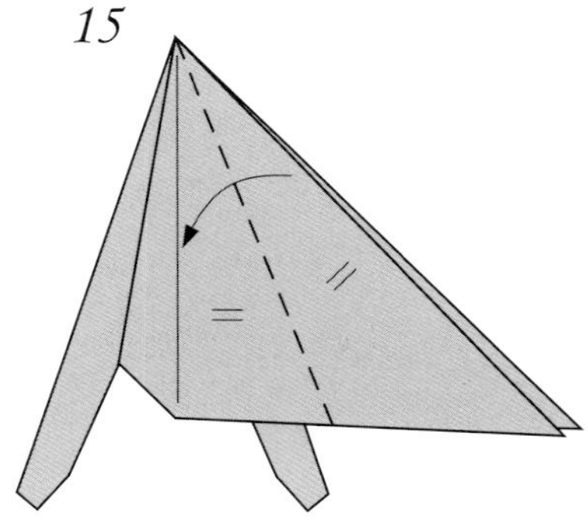

16

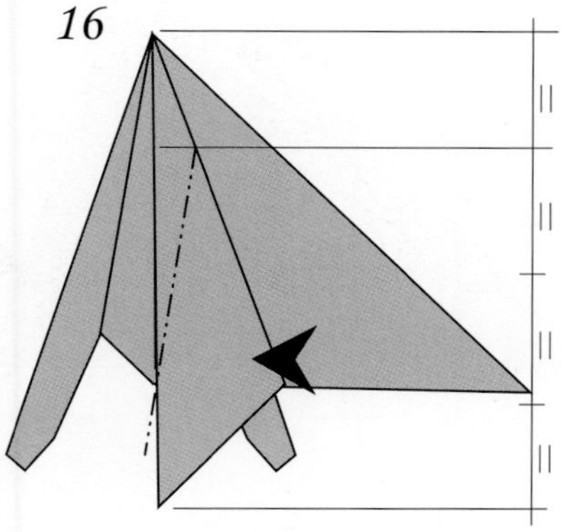

17

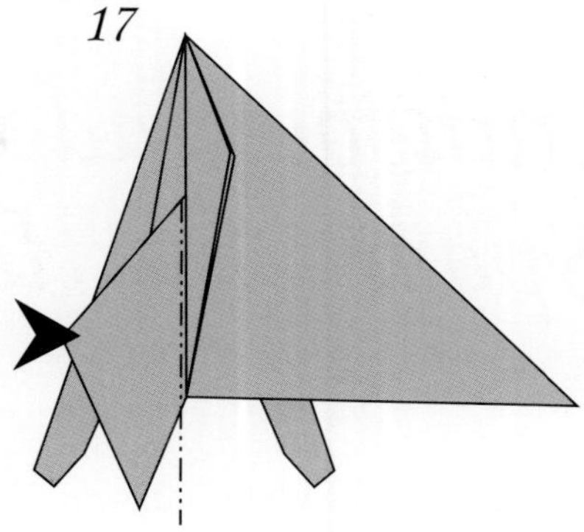

18

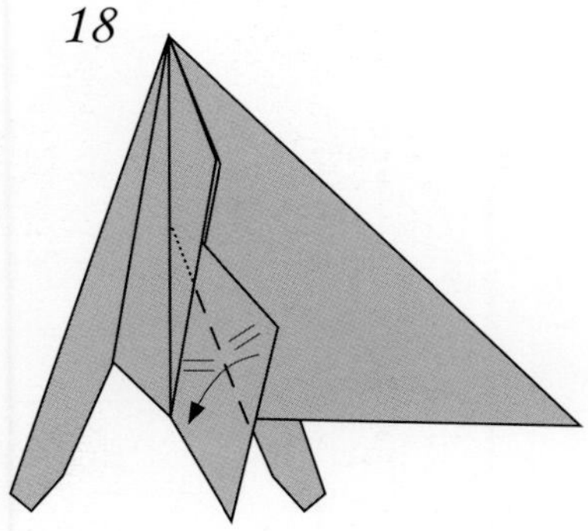

19

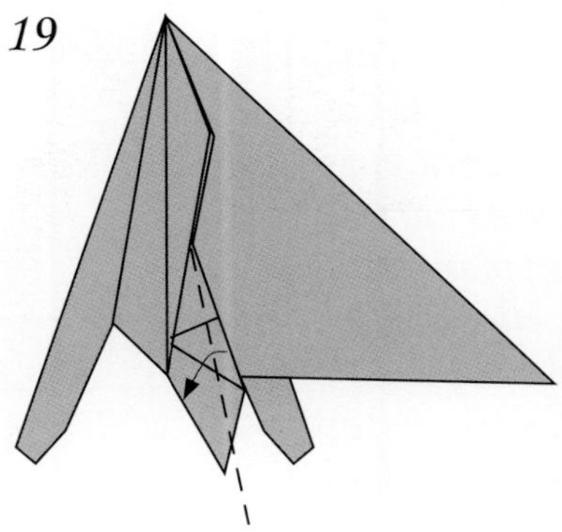

20

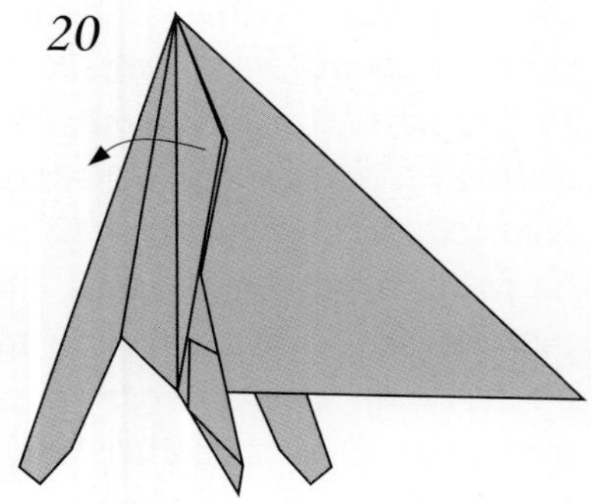

21

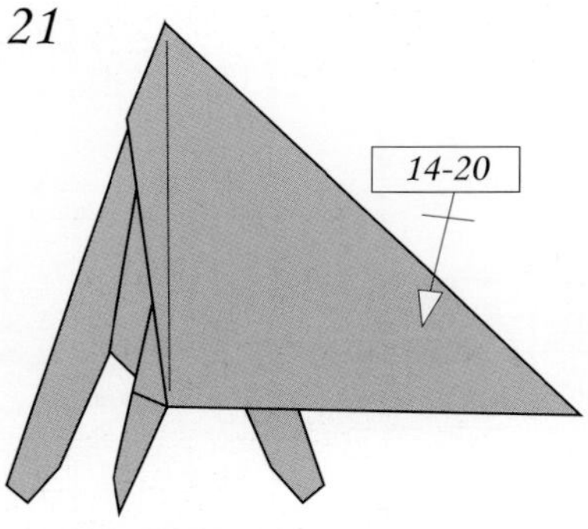

Repetir simétricamente
Repeat symmetrically

22

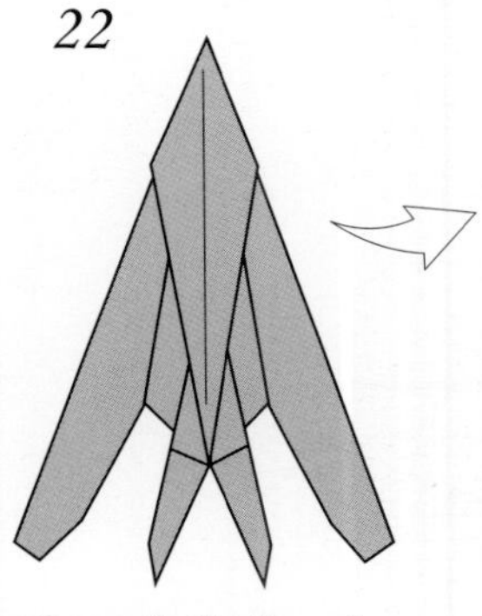

Dar forma de V a las colas y
hacer 3D la cabina
Perform a V-shape on the tails and
a 3D-shape on the cockpit

23

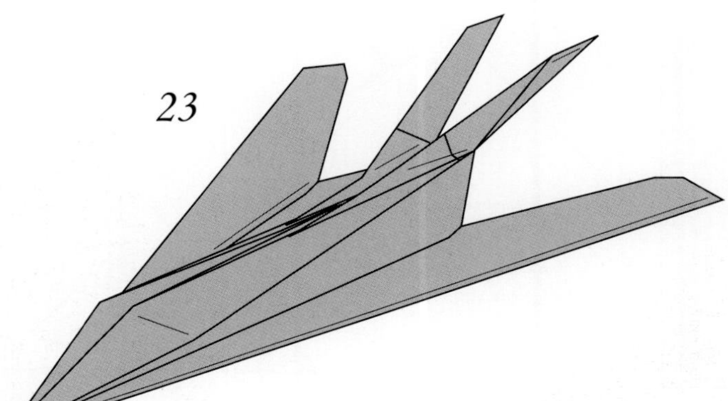

Transbordador "Space Shuttle"

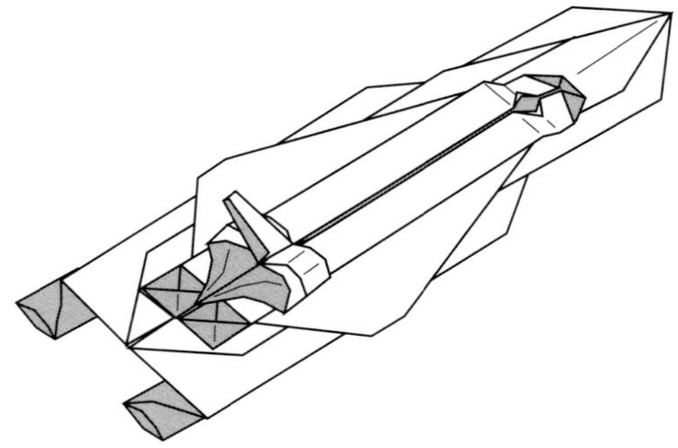

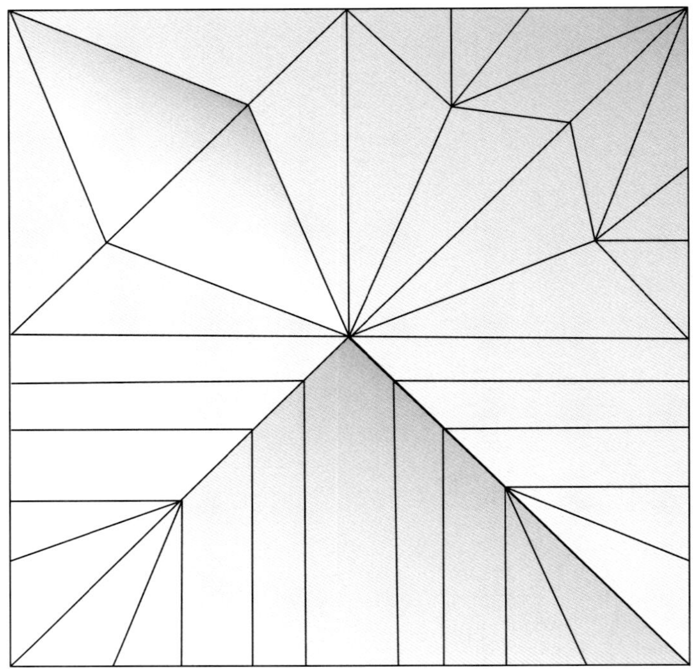

El transbordador espacial ha sido clave en el desarrollo espacial de los Estados Unidos. Su principal ventaja es que es reutilizable. Despega propulsado por varios motores cohete, que al ganar altura se van desprendiendo. Tras concluir su misión, el transbordador debe realizar la "reentrada" en la atmósfera, maniobra muy delicada por las altas temperaturas que se alcanzan. Tras esto aterriza como un planeador. Se fabricaron 4 unidades. Dos de ellas se han perdido: el Columbia y el Challenger. Quedan en servicio el Discovery y el Atlantis. Estos aparatos, junto con los ingenios rusos, han permitido la construcción y el suministro de la Estación Espacial Internacional.

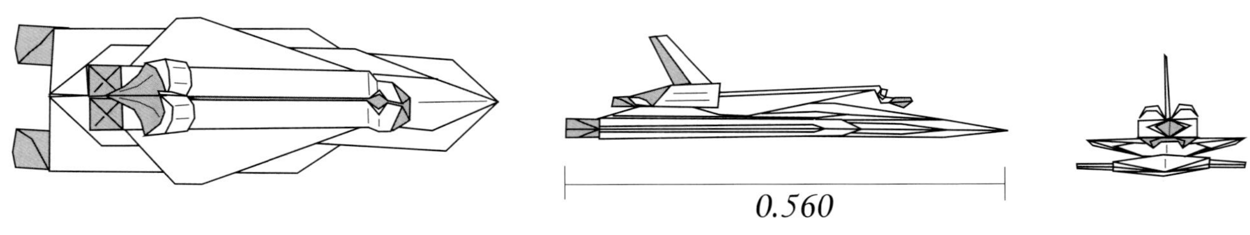

1

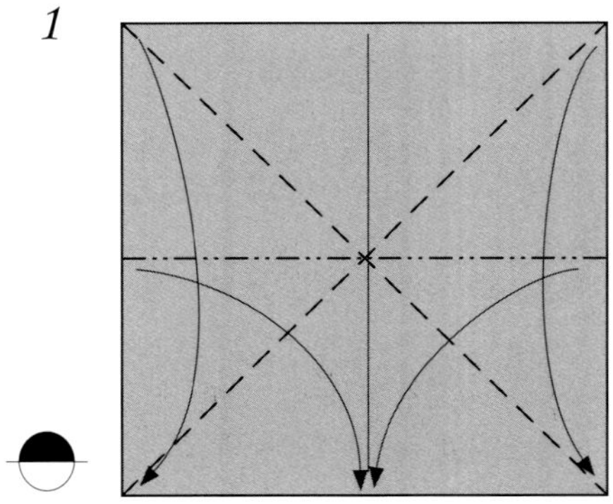

2

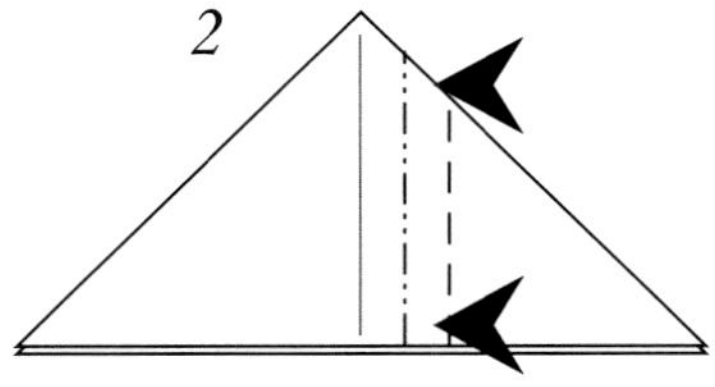

Doble hundido abierto
Double open sink fold

3

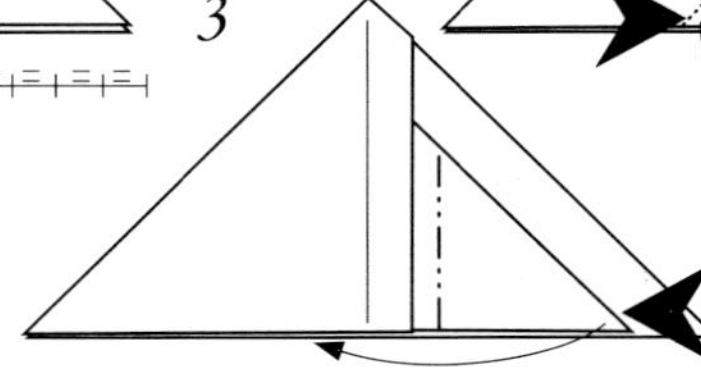

4

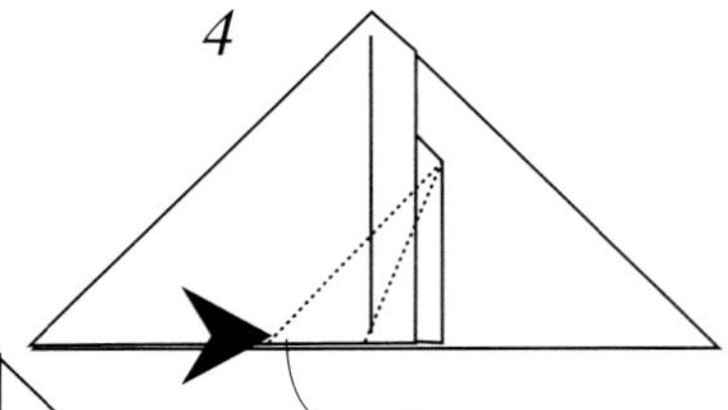

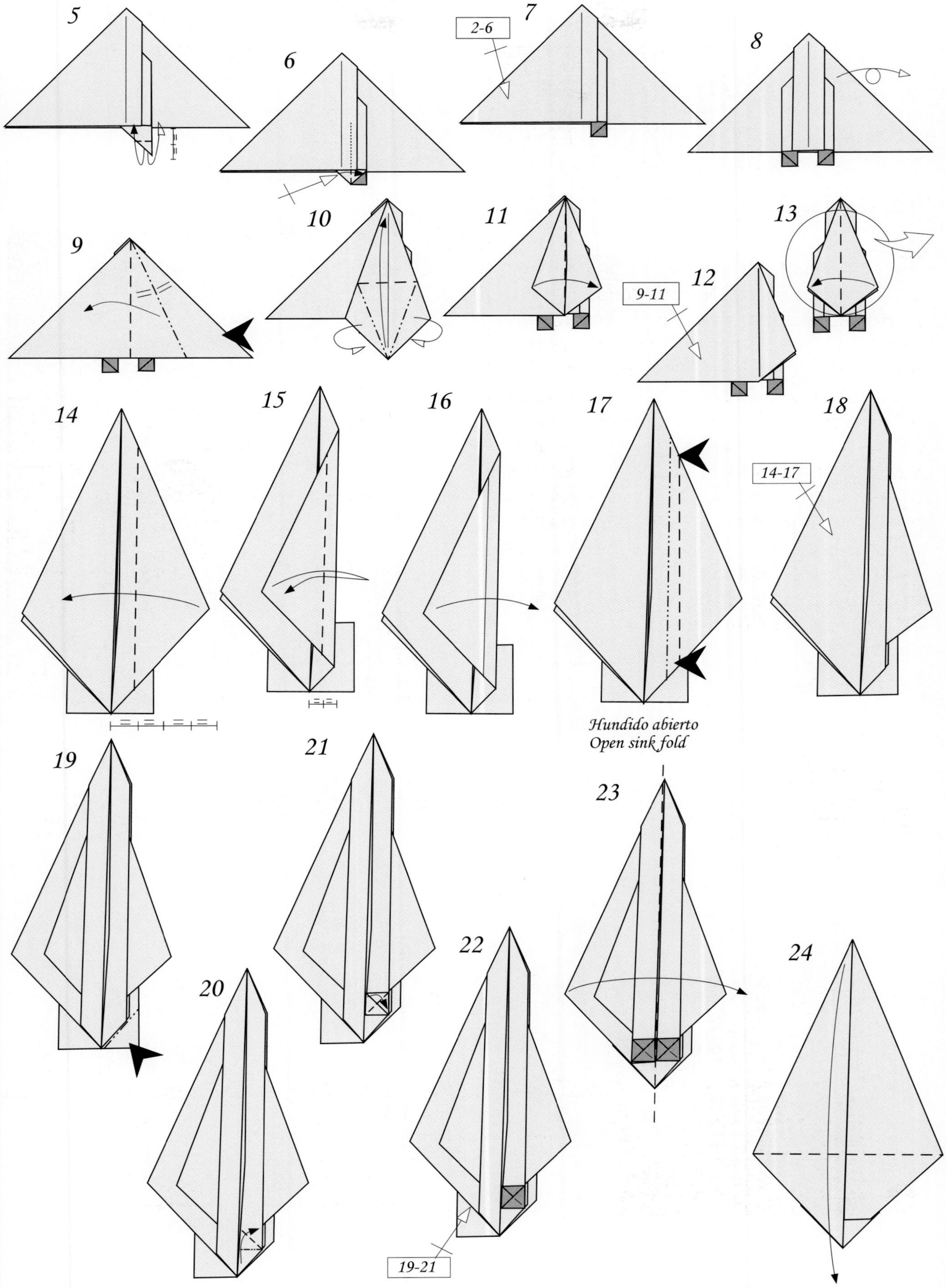
5
6
2-6
7
8
9
10
11
9-11
12
13
14
15
16
17
14-17
18
Hundido abierto
Open sink fold
19
21
23
22
24
20
19-21

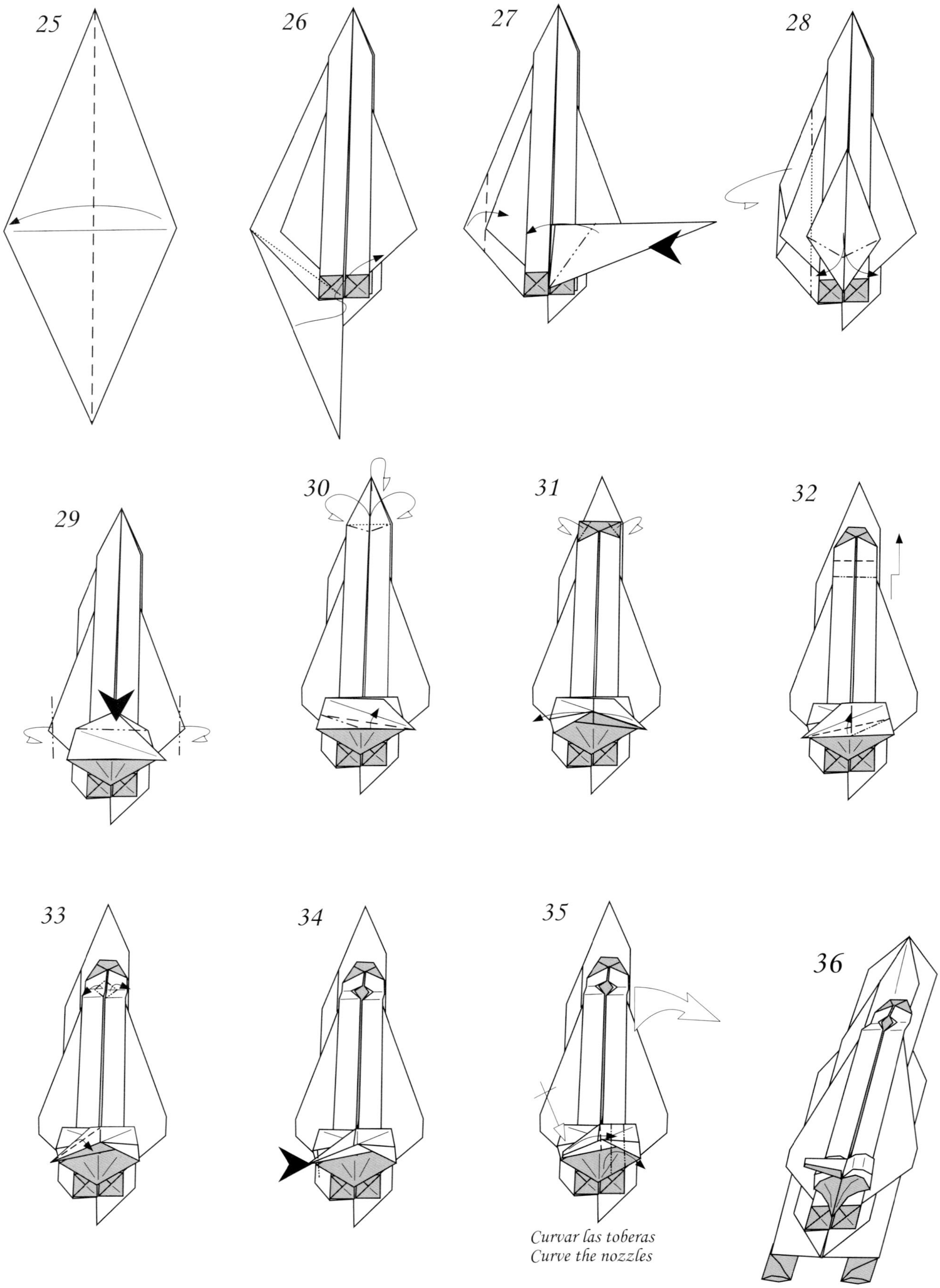
25
26
27
28
29
30
31
32
33
34
35
Curvar las toberas
Curve the nozzles
36

Bell Model 209 Huey Cobra

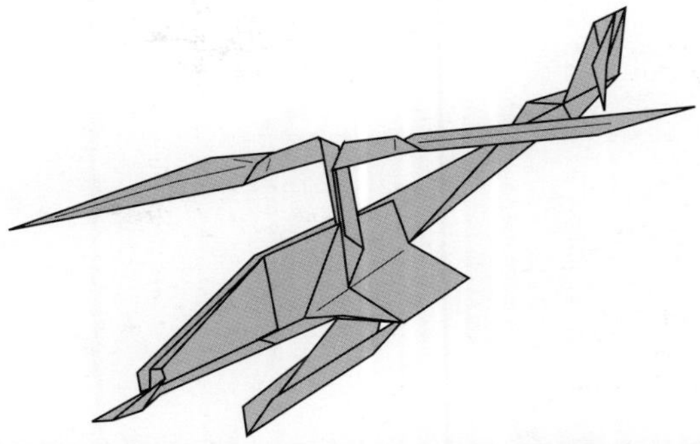

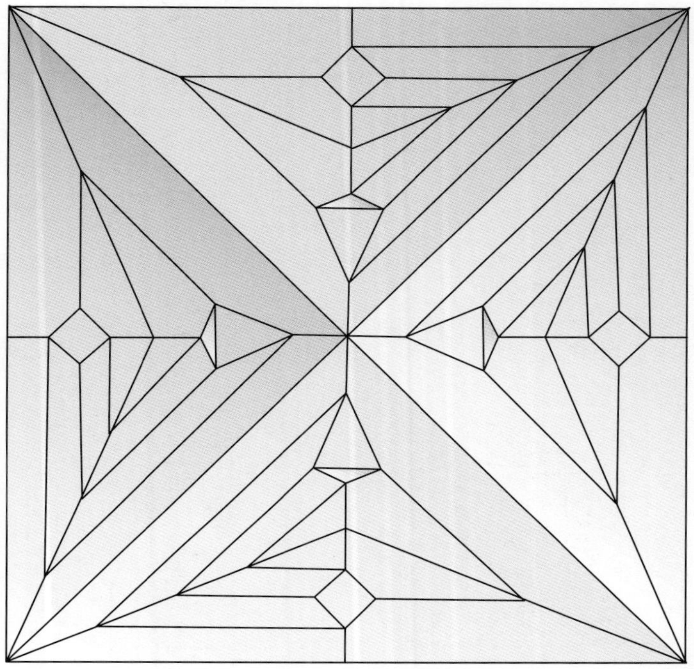

Realizado en 1965 como un proyecto privado, el Huey Cobra estaba destinado a cumplir un requerimiento urgente para un helicóptero armado provisional mientras se esperaba la entrada en servicio de un proyecto que posteriormente no se terminó. Tras la guerra de Vietnam el Cobra fue mejorado con misiles TOW. Un turboeje Lycoming de 1800 CV impulsa el rotor compuesto. La cabina modernizada es compatible con gafas de visión nocturna, con HUD para el piloto y nuevo sistema de computación de armamento y un equipo integrado de navegación y comunicaciones. Los asientos y la cabina están blindados para protegerse de armas cortas.

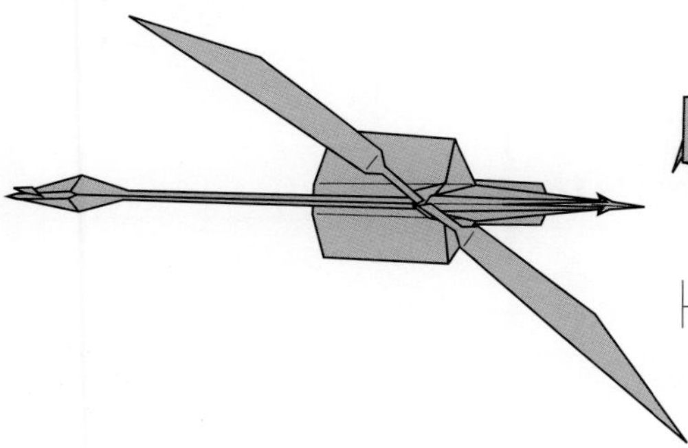

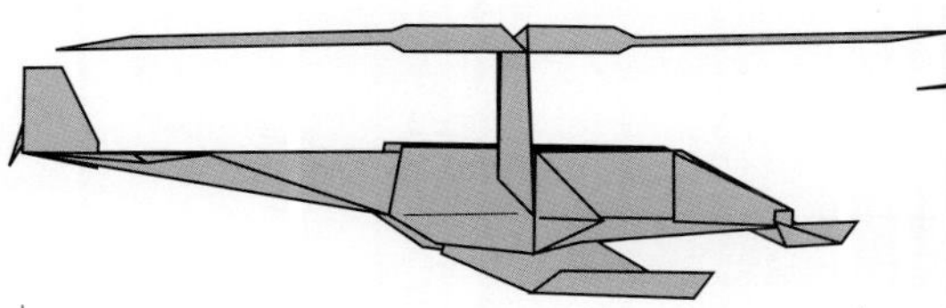

0.561

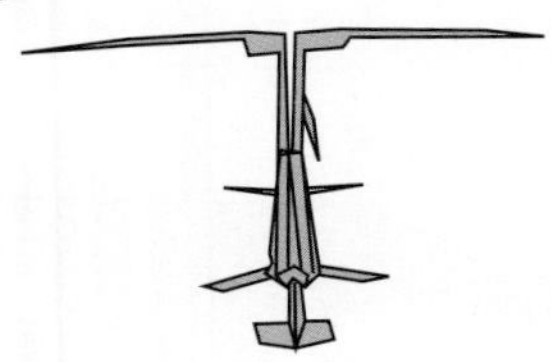

1

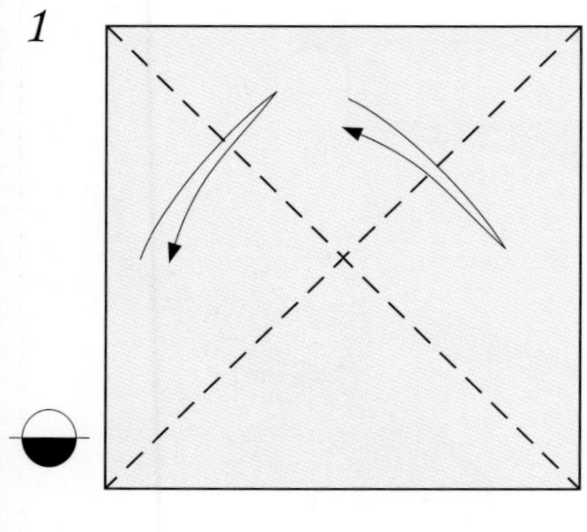

2

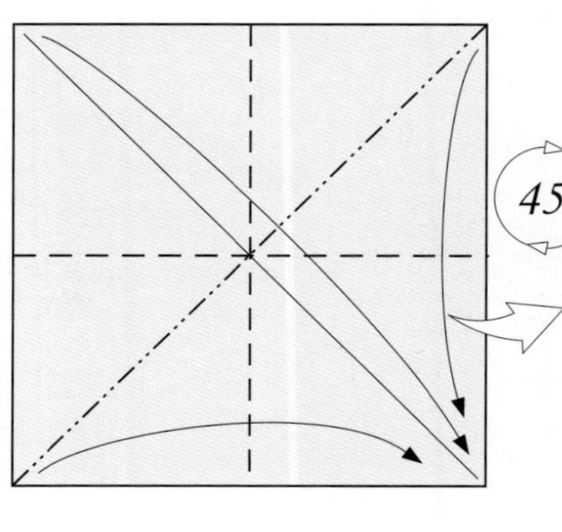

3

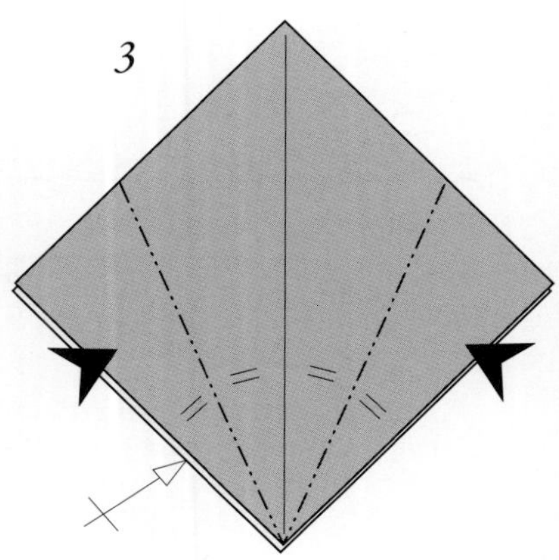

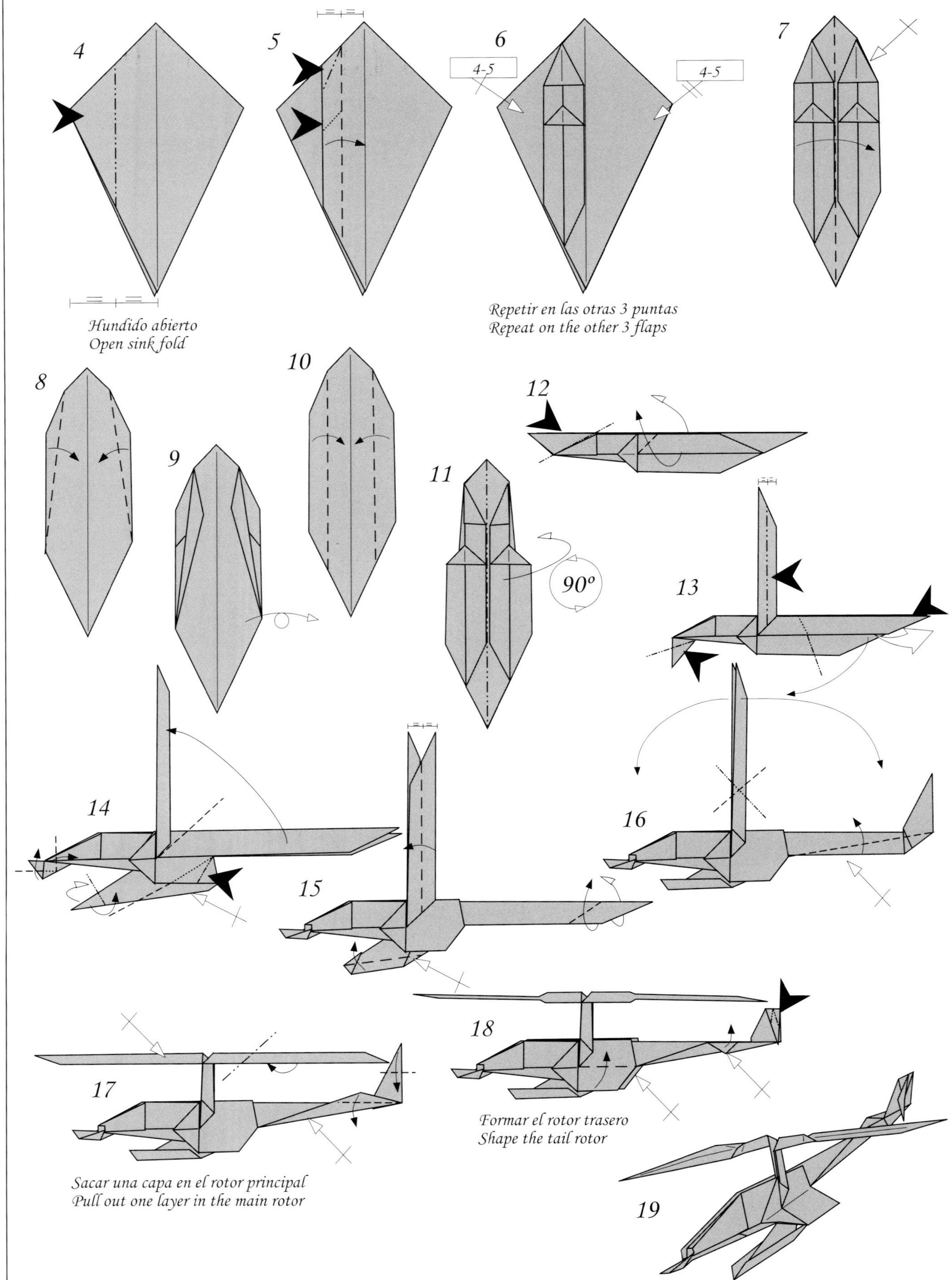
4
5
6
4-5
4-5
7
Hundido abierto
Open sink fold
Repetir en las otras 3 puntas
Repeat on the other 3 flaps
8
9
10
11
90º
12
13
14
15
16
17
18
19
Formar el rotor trasero
Shape the tail rotor
Sacar una capa en el rotor principal
Pull out one layer in the main rotor

Messerschmitt Bf 109K

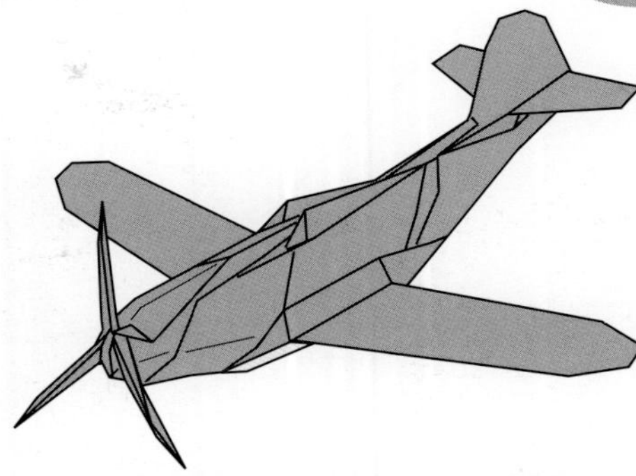

Este avión alemán de la Segunda Guerra Mundial es el eterno contrincante del también famoso caza británico Spitfire. Se realizaron multitud de versiones. El Bf 109K es una de las últimas y el primer modelo salió de la cadena de montaje en agosto de 1944. Como armamento estándar disponía de un cañón de 30 mm y dos ametralladoras de 13 mm sobre el capó. El motor era un Daimler-Benz en V-12 de refrigeración líquida. El motor movía una hélice de tres palas de tres metros de diámetro. El depósito iba detrás del piloto y tenía una capacidad de 400 litros. Para aumentar la autonomía en algunos aviones se montaba un depósito lanzable de 300 kg debajo del fuselaje.

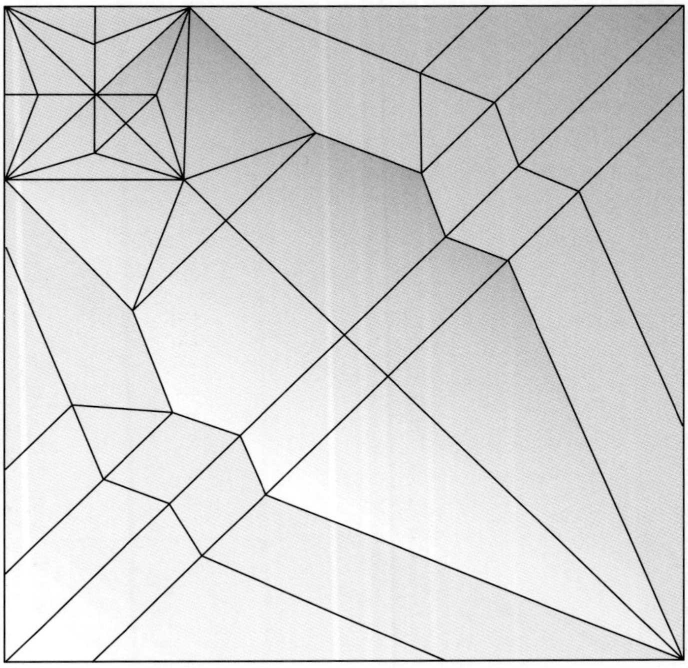

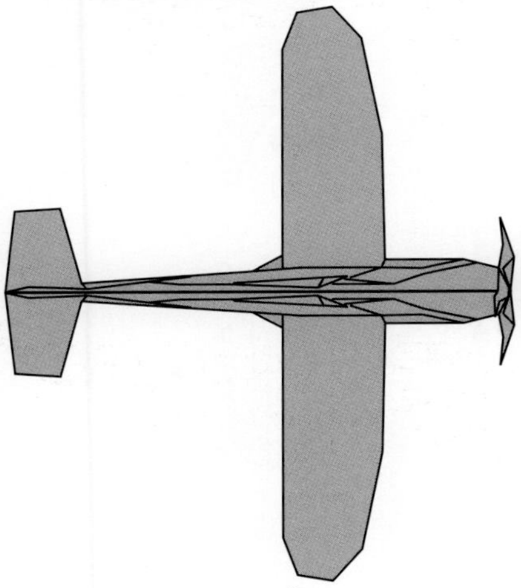

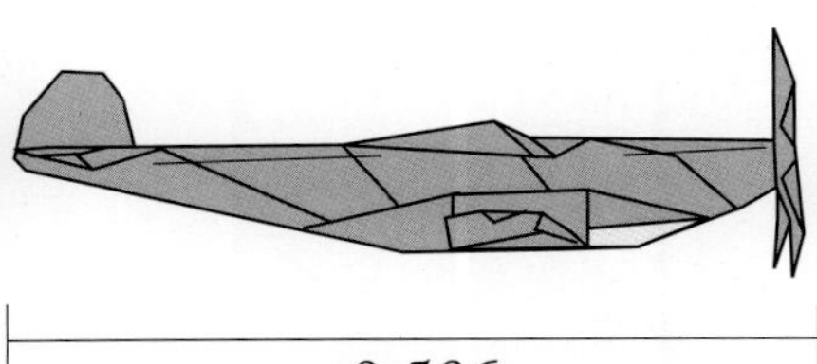

0.586

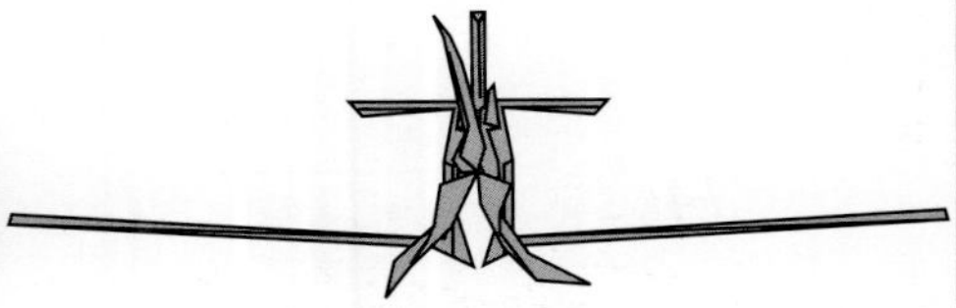

1

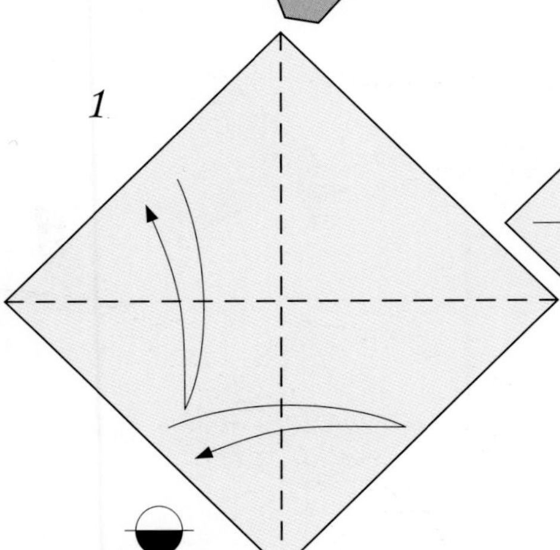

2

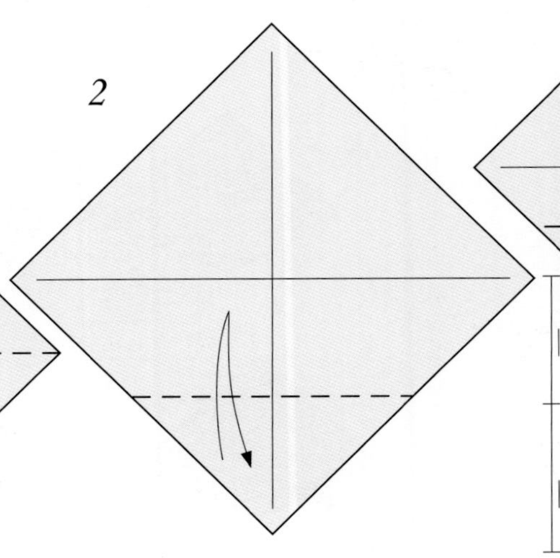

3

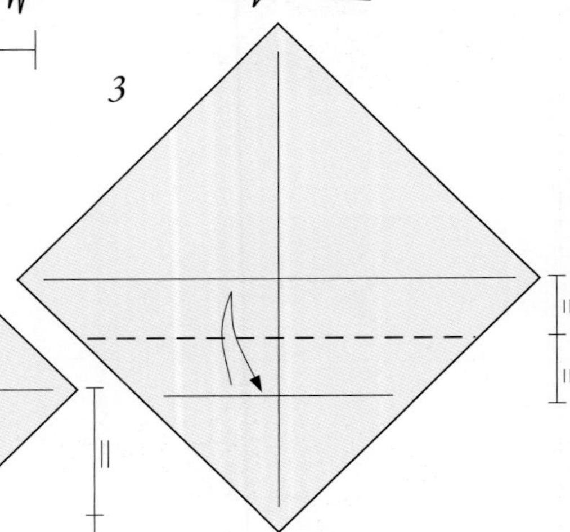

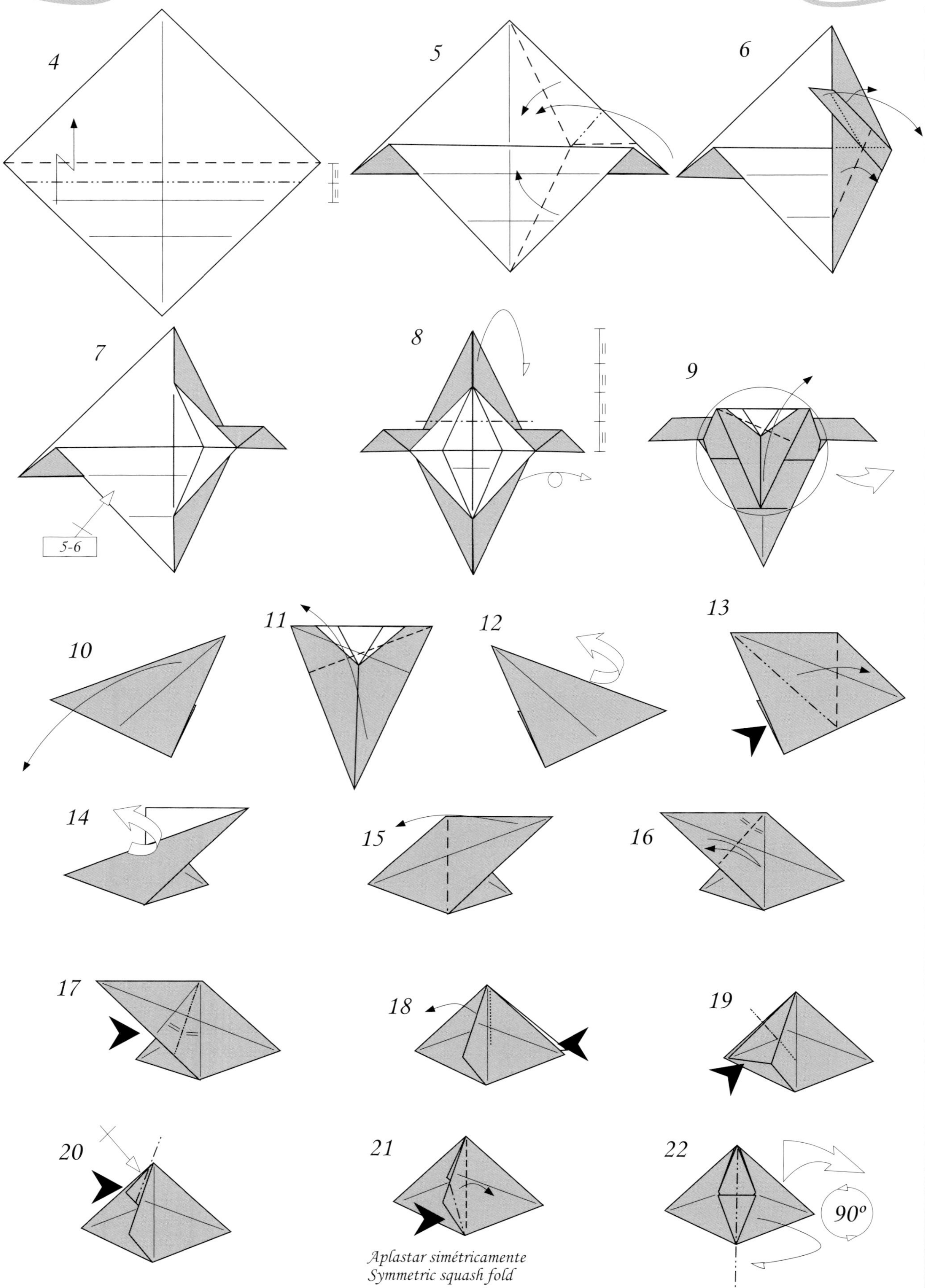

Aplastar simétricamente
Symmetric squash fold

23

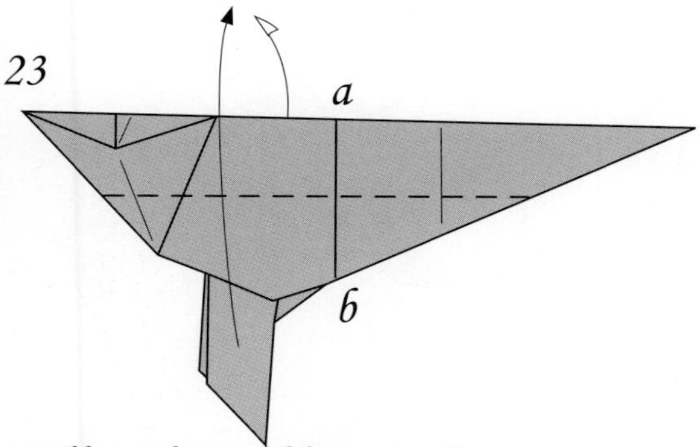

Doblar por la mitad del segmento ab
Fold in the middle of ab segment

24

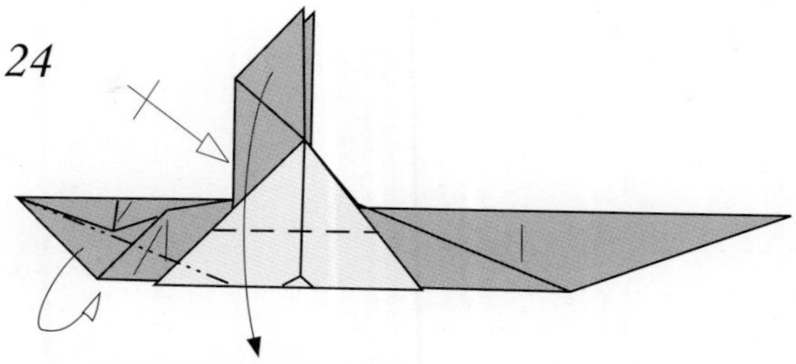

Bajar las alas lo máximo posible
Lower the wing as much as possible

25

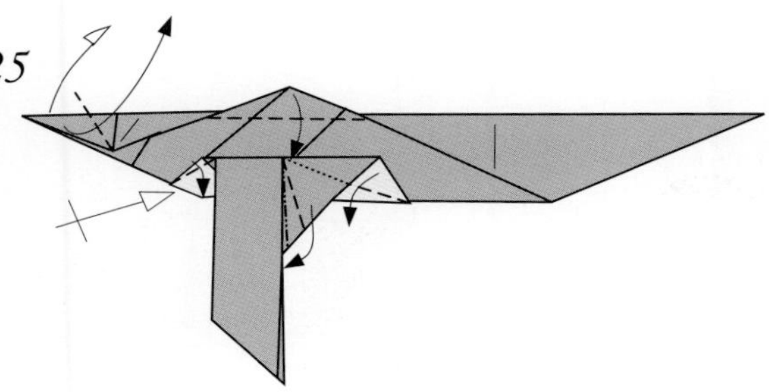

26

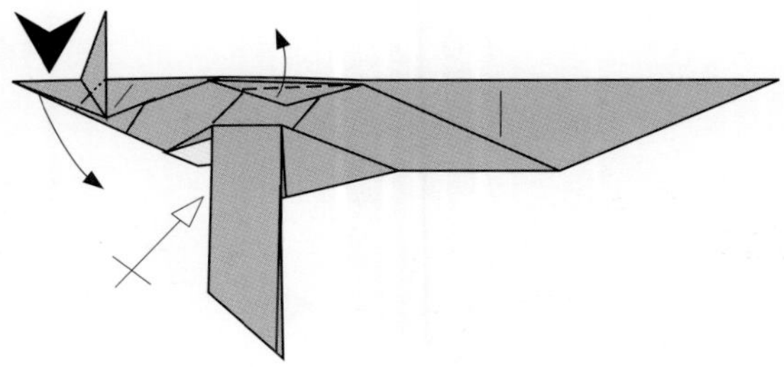

27

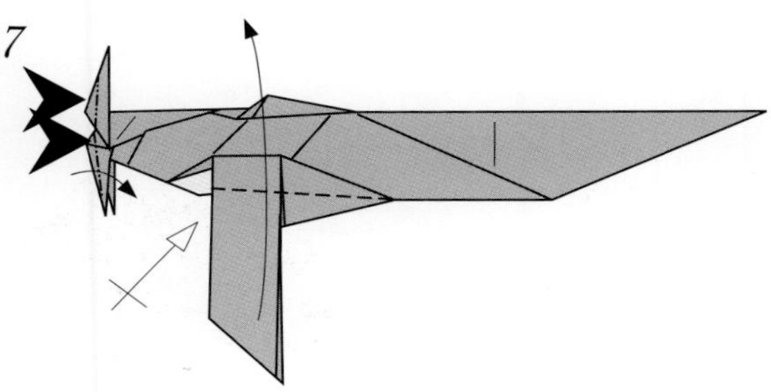

28

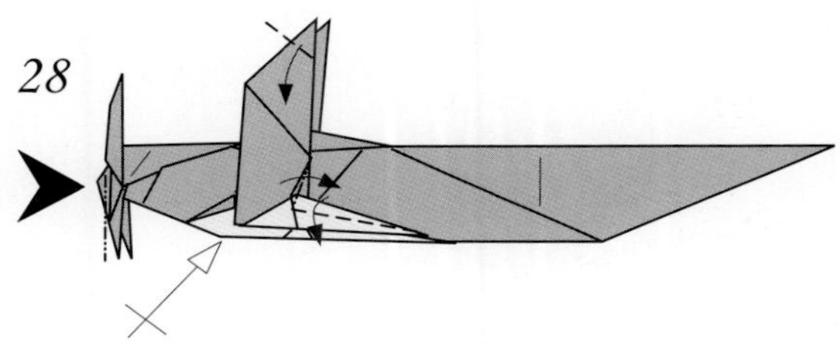

29

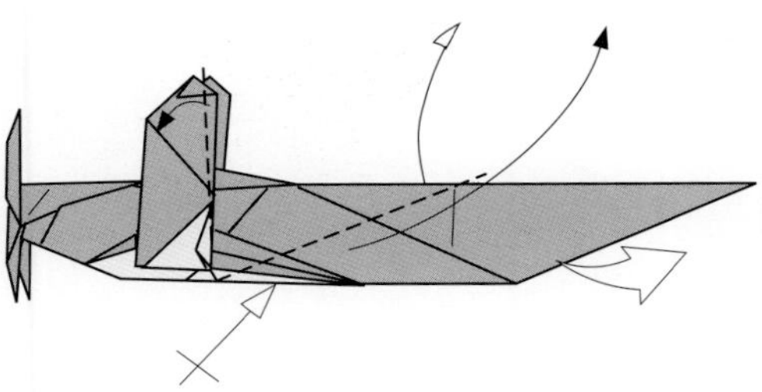

30

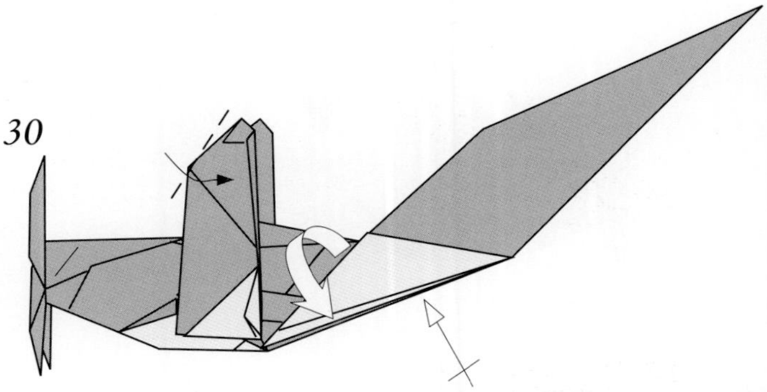

31

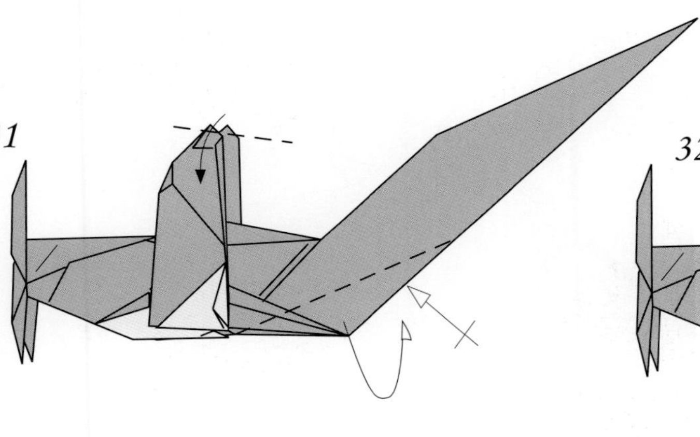

32

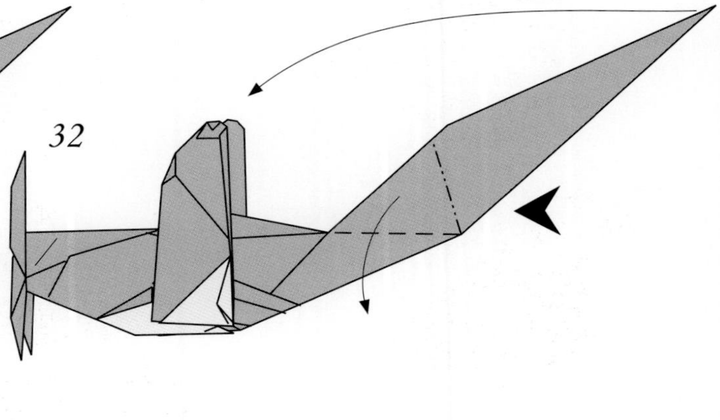

33

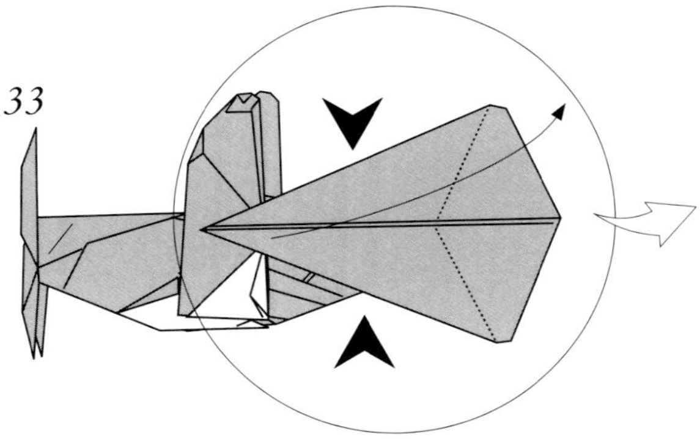

34

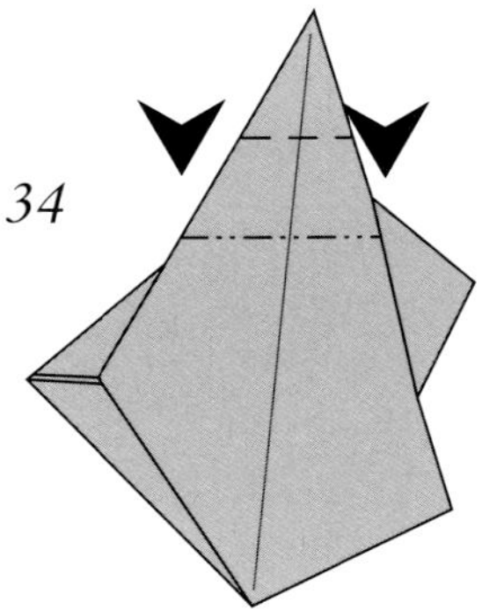

Doble hundido
Double sink fold

35

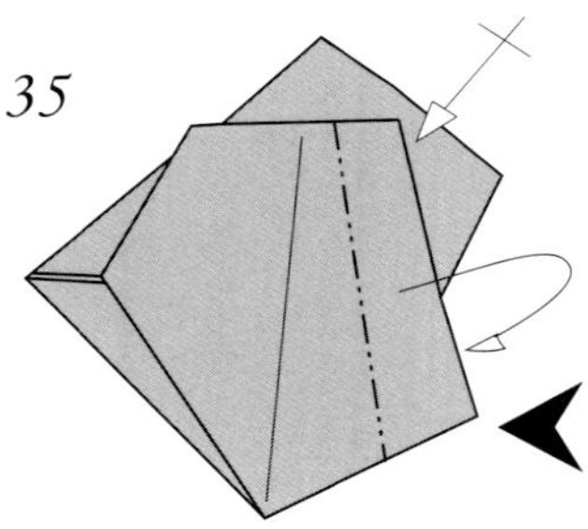

36

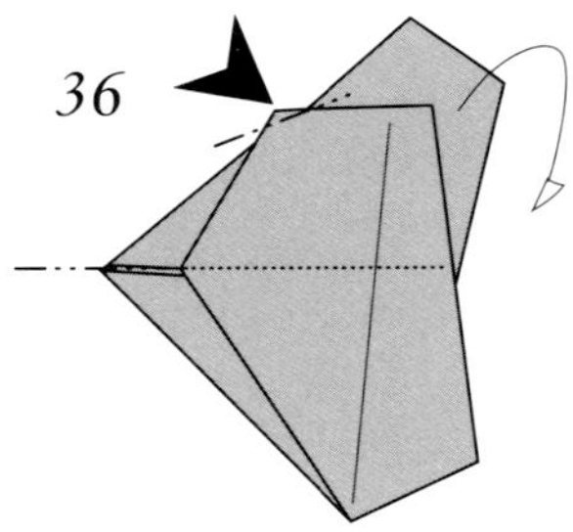

37

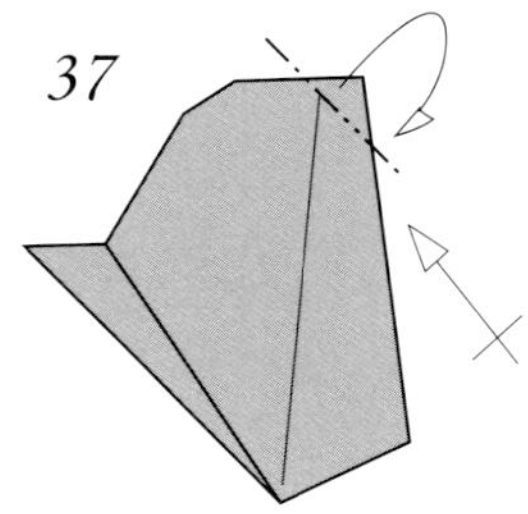

38

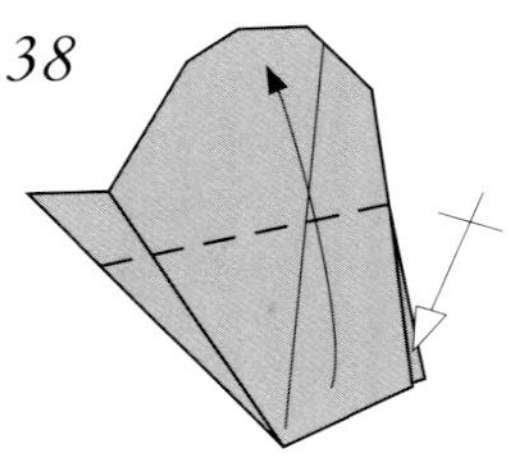

39

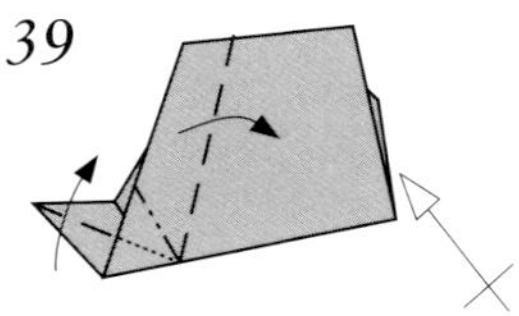

40

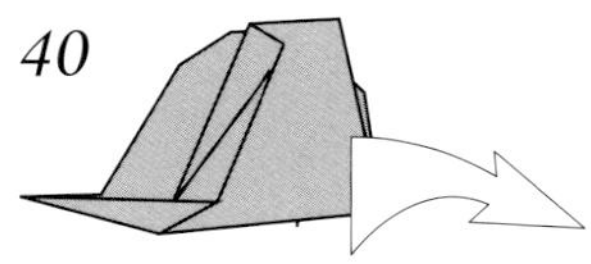

41

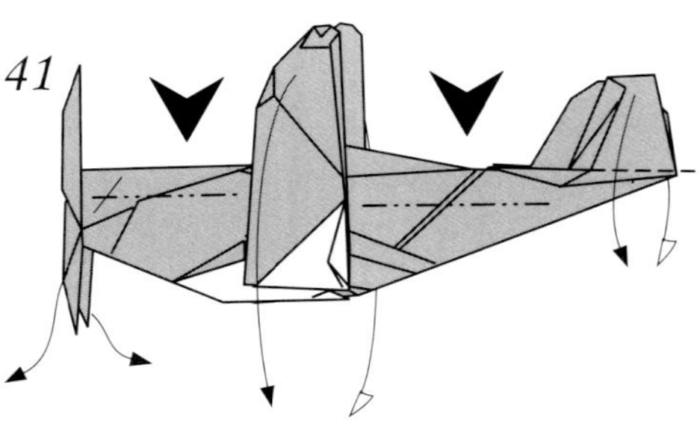

Bajar las alas y el timón de altura.
Redondear el fuselaje.
Pull down the wings and the tail.
Curve the fuselage.

42

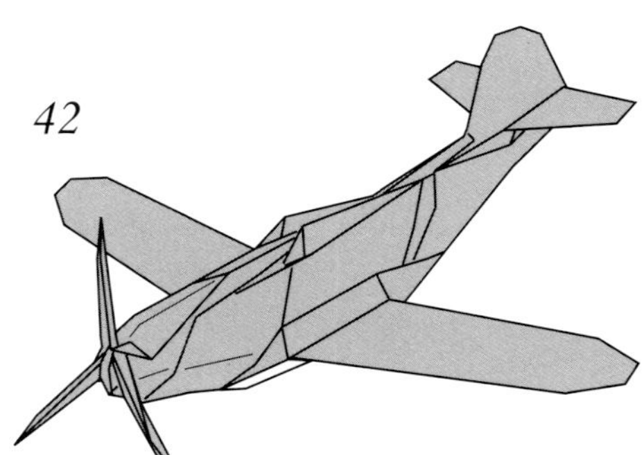

Velero
Vuelo sin motor

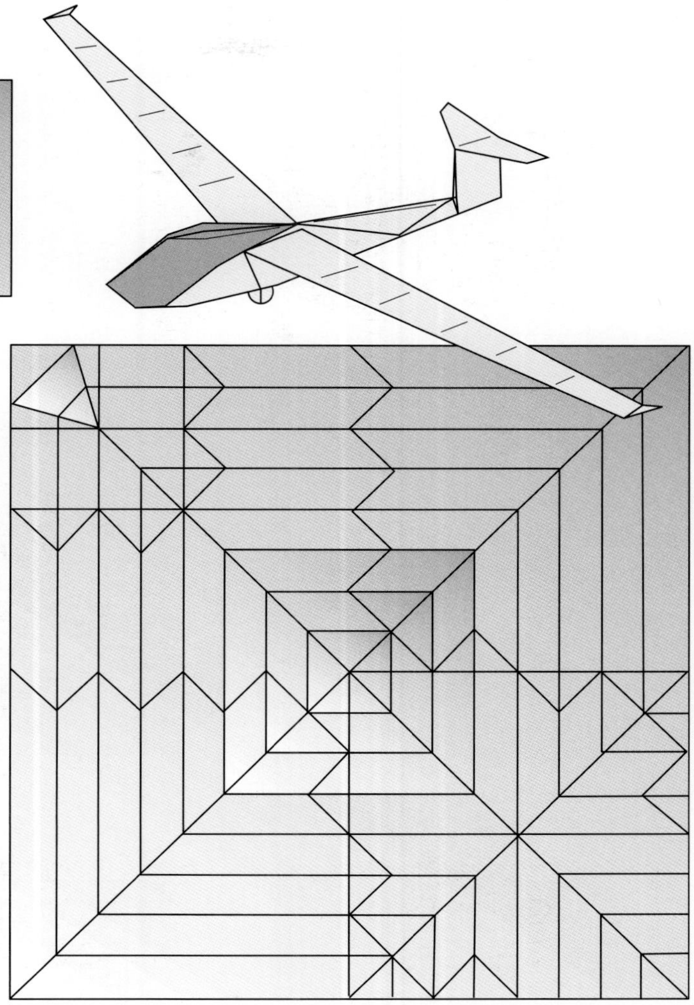

Una de las modalidades de aviación más auténtica es el vuelo sin motor. Se utilizan pequeños veleros de una o dos plazas, muy ligeros y con una aerodinámica muy cuidada. El despegue se realiza mediante un cable de arrastre remolcado por otro avión a motor. Cuando se consigue cierta altura se produce la "suelta". Estos aviones se caracterizan por un tasa de planeo muy elevada y por ser capaces de mantenerse en el aire mucho tiempo gracias a las bolsas de aire caliente llamadas "térmicas". En el aterrizaje utilizan aerofrenos con el objeto de disminuir la tasa de planeo. Para facilitar su transporte, la gran mayoría de estos aviones permiten desmontar las alas.

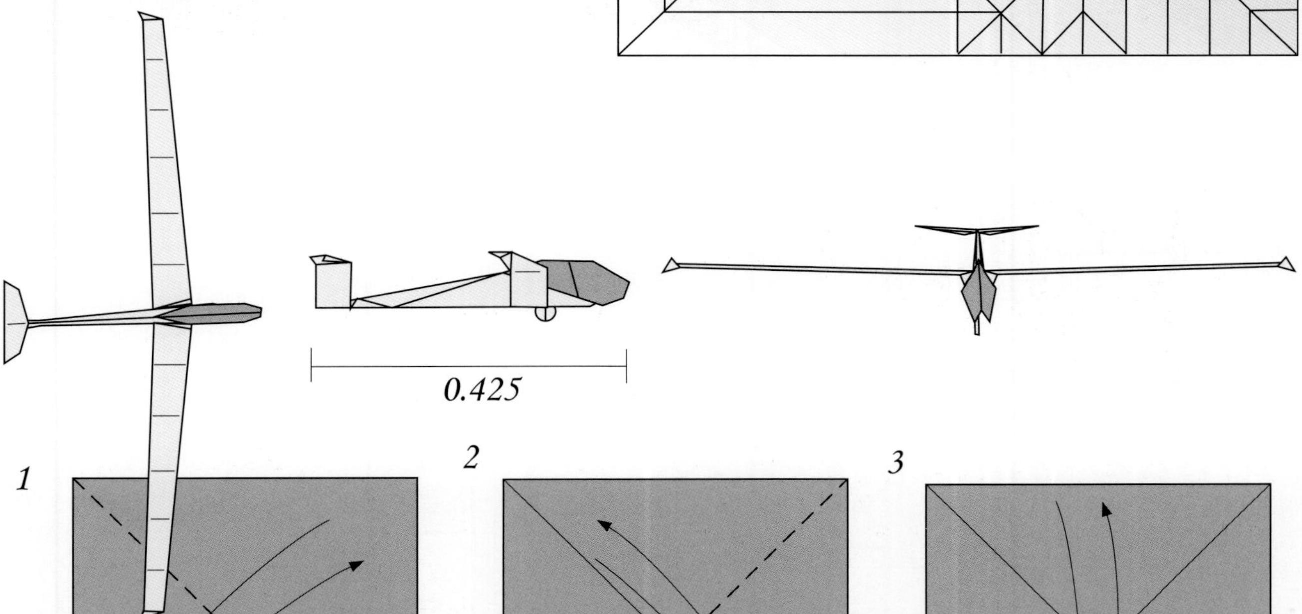

1

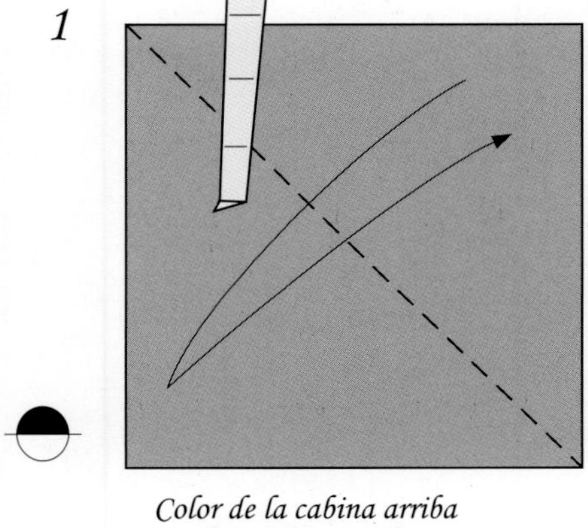

2

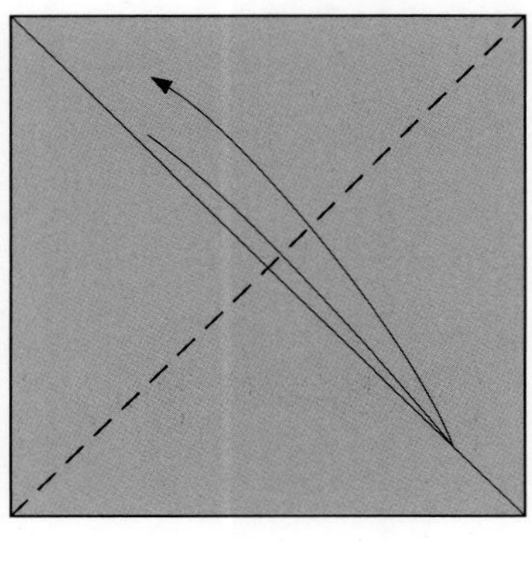

3

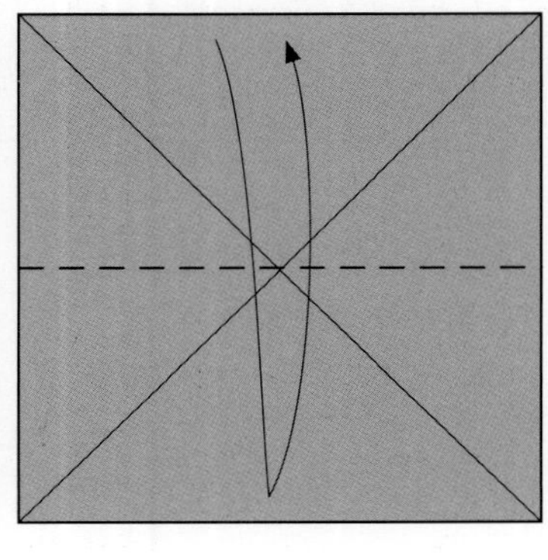

Color de la cabina arriba
Cockpit color upside

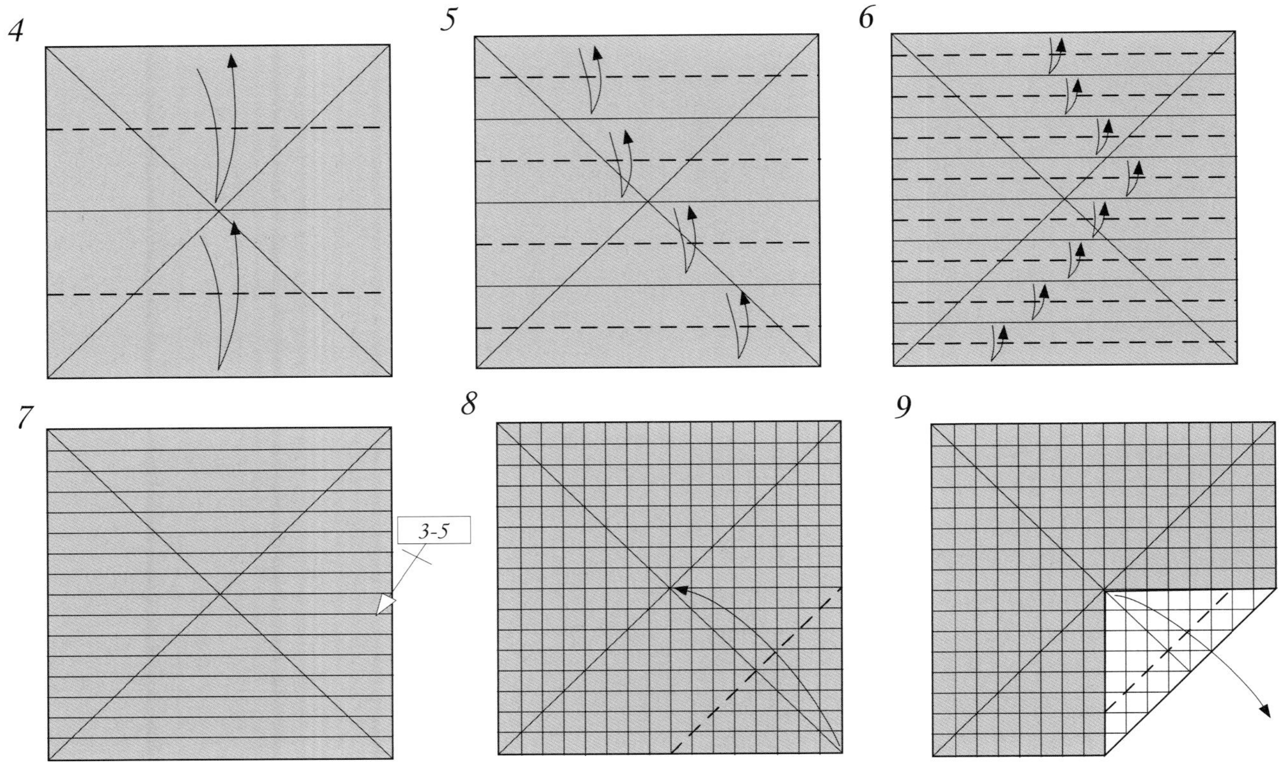

Repetir en la otra dirección
Repeat in the other direction

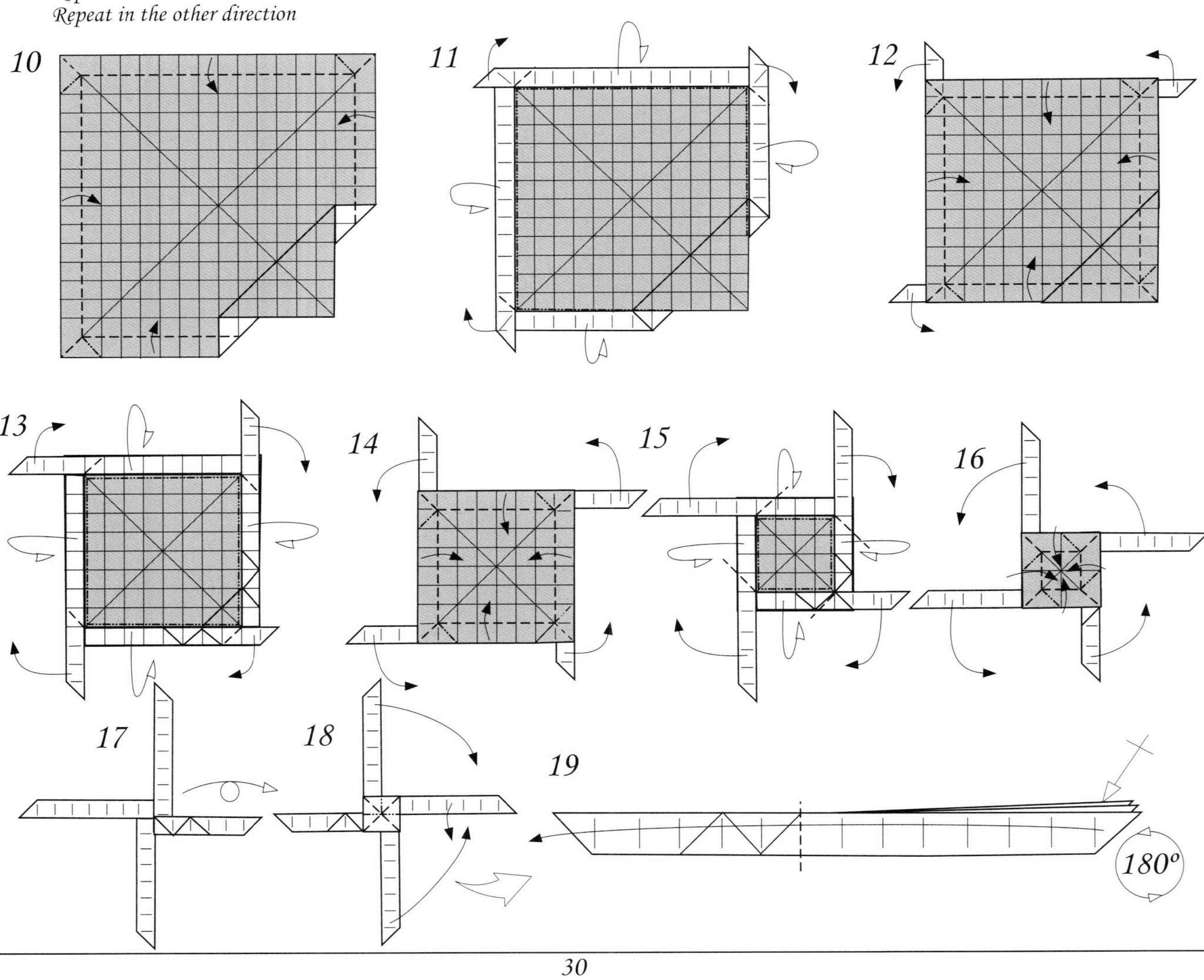

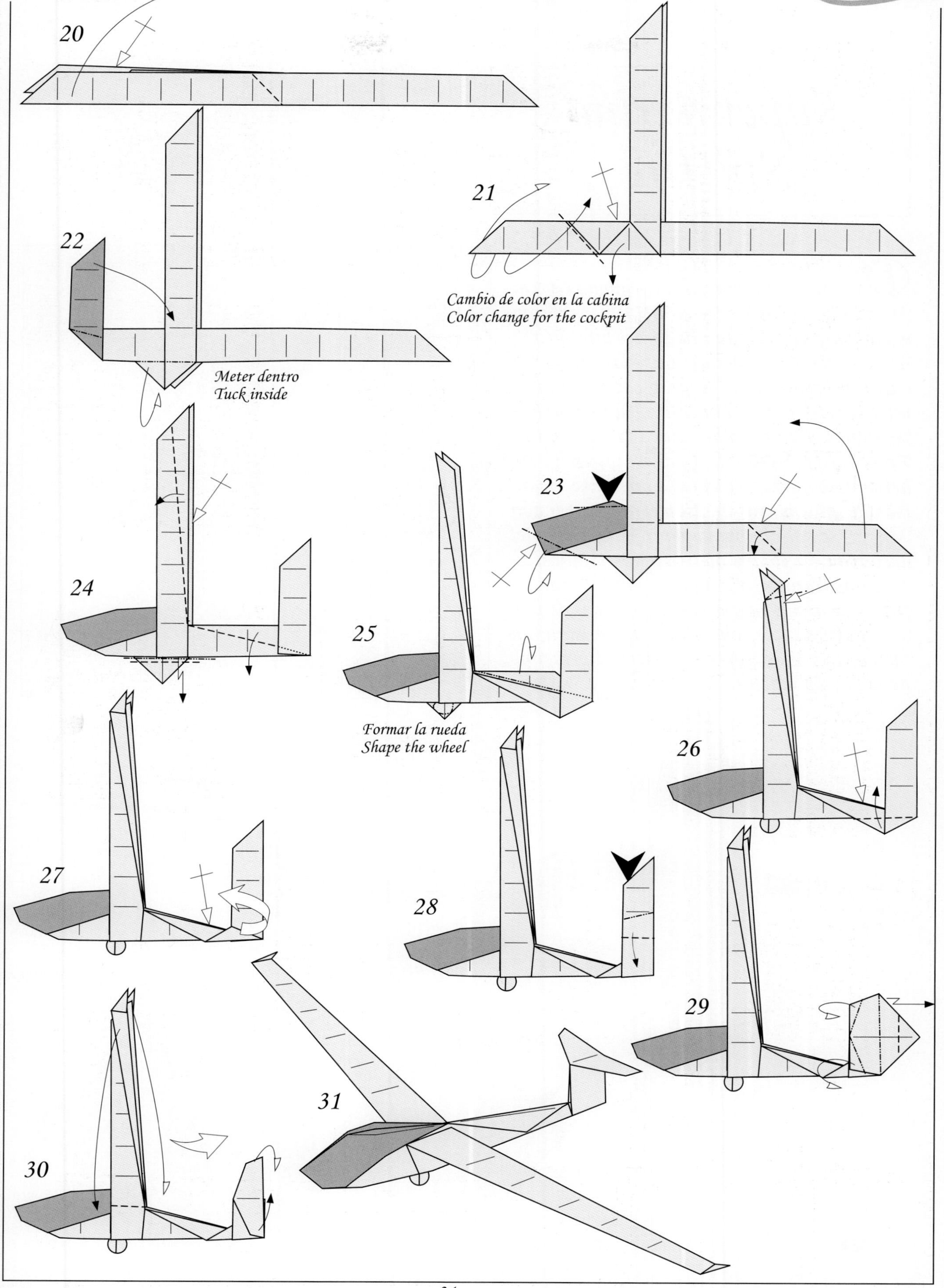
20
21
Cambio de color en la cabina
Color change for the cockpit
22
Meter dentro
Tuck inside
23
24
25
Formar la rueda
Shape the wheel
26
27
28
29
30
31

Supermarine Spitfire

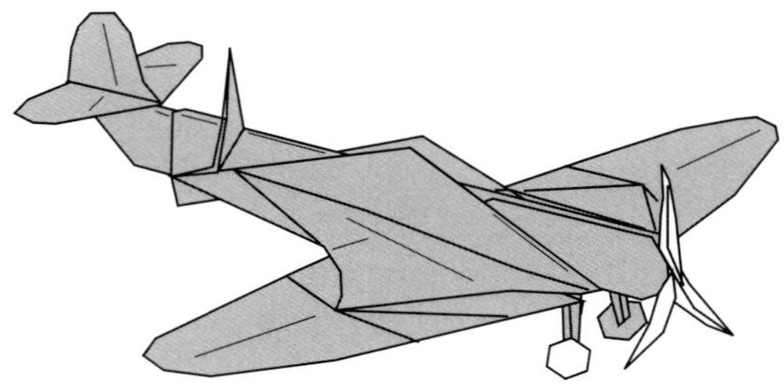

Durante buena parte de la Segunda Guerra Mundial, el Spitfire y el Bf 109 tuvieron mucho que ver. La habilidad del piloto solía ser el factor determinante. Las alas con forma elíptica daban a este famoso caza británico un aspecto inconfundible. Hubo muchas versiones. Las primeras llevaban un motor Rolls-Royce Merlín de 12 cilindros en V. La hélice tripala de velocidad constante medía más de tres metros de diámetro. La versión Mk VC se adaptó para operar en la arena del desierto de Libia y otros climas tropicales. Estos aparatos se distinguían por los grandes filtros de arena bajo el morro. Aviones de una de las últimas versiones, los Griffon, eran tan buenos que siguieron en servicio al principio de la era del reactor.

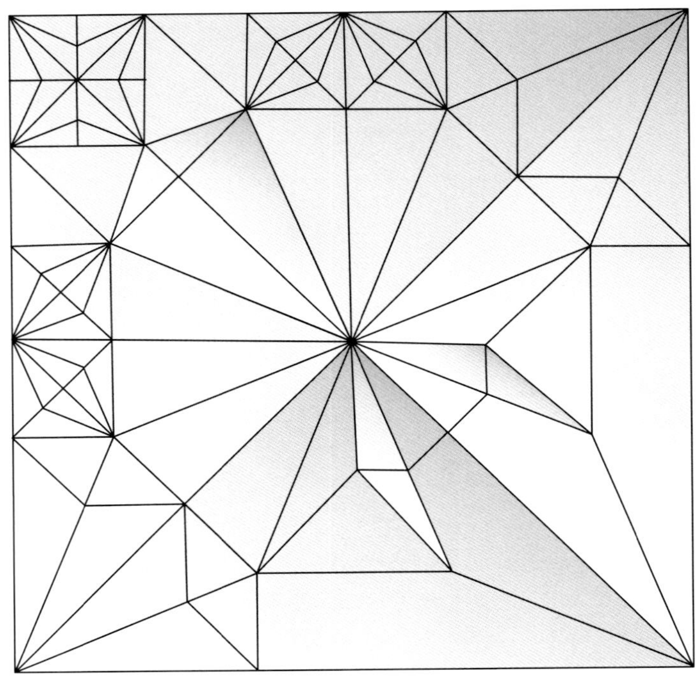

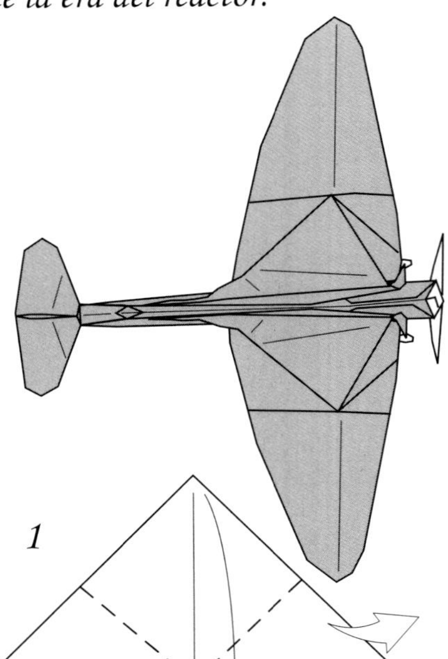

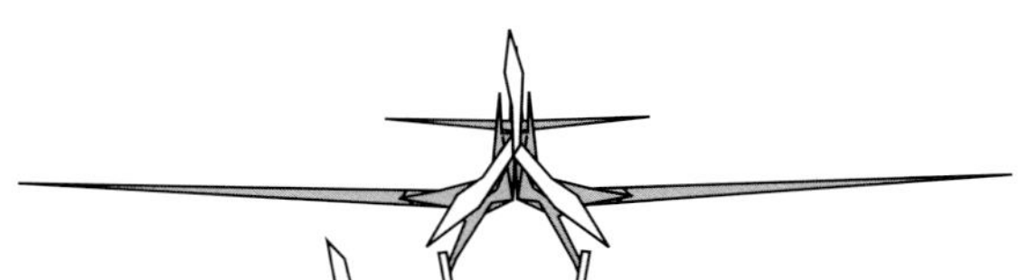

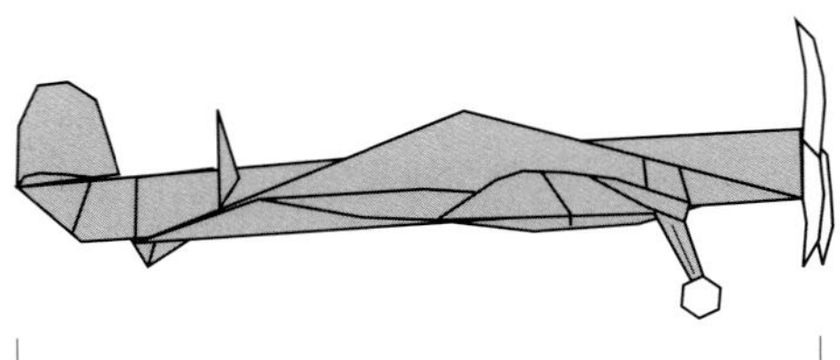

0.400

1

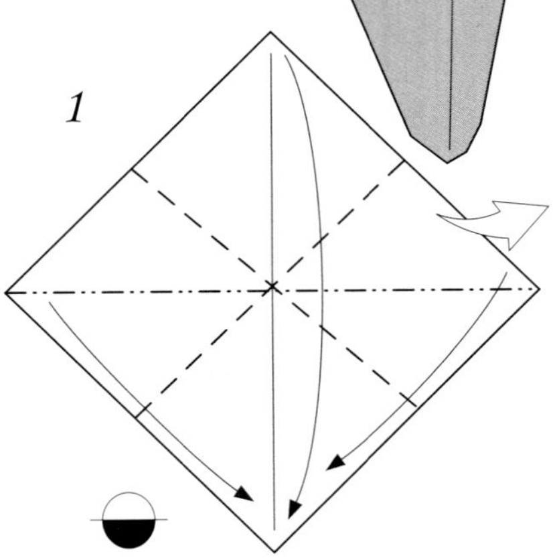

2

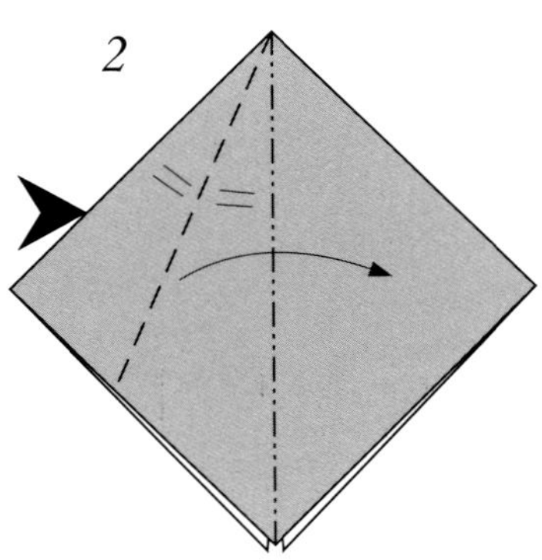

3

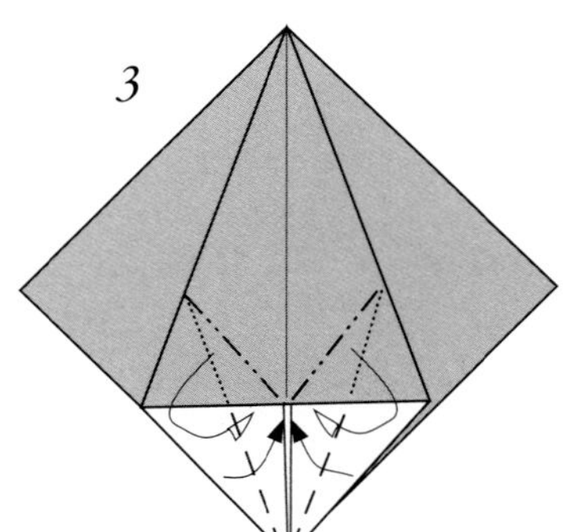

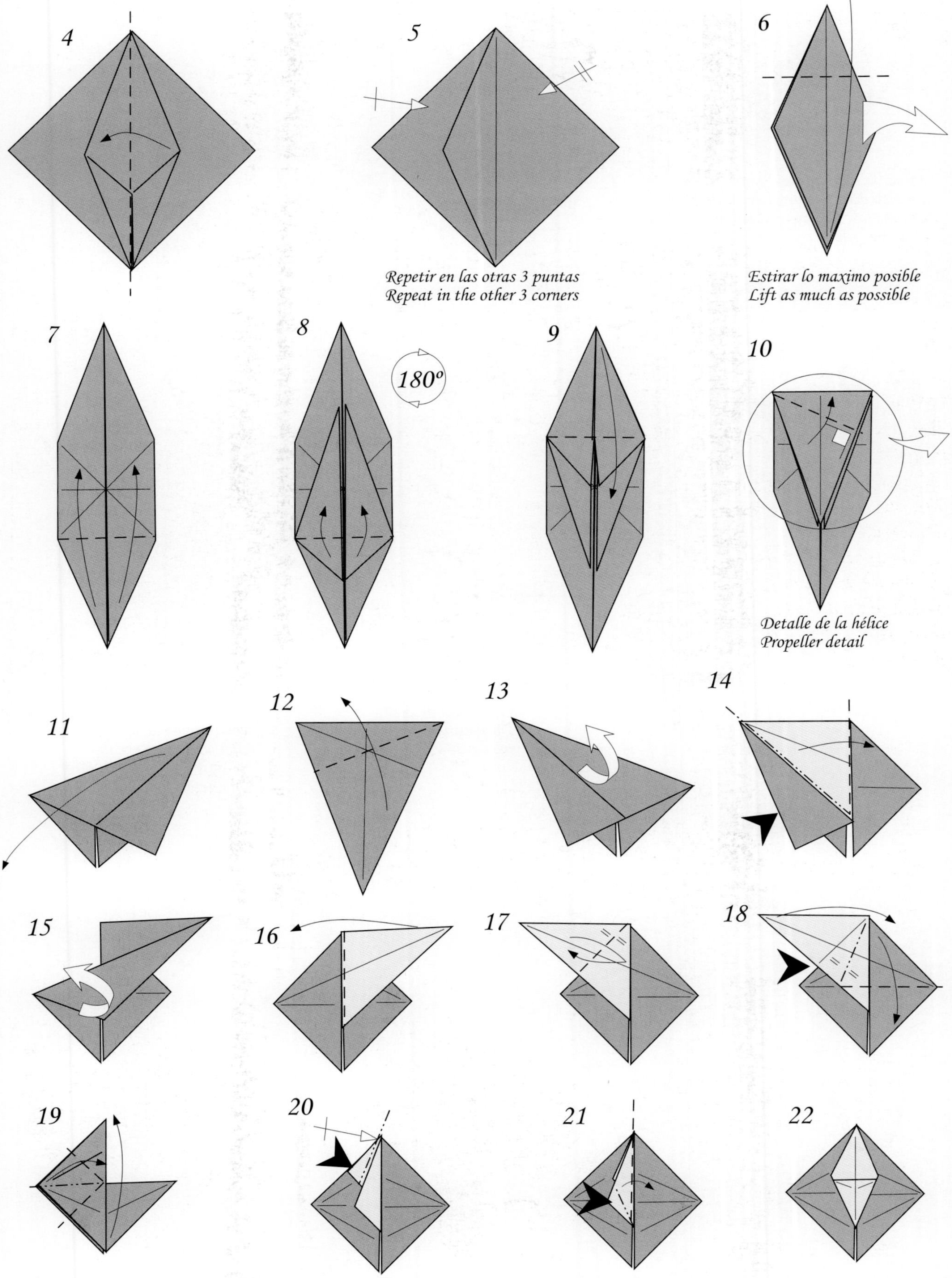
4
5
6
Repetir en las otras 3 puntas
Repeat in the other 3 corners
Estirar lo maximo posible
Lift as much as possible
7
8
180º
9
10
Detalle de la hélice
Propeller detail
11
12
13
14
15
16
17
18
19
20
21
22

23

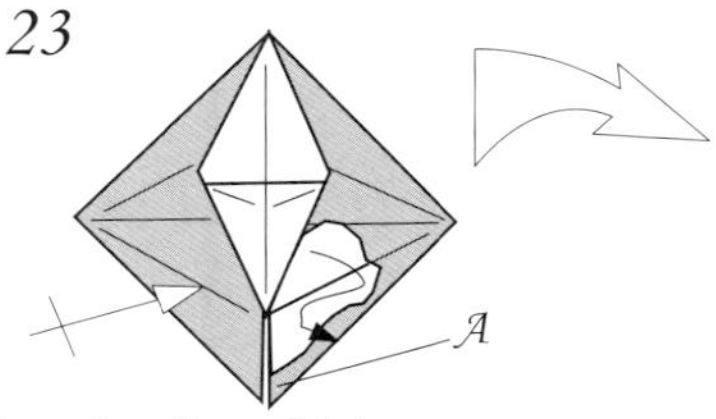

Llevar la solapa debajo para permitir que la punta A quede libre
Put the layer below to allow tip A become free

24

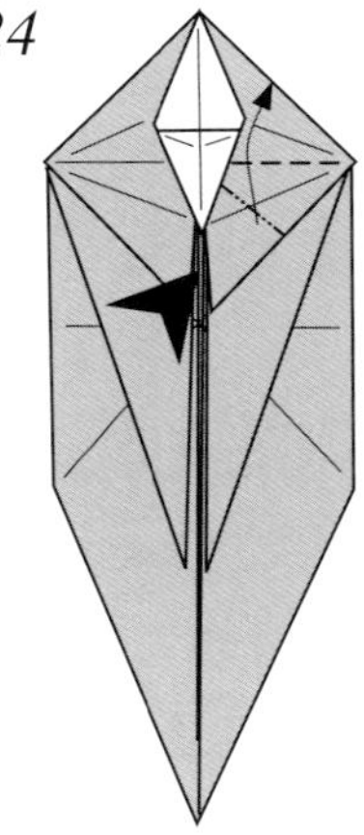

25

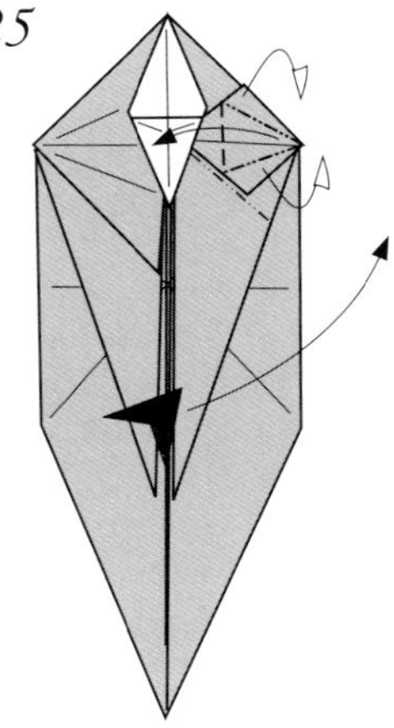

26

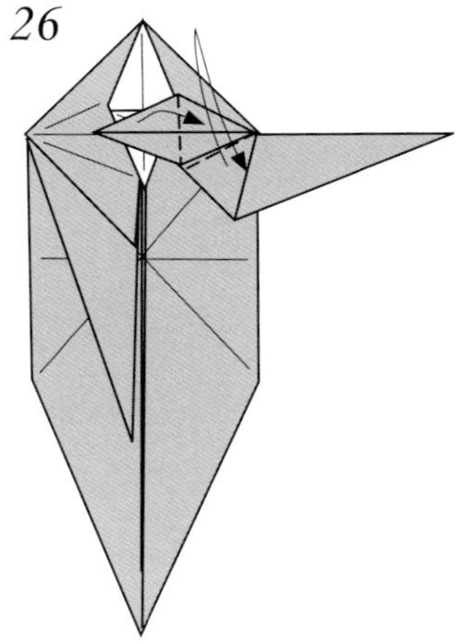

27

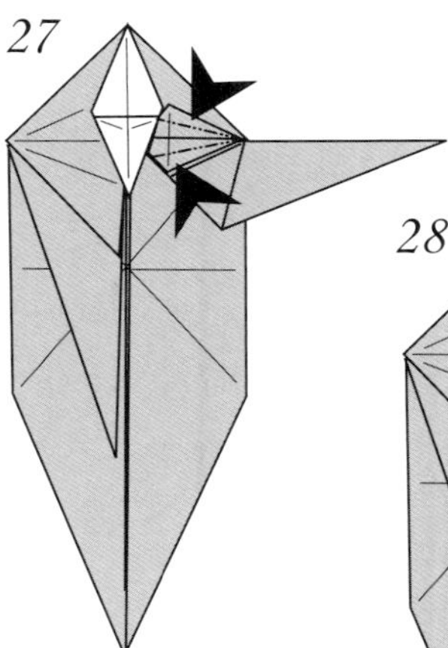

28

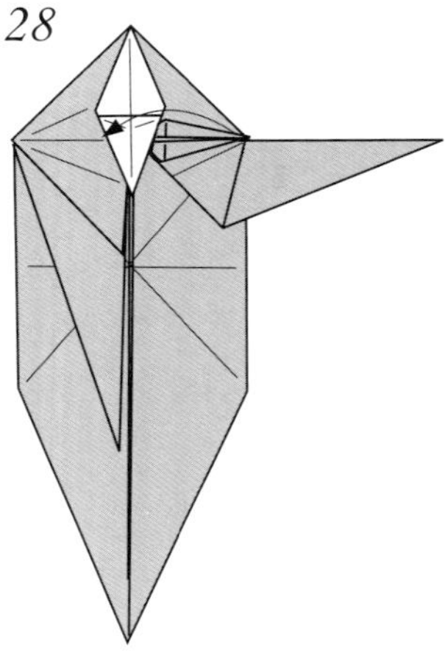

29

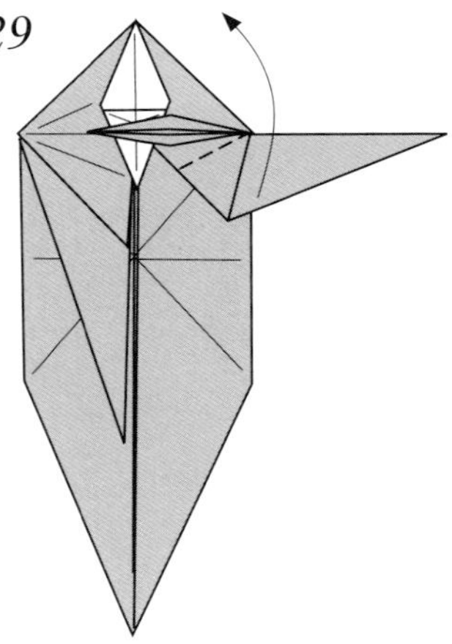

Abrir usando el pliegue hecho en el paso 26
Open using the fold done in step 26

30

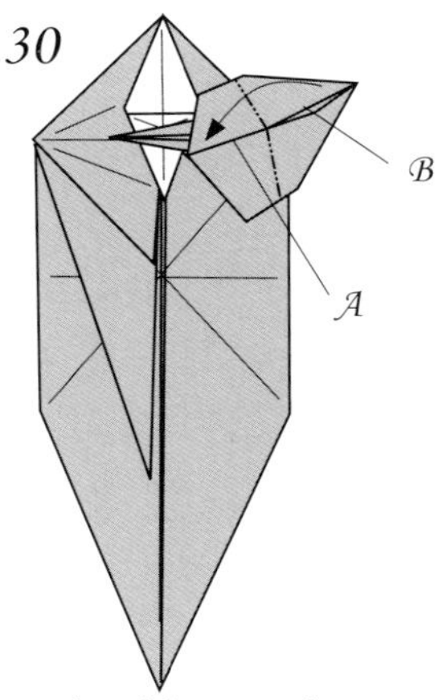

Ahora el modelo no es plano. Doblar de forma que la linea A coincida con la B.
Now the model is not flat. Fold with line A coinciding with line B.

31

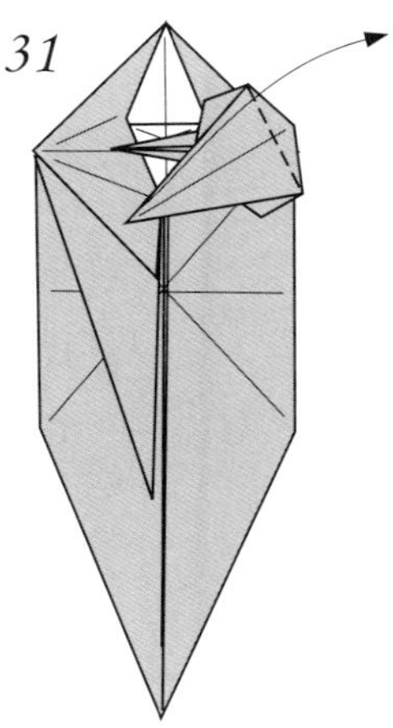

32

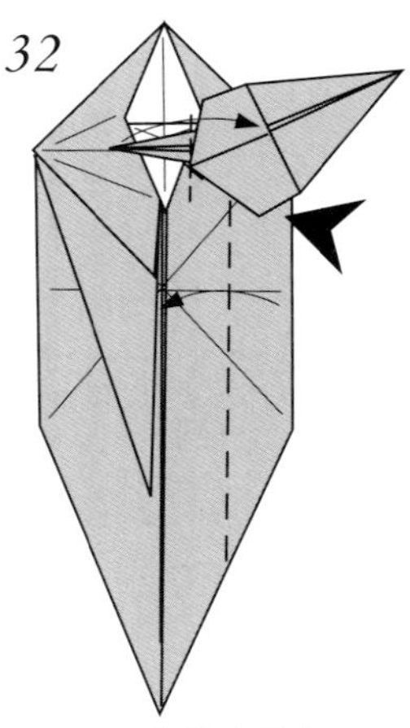

33

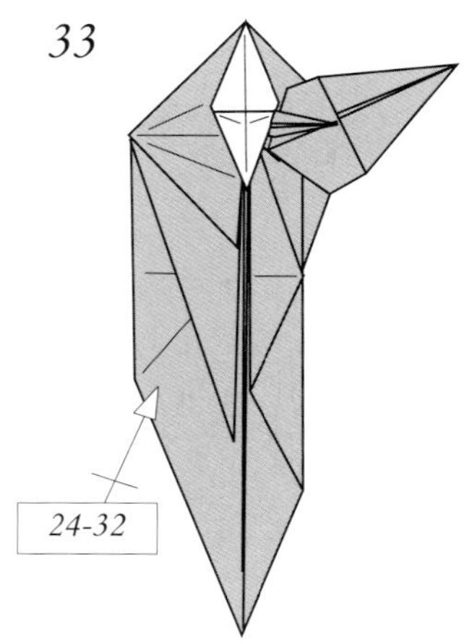

Repetir en el otro lado
Repeat on the other side

34

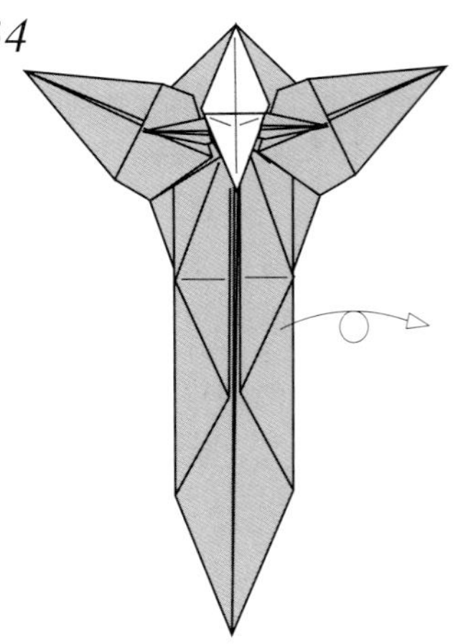

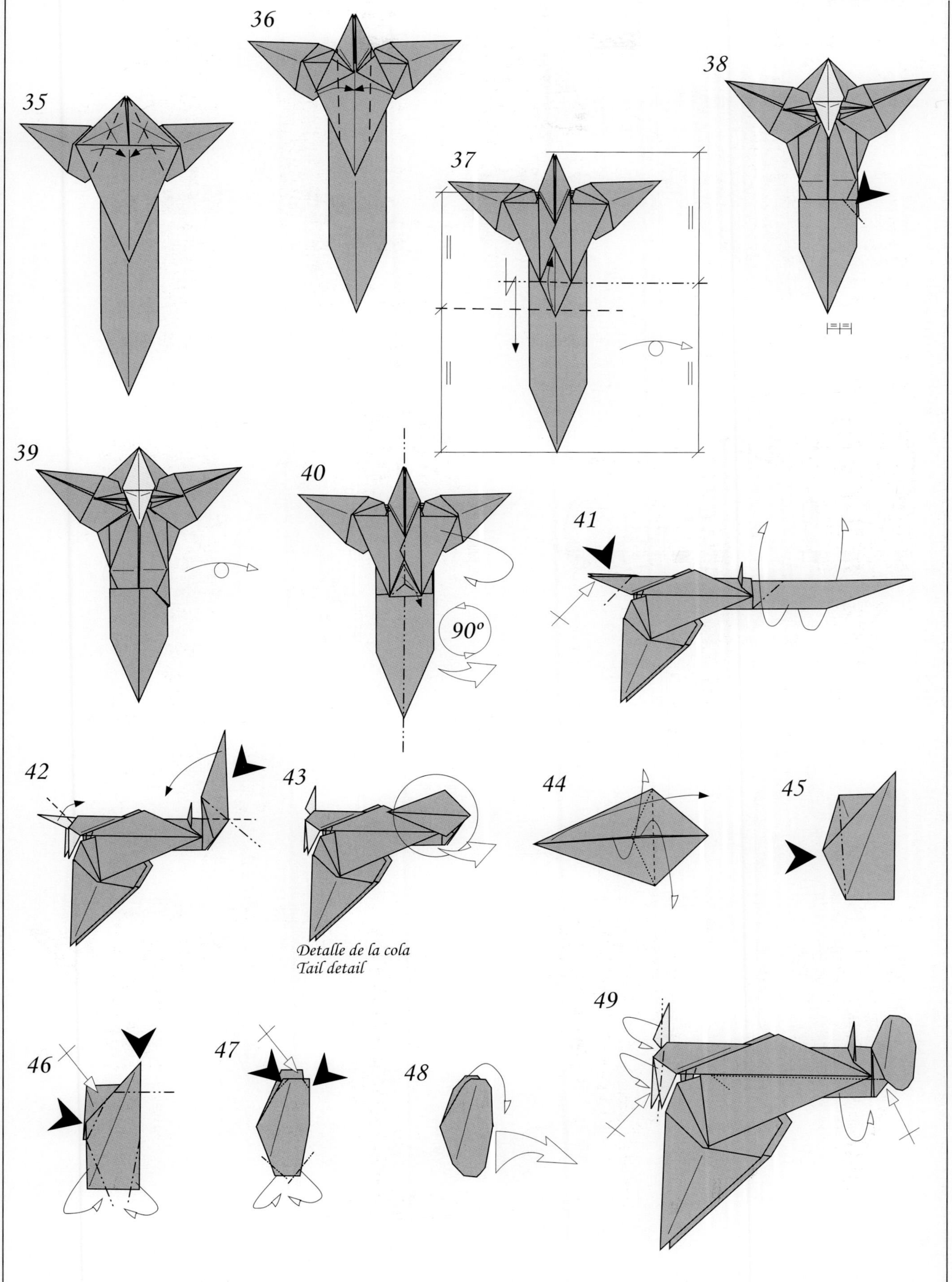

Detalle de la cola
Tail detail

50

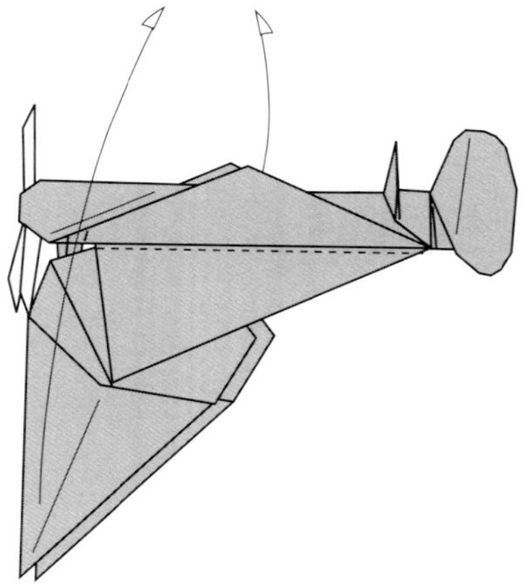

51

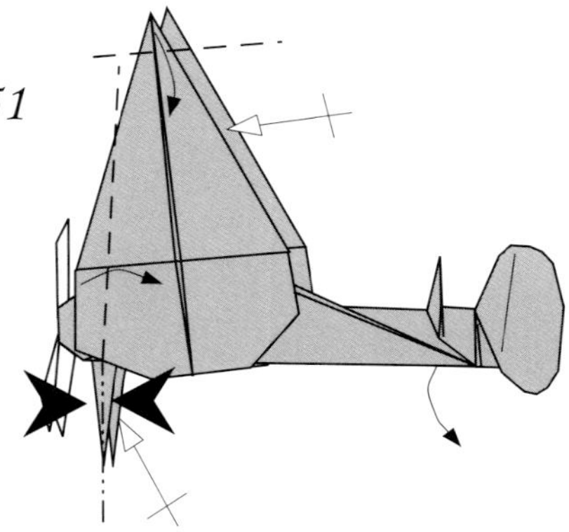

Sacar la rueda trasera en lado del pliegue del paso 38
Pull out the tail wheel at side of the fold done in step 38

52

Formar las ruedas
Shape the wheels

53

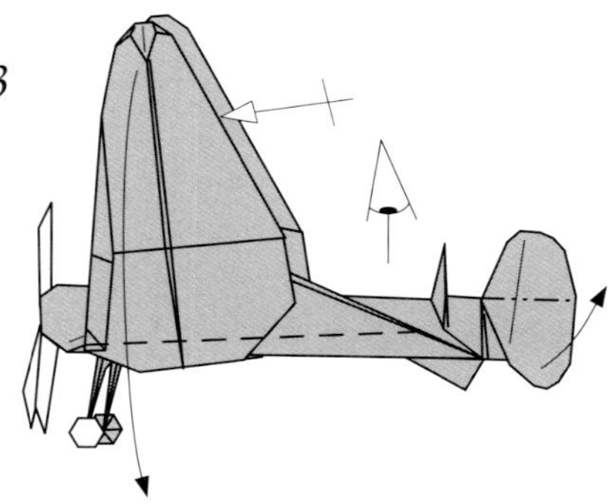

54

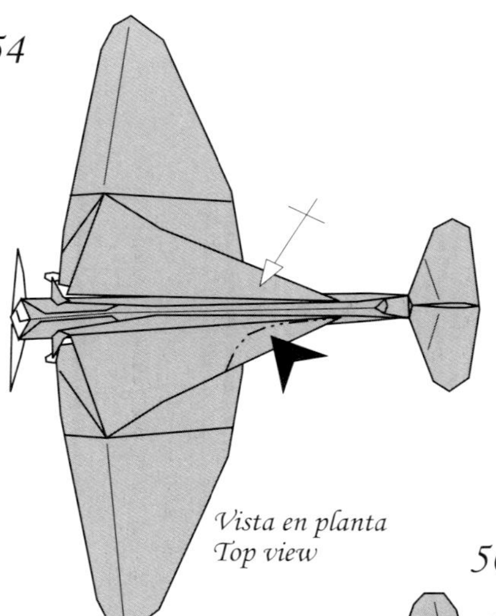

Vista en planta
Top view

55

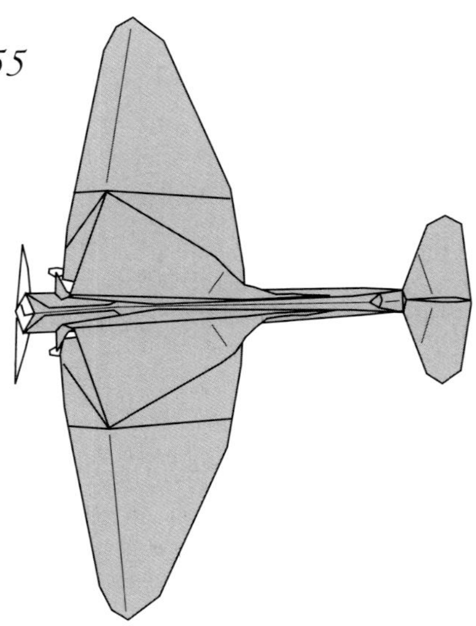

56

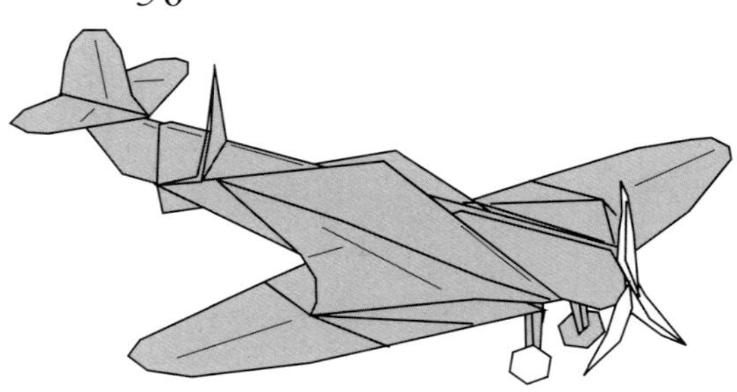

Panavia Tornado

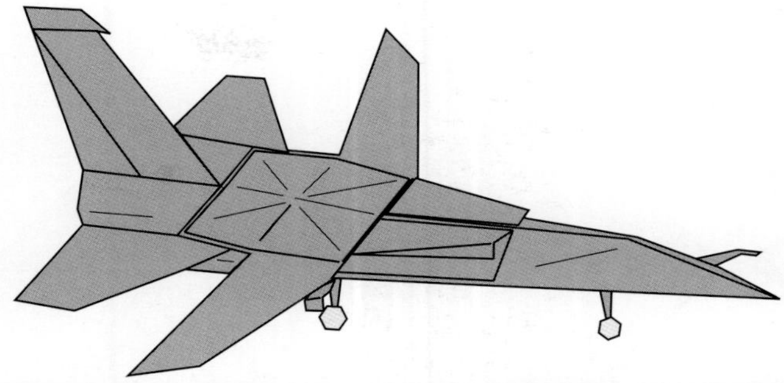

El avión de combate europeo Tornado fue realizado por Gran Bretaña, Alemania e Italia. Tiene unas modestas dimensiones y está impulsado por dos turbofanes recalentados RB 199. El ala es de geometría variable e incorpora flaperones de doble ranura y envergadura completa. Los dispositivos de alta sustentación le otorgan una buena actuación y, unido a los inversores de empuje, permiten que el avión pueda aterrizar en pistas cortas. El diseño se inició en 1968 y el primero de 9 prototipos voló el 14 de agosto de 1974. El primer avión de producción voló el 10 de julio de 1979. El aparato cuenta con un sistema automático de ocultación y una amplia gama de ayudas de autodefensa activas y pasivas.

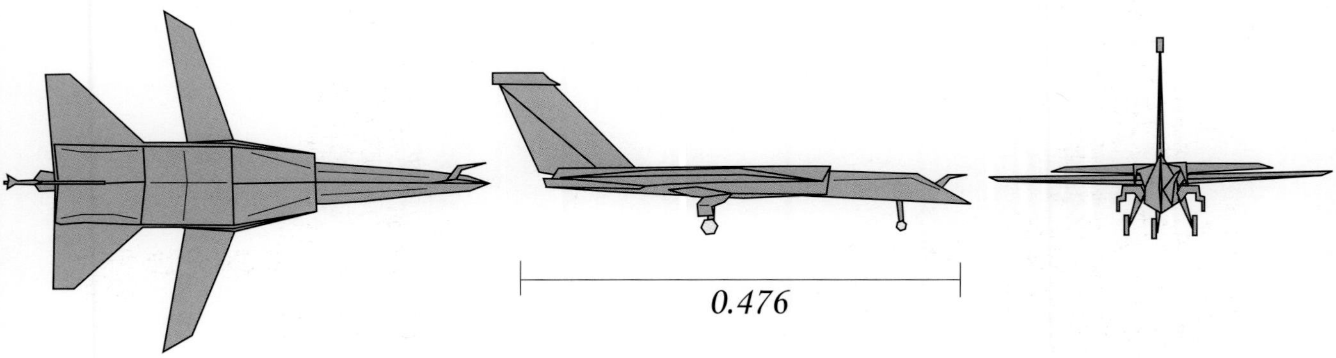

1

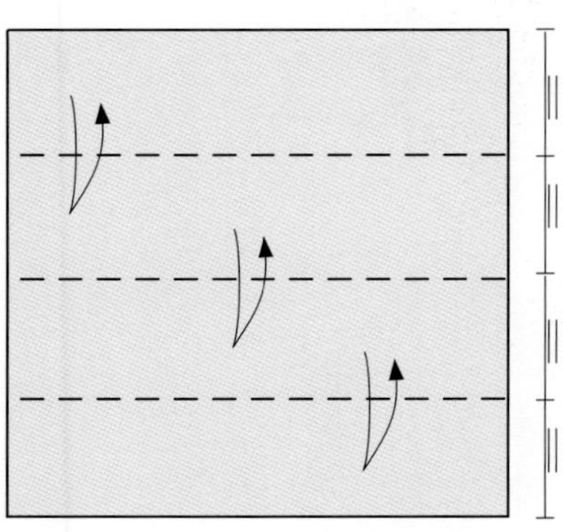

2

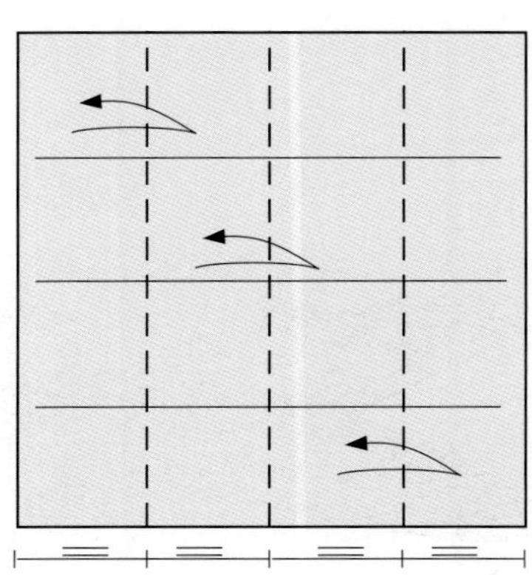

3

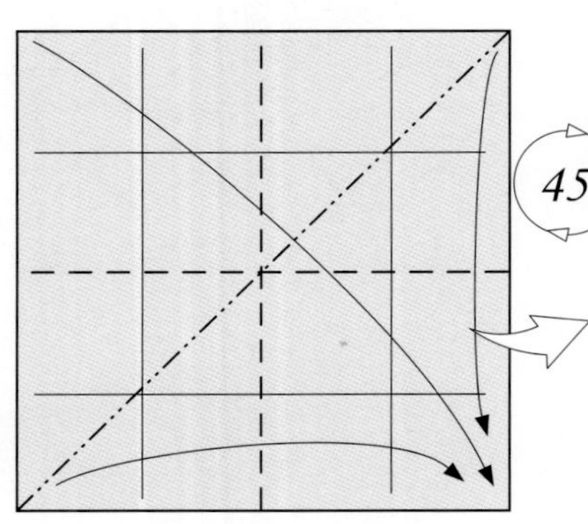

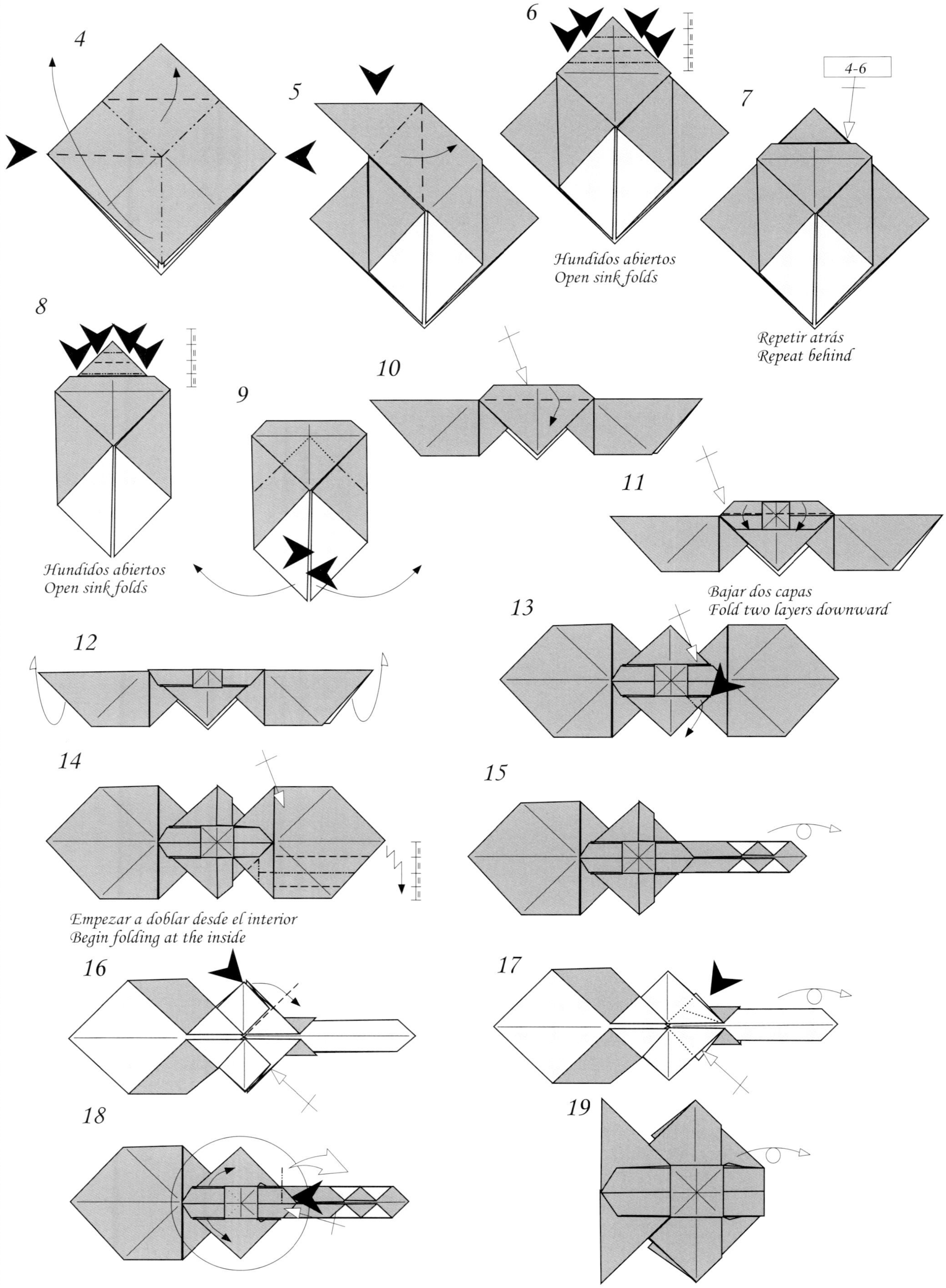
4
5
6
Hundidos abiertos
Open sink folds
4-6
7
Repetir atrás
Repeat behind
8
Hundidos abiertos
Open sink folds
9
10
11
Bajar dos capas
Fold two layers downward
12
13
14
Empezar a doblar desde el interior
Begin folding at the inside
15
16
17
18
19

20

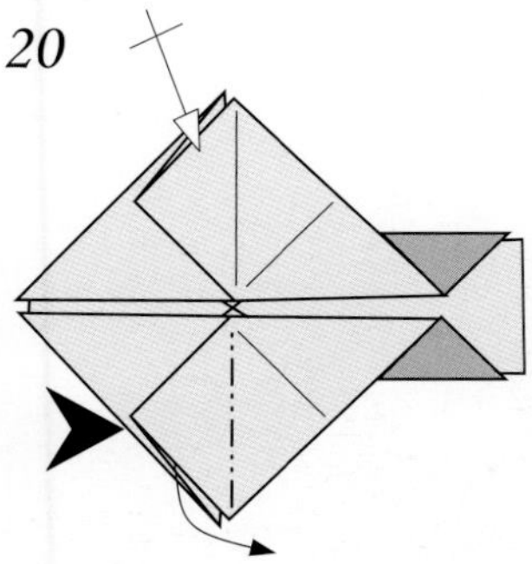

21

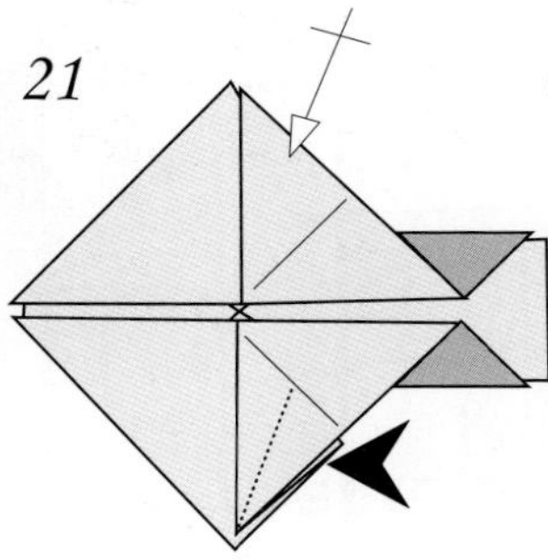

22

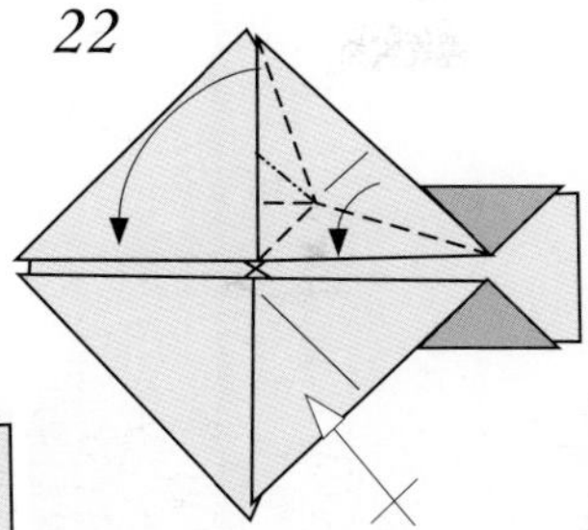

23

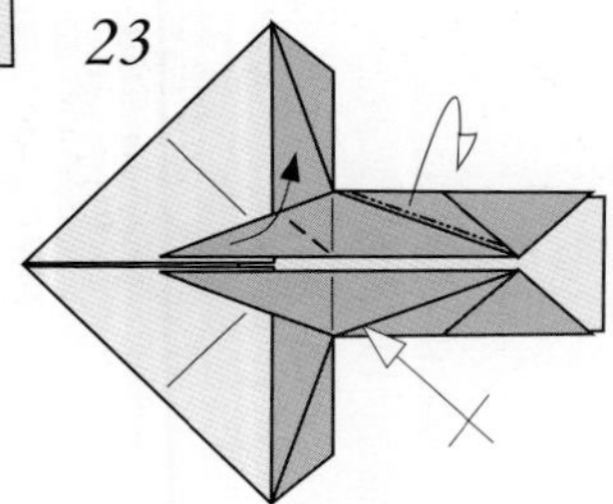

Meter dentro
Tuck inside

24

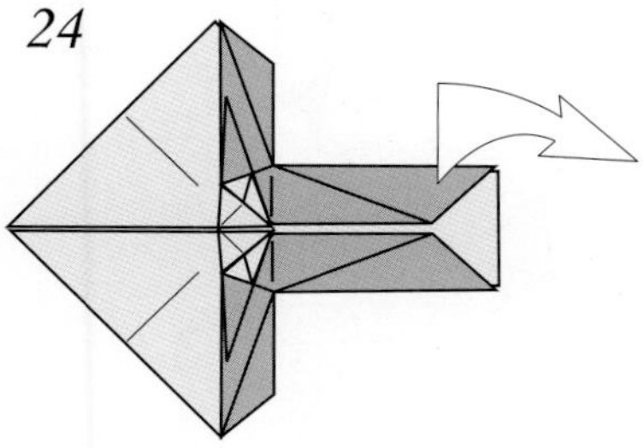

25

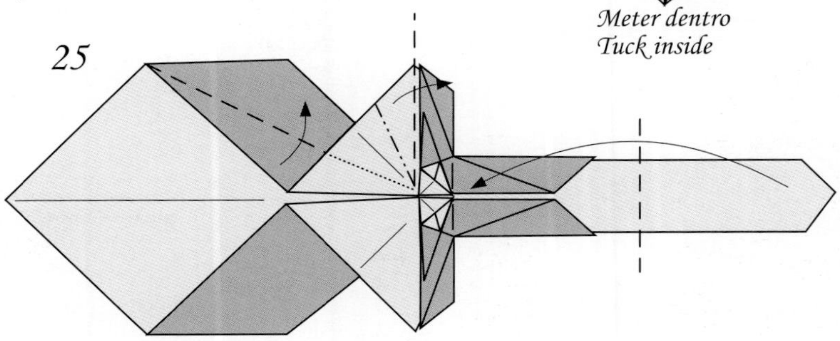

26

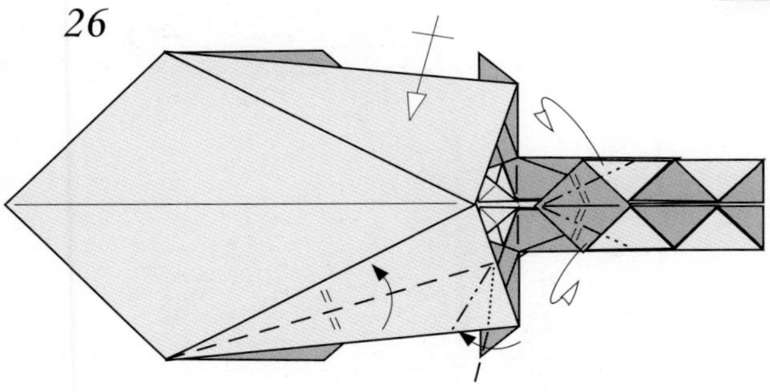

27

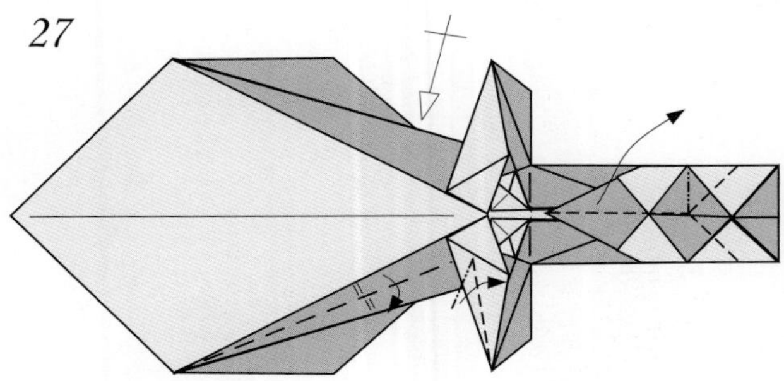

28

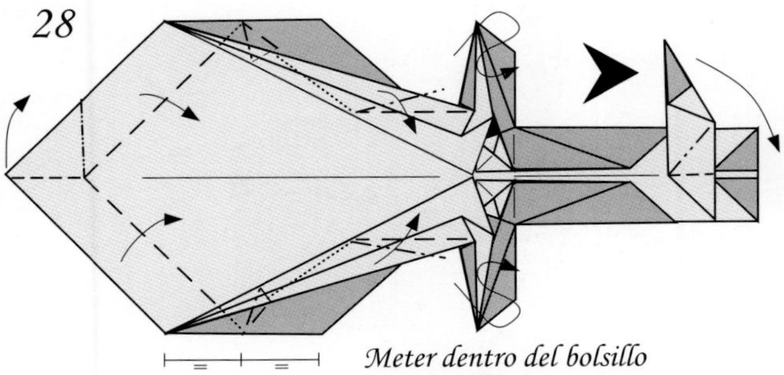

Meter dentro del bolsillo
Tuck inside the pocket

29

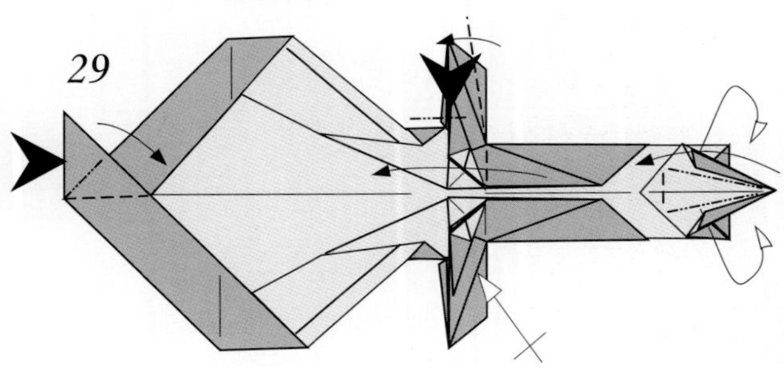

30

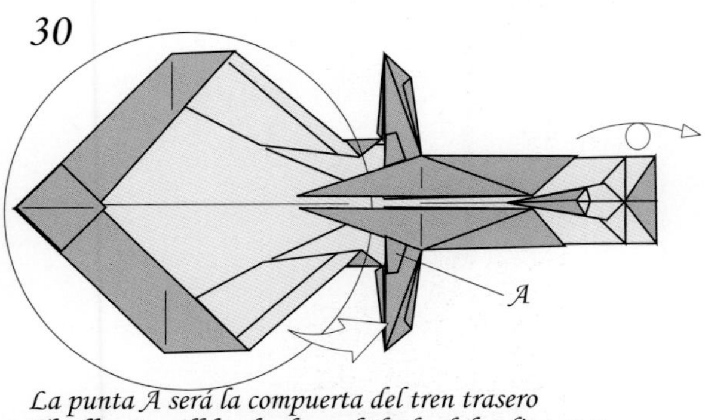

La punta A será la compuerta del tren trasero
The flap A will be the door of the back landing gear

31

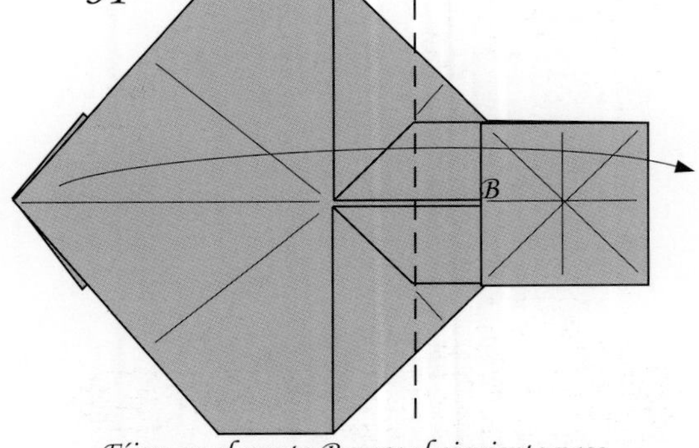

Fíjese en el punto B para el siguiente paso
Refer to point B for the next step

32

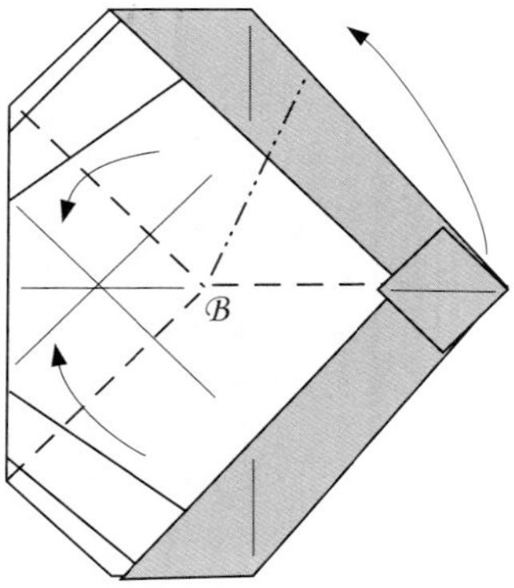

33

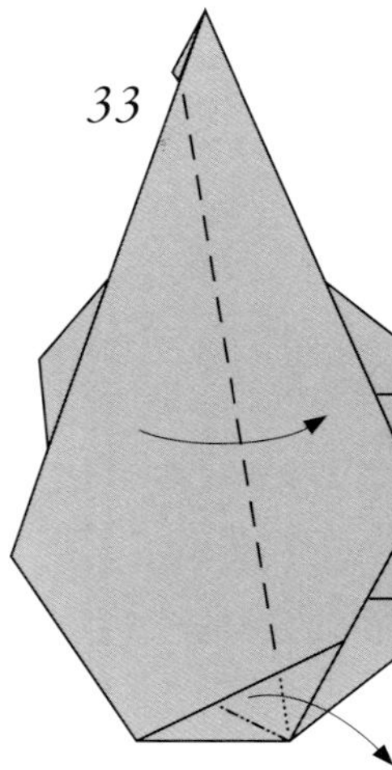

34

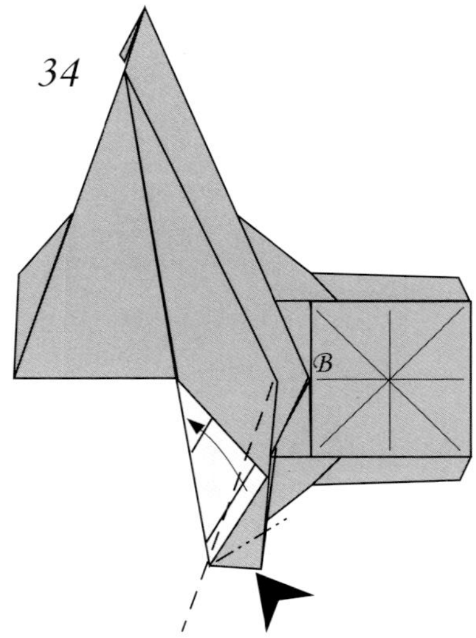

35

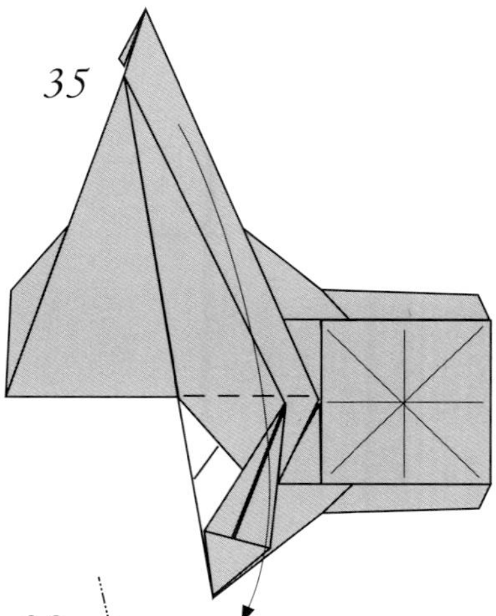

36

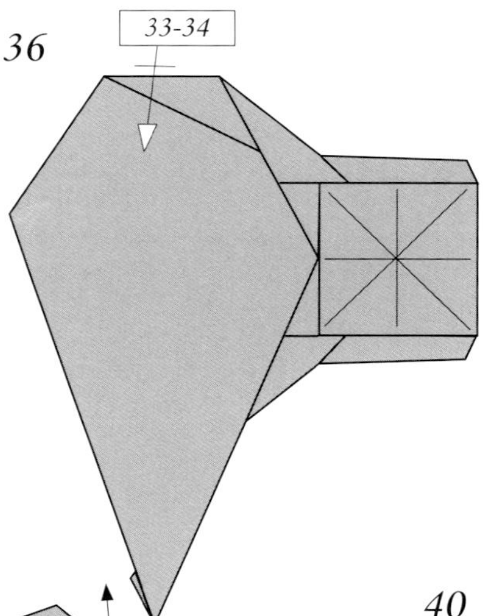

37

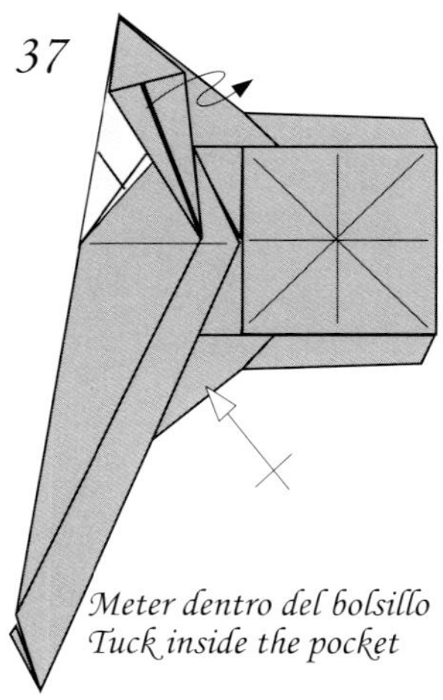

Meter dentro del bolsillo
Tuck inside the pocket

38

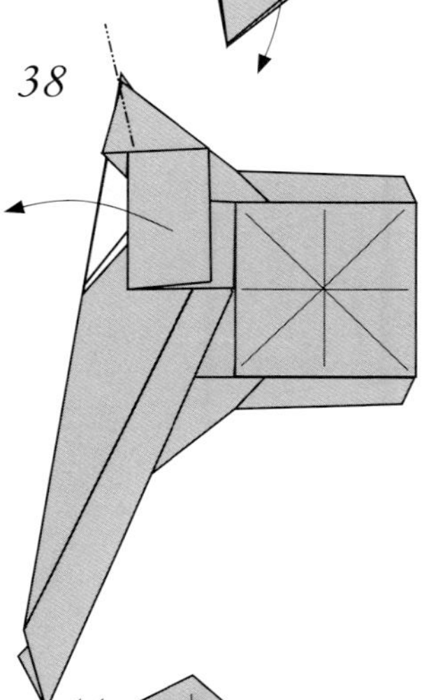

39

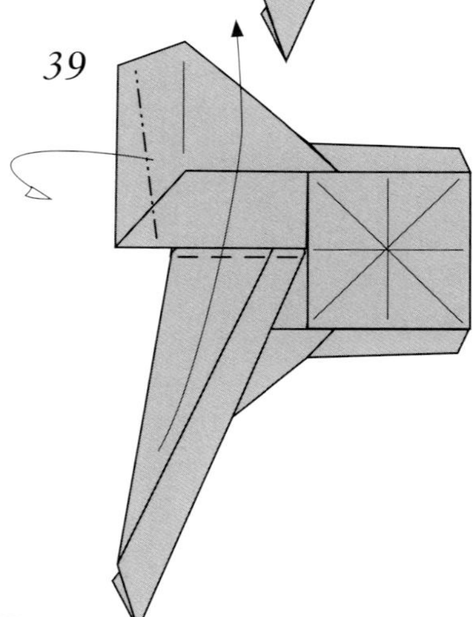

40

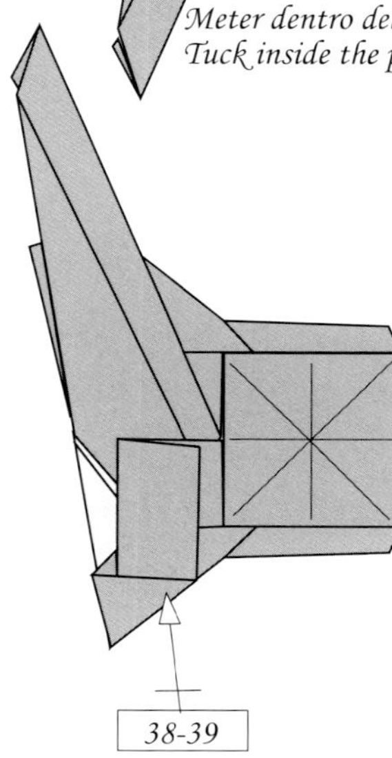

41

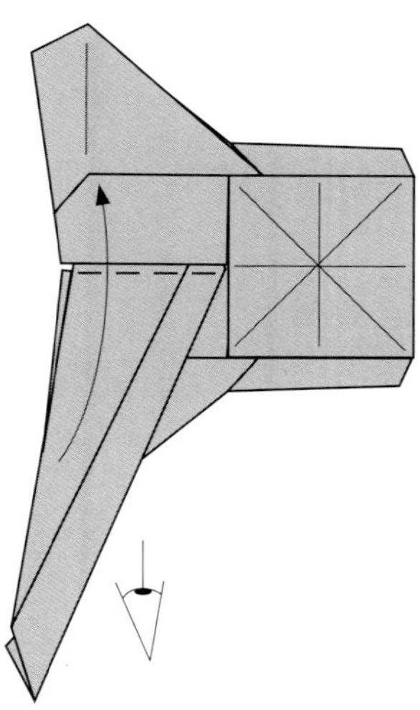

42

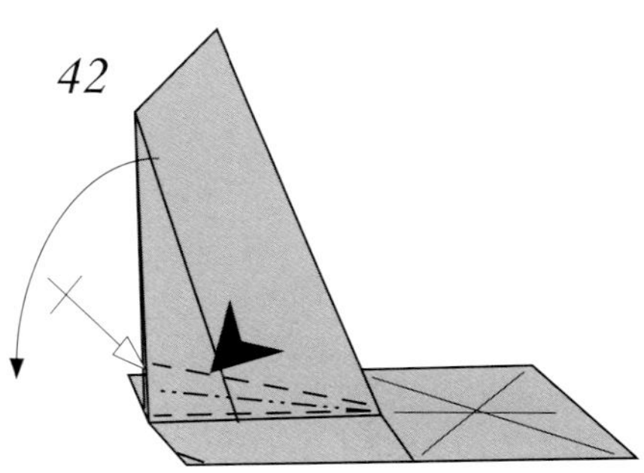

43

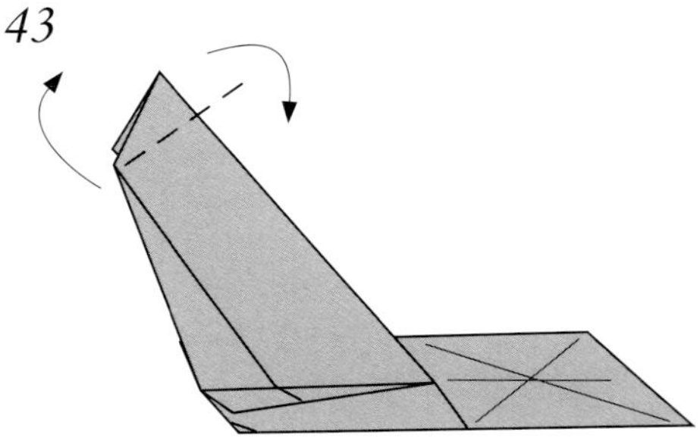

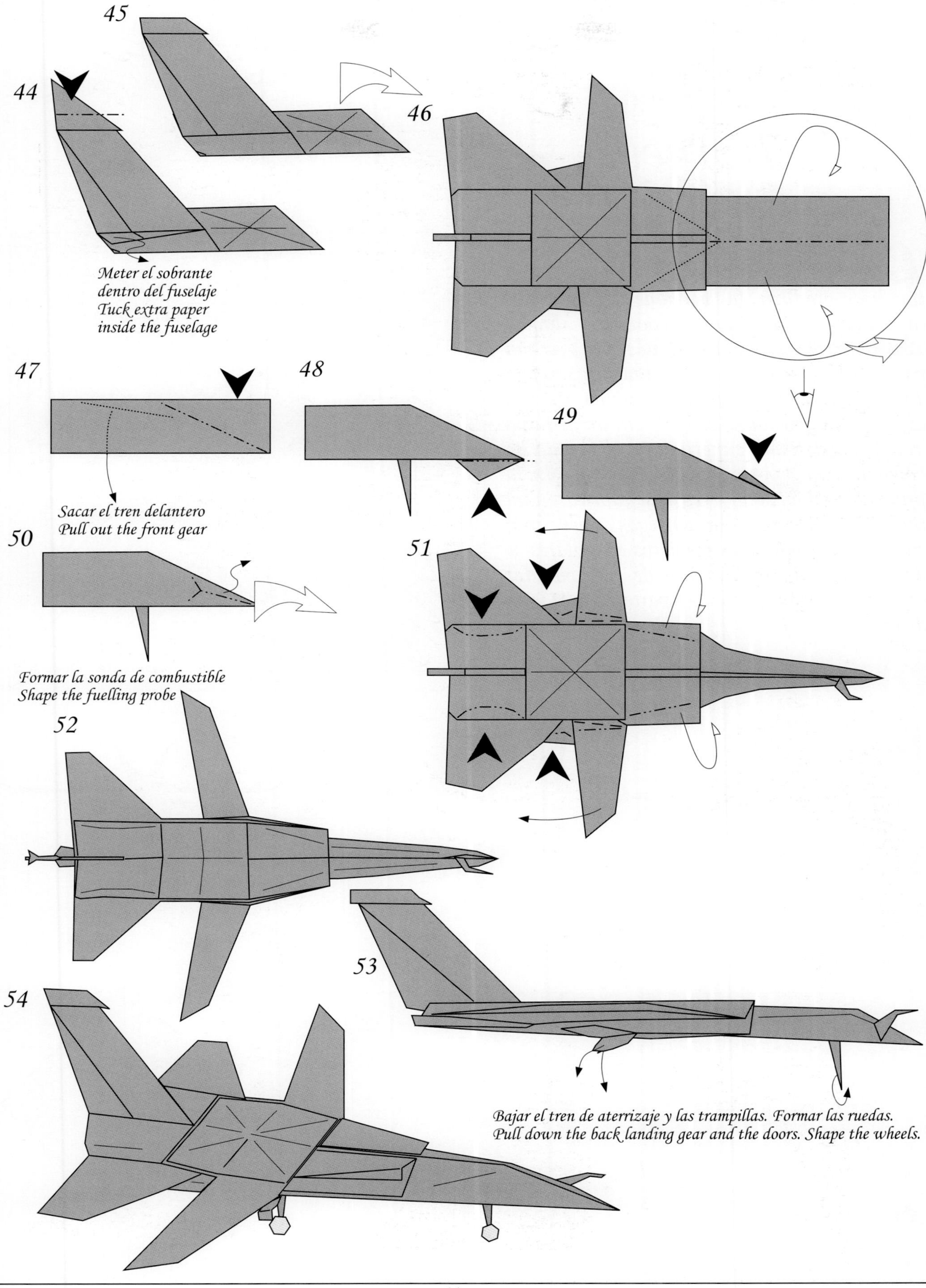
45
44
46
Meter el sobrante dentro del fuselaje
Tuck extra paper inside the fuselage
47
48
49
Sacar el tren delantero
Pull out the front gear
50
51
Formar la sonda de combustible
Shape the fuelling probe
52
53
54
Bajar el tren de aterrizaje y las trampillas. Formar las ruedas.
Pull down the back landing gear and the doors. Shape the wheels.

F-18 Hornet

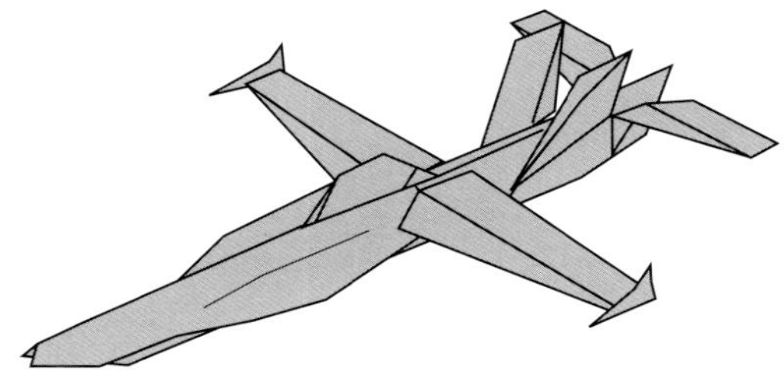

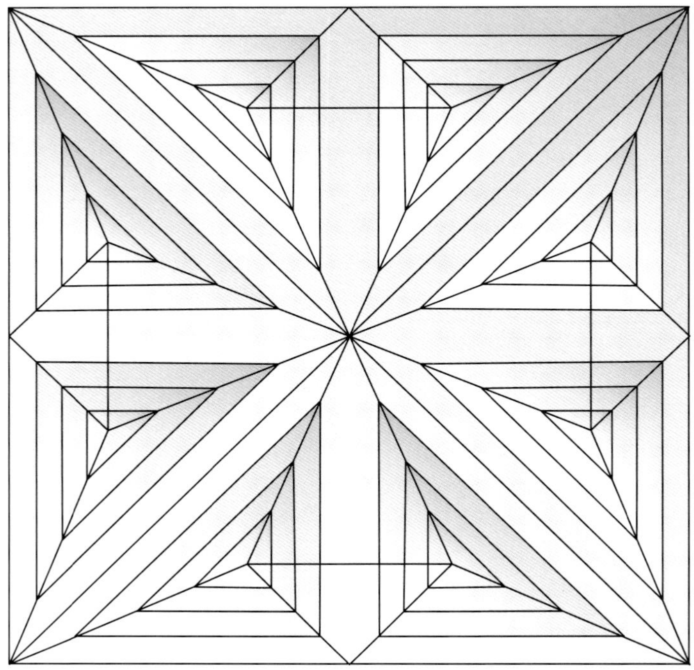

La intención inicial en el diseño de este avión fue la de producir dos versiones distintas: el caza F-18 y el A-18 para misiones de ataque. Posteriormente se decidió crear una única versión para las dos misiones. La entrada en servicio del nuevo avión superó muchas de las expectativas creadas. El F-18 era un genuino avión multimisión superior en capacidad de bombardeo al A-7 y en agilidad al F-14. De la primera versión, el F/A-18A, se fabricaron un total de 371 aviones y las entregas comenzaron en mayo de 1980. Los primeros ejemplares se dedicaron a la evaluación de capacidades ofensivas y operacionales por parte de la Marina de los E.E.U.U.

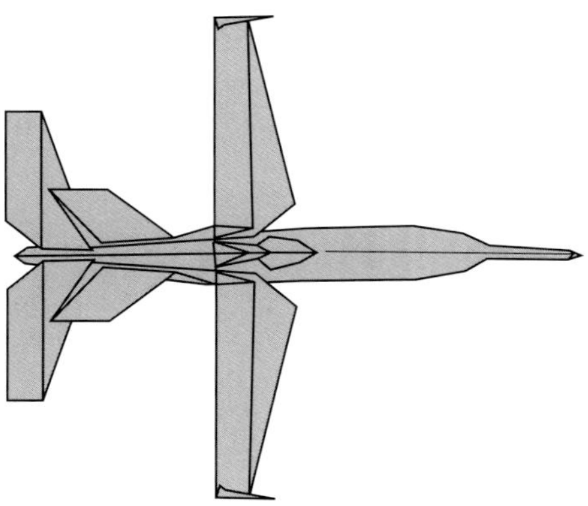

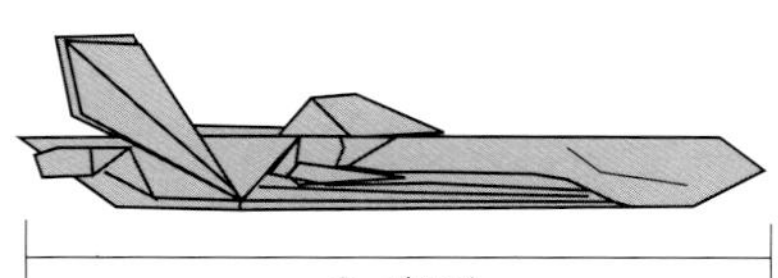

0.571

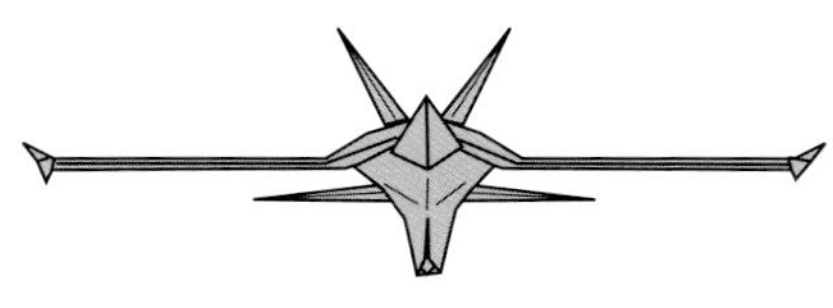

1

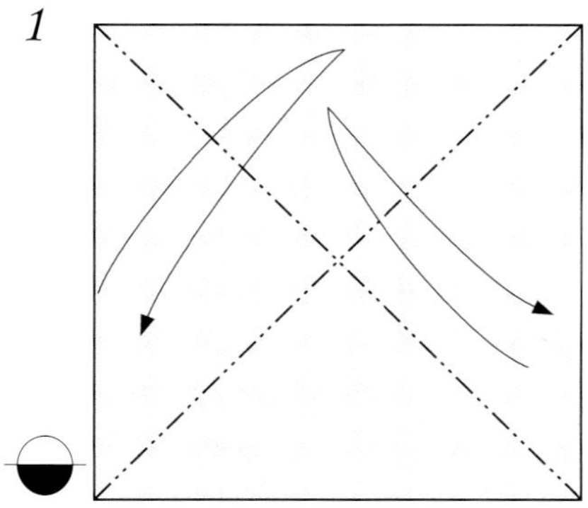

2

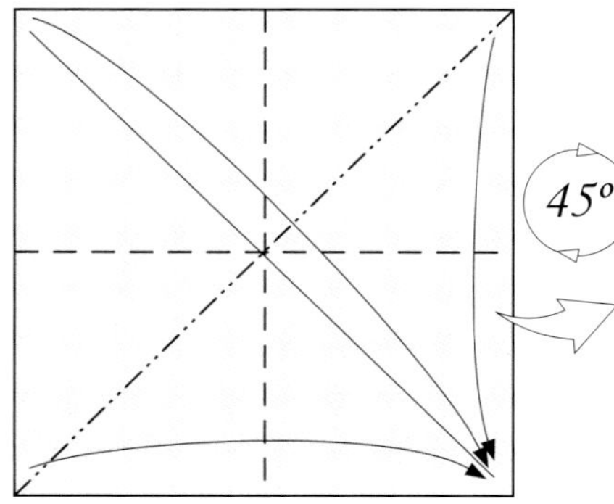

3

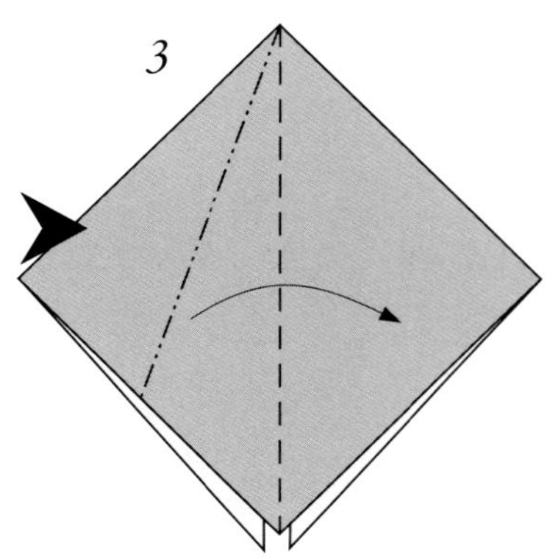

4

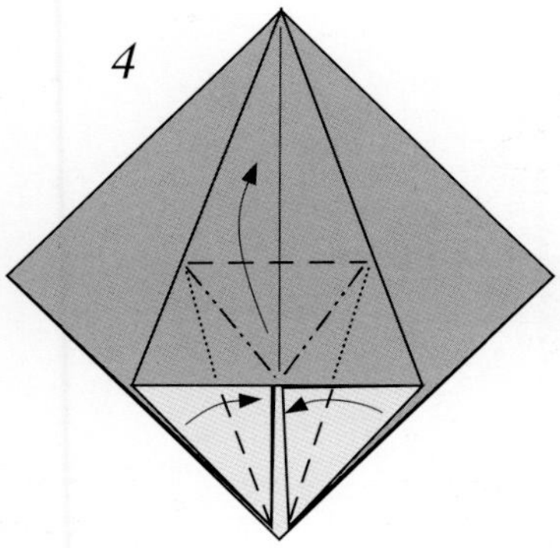

5

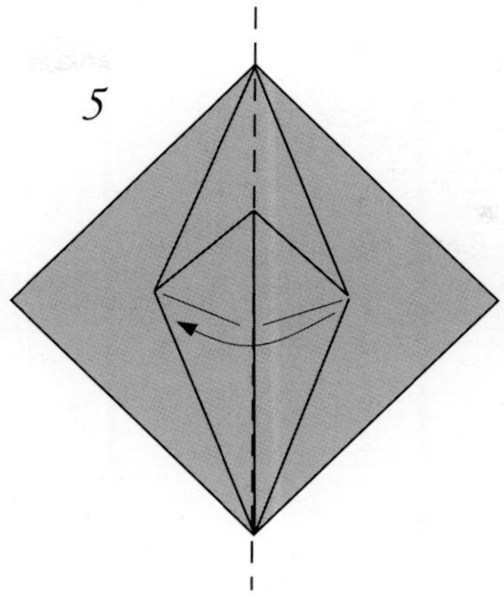

6

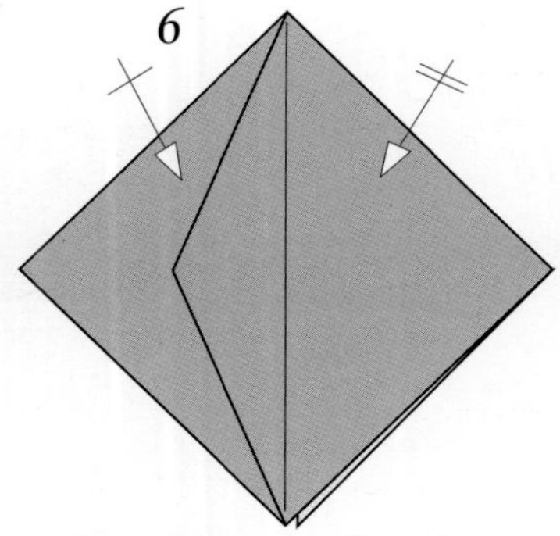

Repetir los pasos 3 al 5 en las otras tres esquinas
Repeat steps 3 through 5 on the other three corners

7

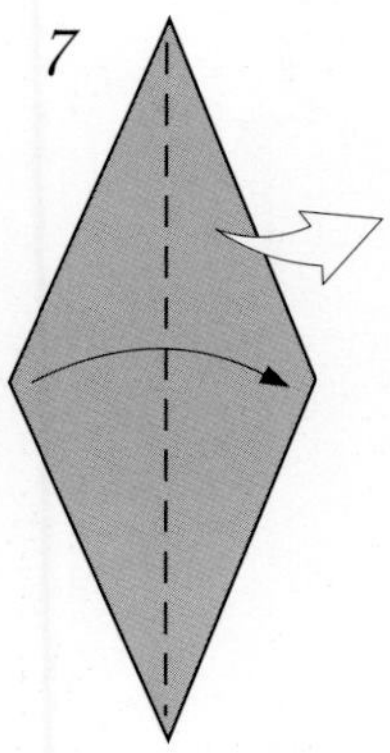

Base rana
Frog base

8

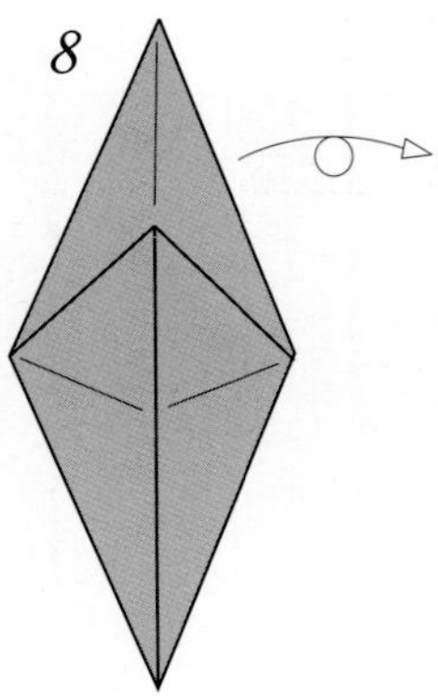

9

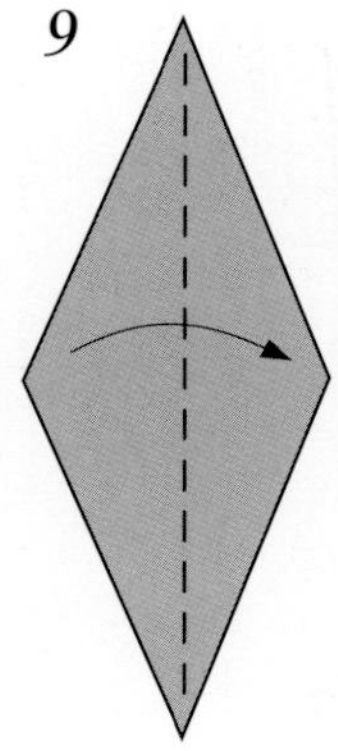

10

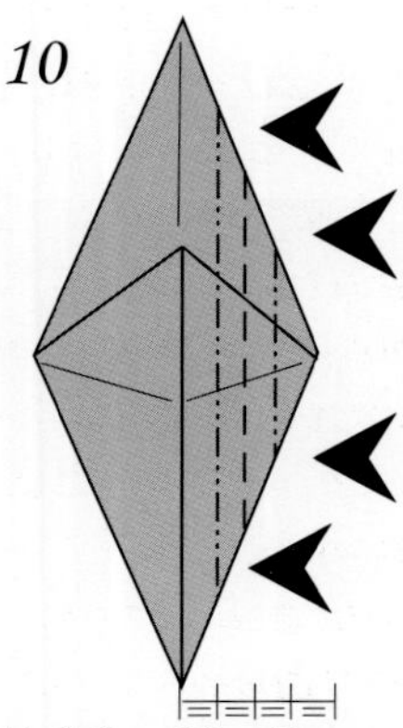

Triple hundido abierto
Triple open sink fold

11

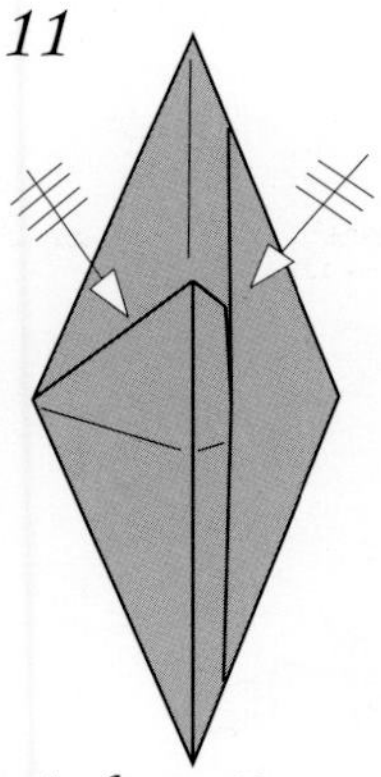

Repetir el paso 10 en las 7 puntas
Repeat step 10 on the other 7 flaps

12

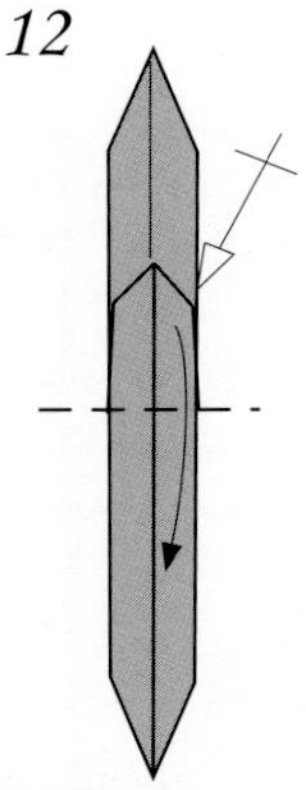

Repetir atrás
Repeat behind

13

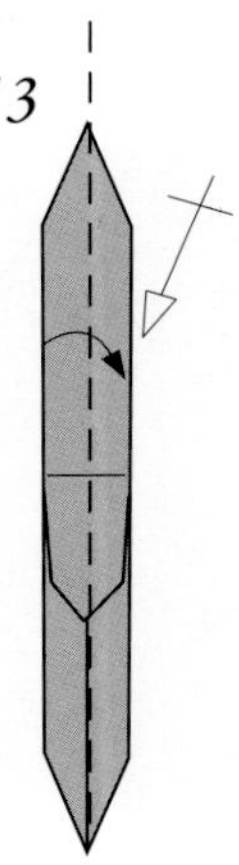

14

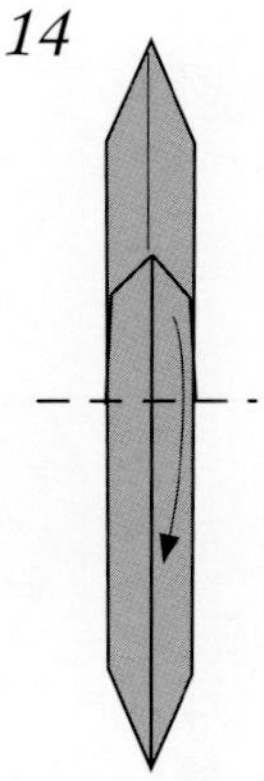

No repetir atrás
Do not repeat behind

15

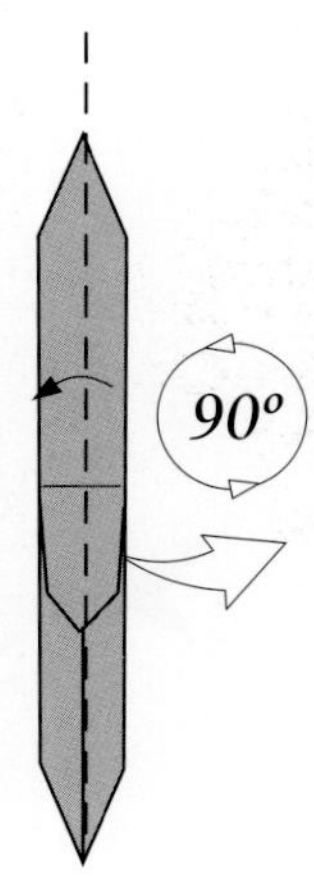

16

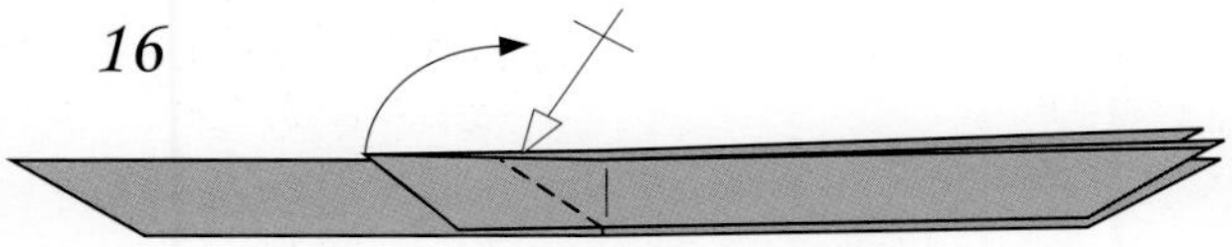

17

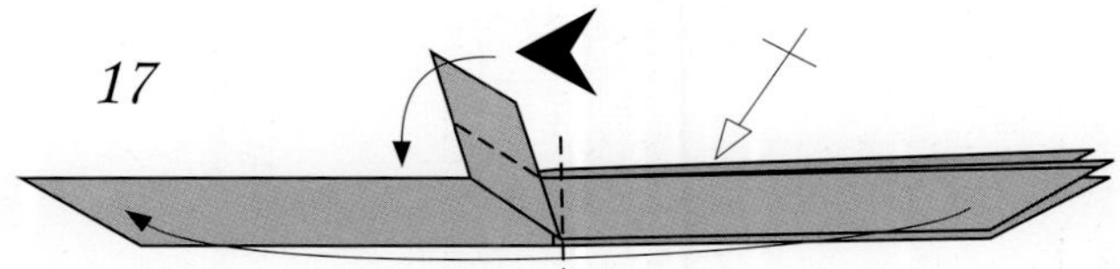

18

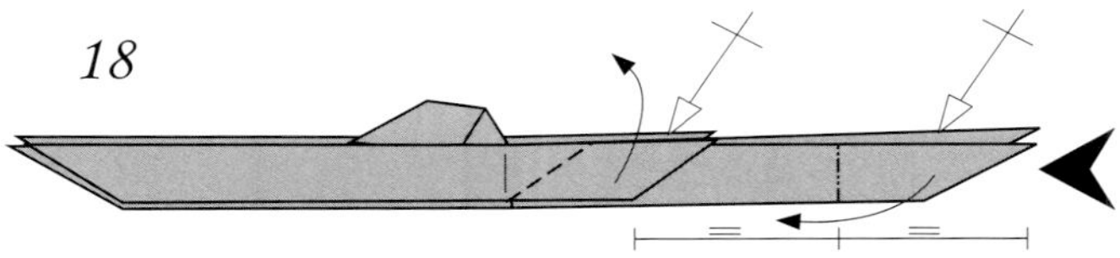

19

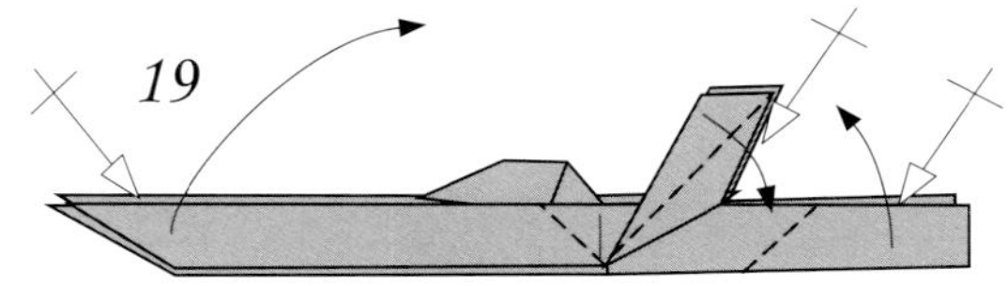

20

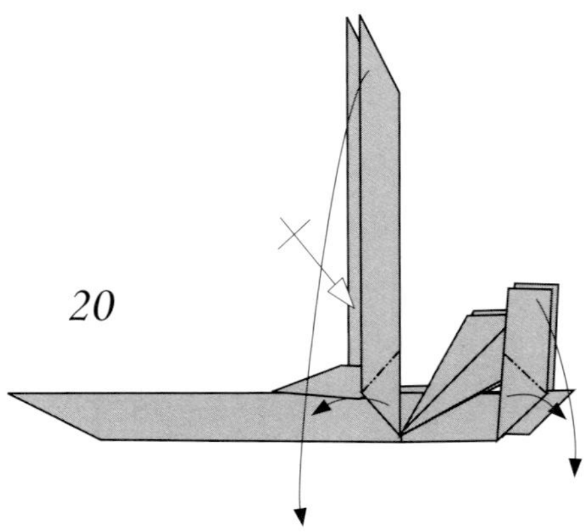

21

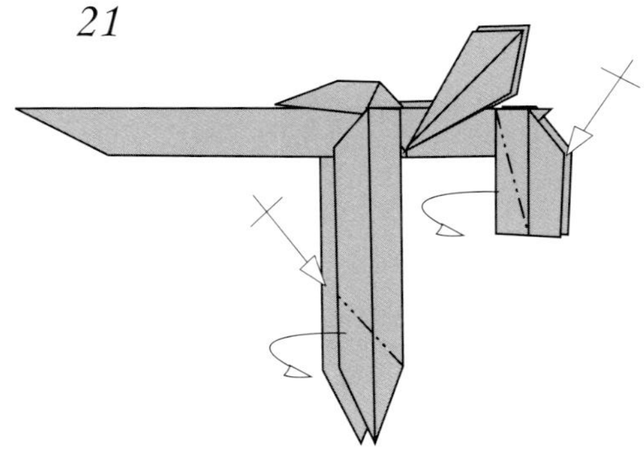

22

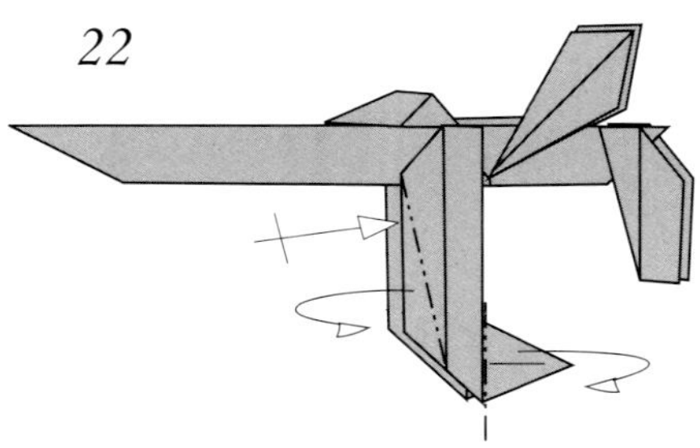

23

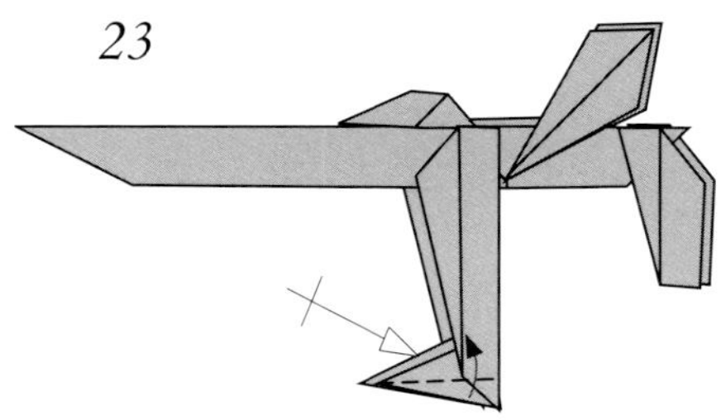

24

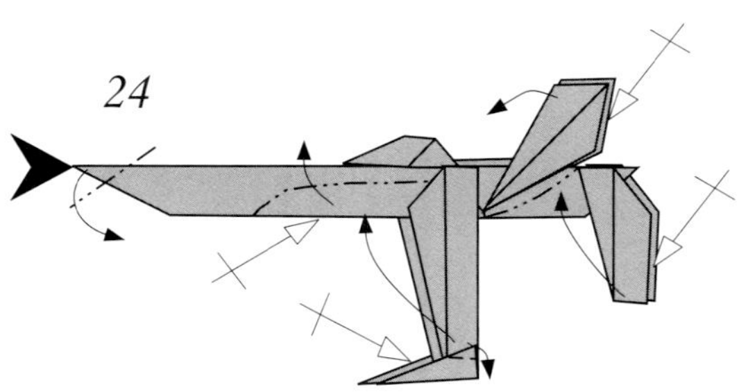

25

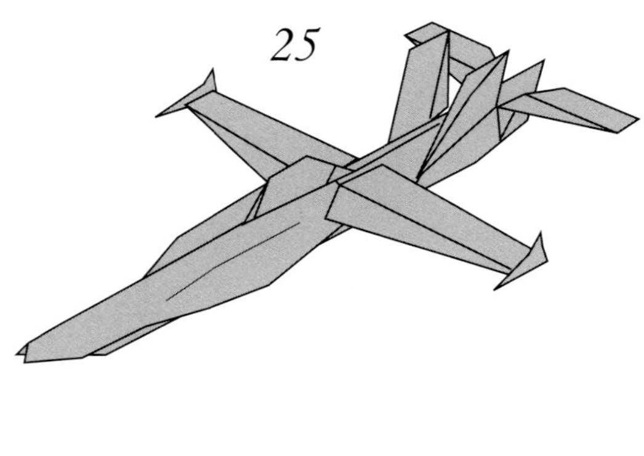

Schweizer-Hughes 300

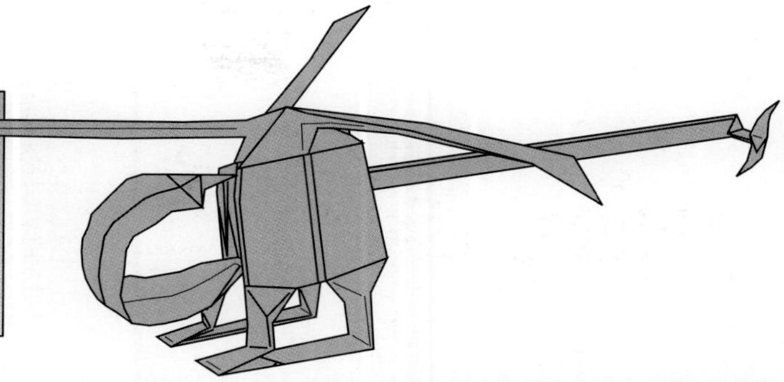

La Hughes Aircraft Company comenzó especializándose en helicópteros en 1948 y su segundo diseño demostró ser uno de los helicópteros ligeros de más éxito. El primero de dos prototipos (Modelo 269) voló en octubre de 1956. En 1983 la producción del Modelo 300C se transfirió a Schweizer. El primer modelo construido por esta compañía voló en 1984, seguido por diversas variantes. Éstas han incluido el TH-300C de entrenamiento militar con control dual, la variante para policía Modelo 300 Sky Knight, con asientos blindados y luz de vigilancia, y el modelo 300QC con una longitud de cola más larga y una reducción de ruido del 75 por ciento.

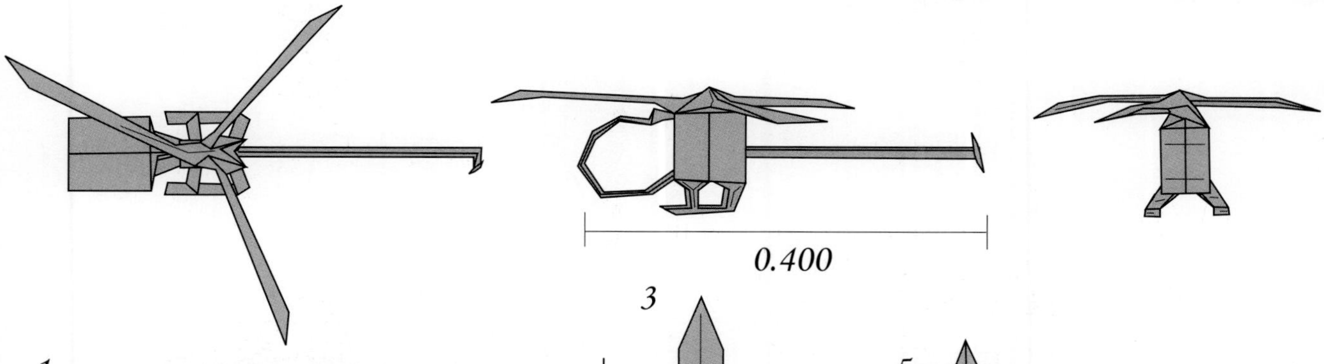

1

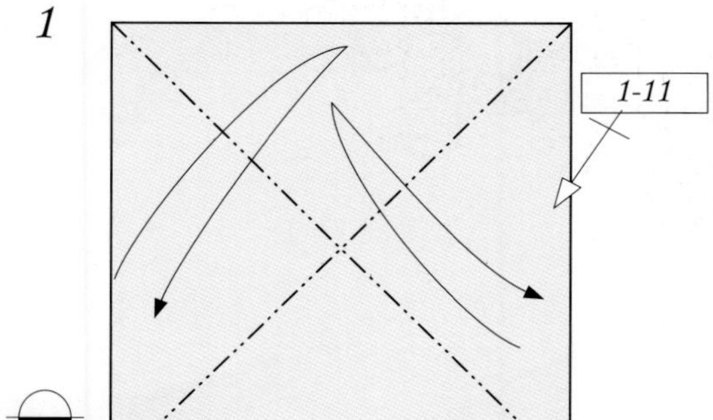

Comenzar con los pasos 1 al 11 del F-18
Begin folding steps 1 through 11 as in the F-18

2

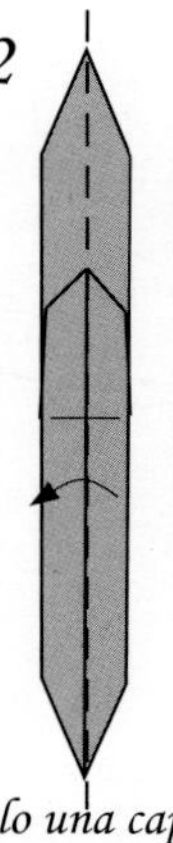

Sólo una capa
Only one layer

3

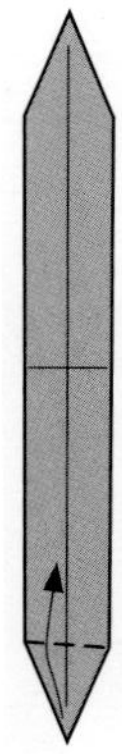

4

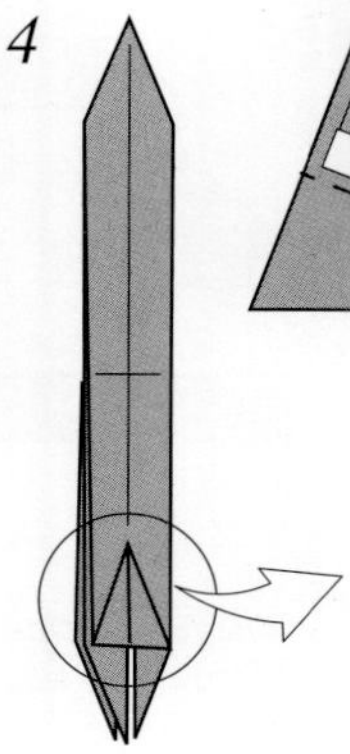

5

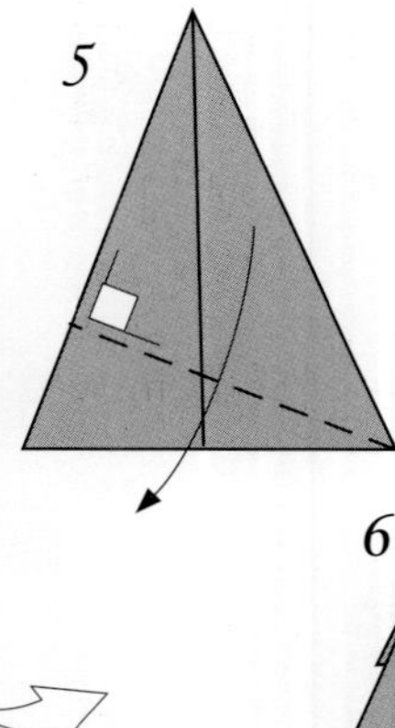

6

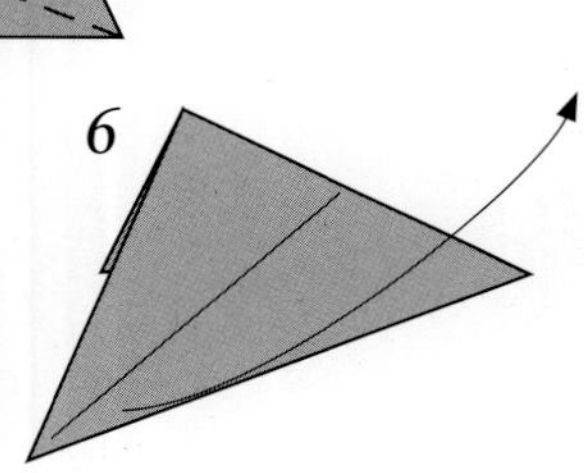

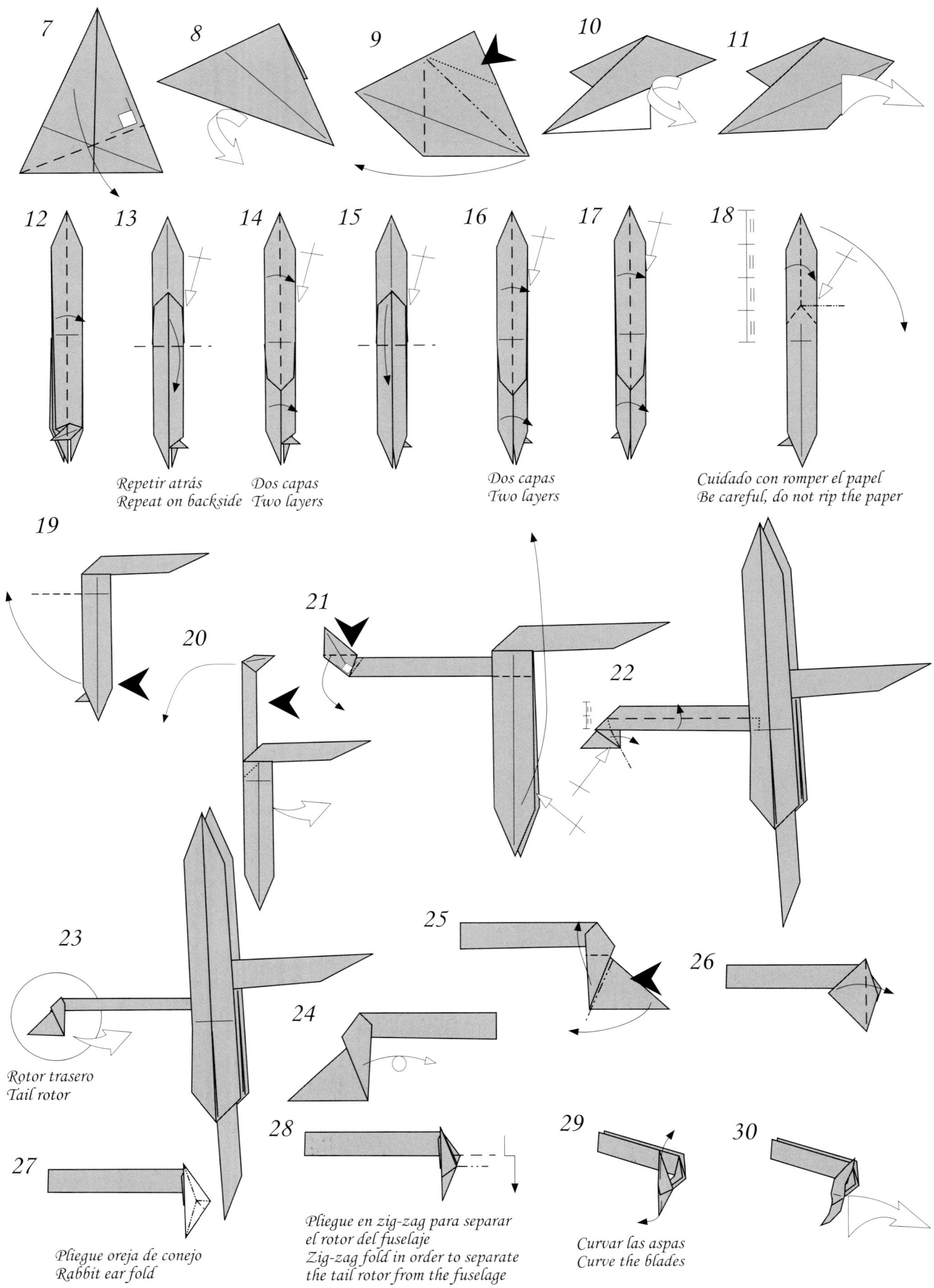
7
8
9
10
11
12
13
14
15
16
17
18
Repetir atrás
Repeat on backside
Dos capas
Two layers
Dos capas
Two layers
Cuidado con romper el papel
Be careful, do not rip the paper
19
20
21
22
23
Rotor trasero
Tail rotor
24
25
26
27
Pliegue oreja de conejo
Rabbit ear fold
28
Pliegue en zig-zag para separar
el rotor del fuselaje
Zig-zag fold in order to separate
the tail rotor from the fuselage
29
Curvar las aspas
Curve the blades
30

31

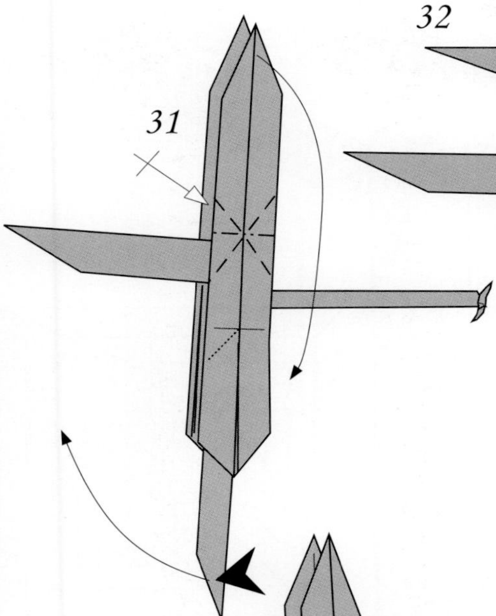

32

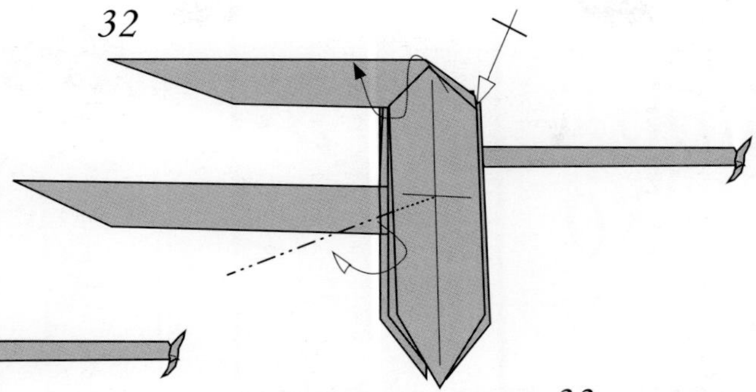

Introducir en el bolsillo
Tuck into the pocket

33

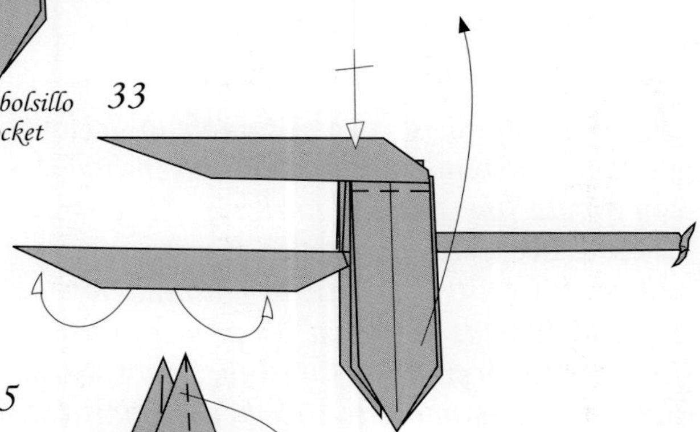

34

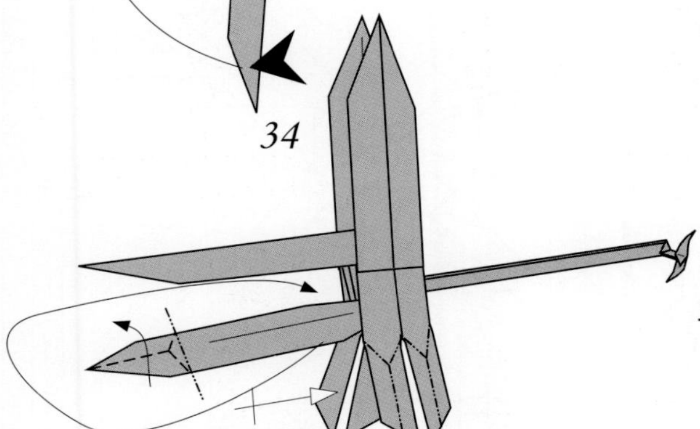

Curvar la cabina y meter la punta entre las aspas
Curve the cockpit and tuck the tip inside the rotor

35

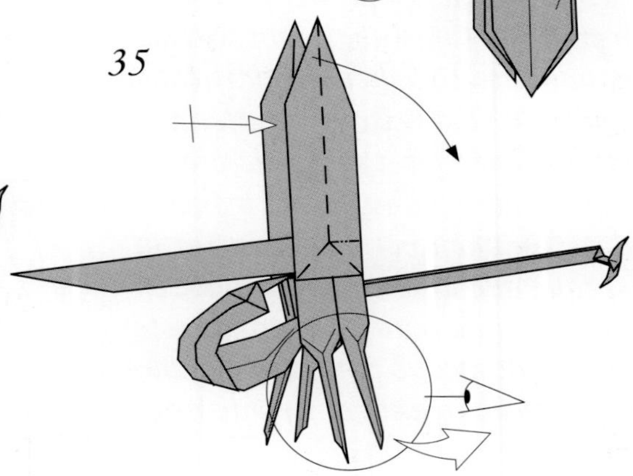

36

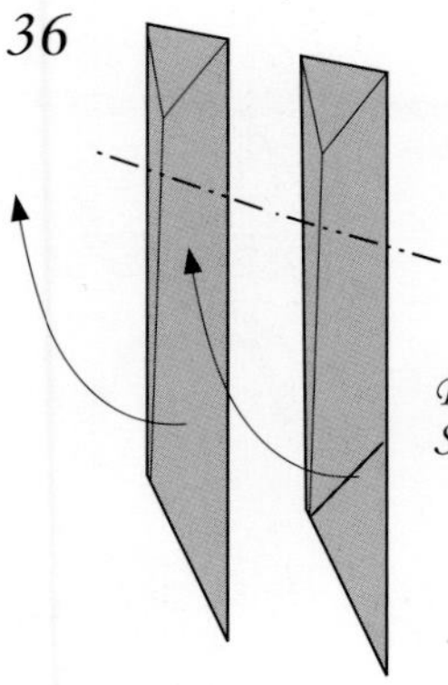

Detalle del patín
Skate detail

37

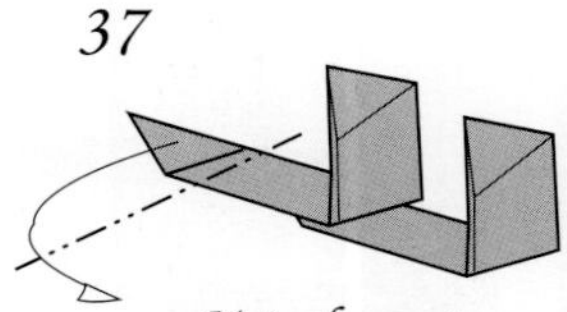

Meter la punta dentro del bolsillo
Tuck the tip inside the pocket

38

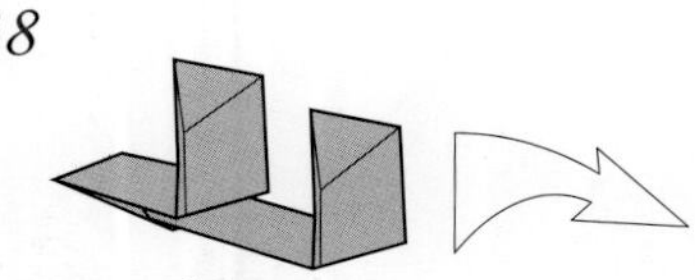

Repetir los pasos 36 al 38 en el otro patín
Repeat steps 36-38 on the other skate

39

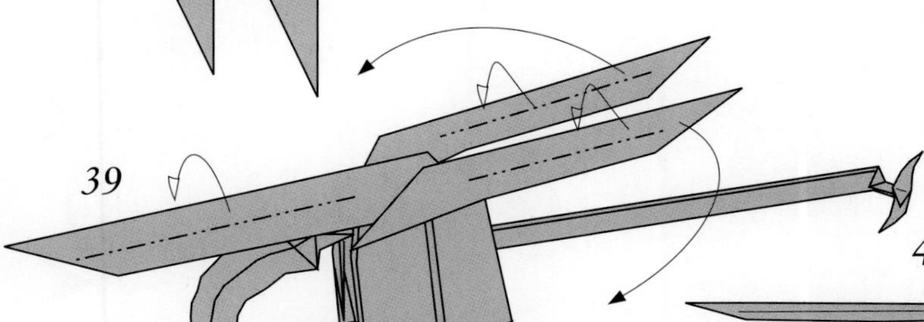

40

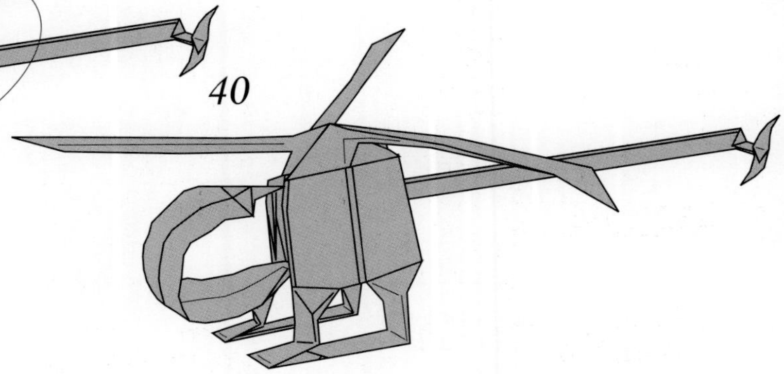

Autogiro Cierva C.30

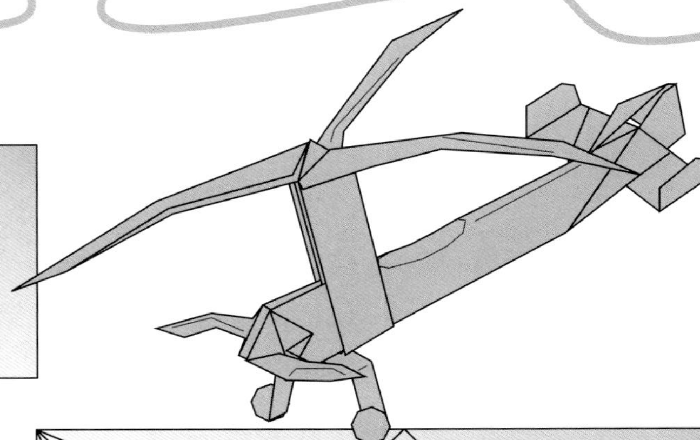

Los autogiros se diferencian de los aviones en que la sustentación se consigue en lugar de con un ala fija con una giratoria. Al contrario de los helicópteros el rotor no es movido por un motor. El C.30 presenta la culminación del español Juan de la Cierva. El primer prototipo fue construido en 1931. Constaba de un sistema llamado "de mando directo", el cual modificaba la incidencia del rotor. Este sistema confería al C.30 mejores prestaciones que a sus predecesores, sobre todo, en las maniobras a velocidad reducida y en los picados. También permitía acortar la carrera de despegue que unos años después, en 1936, quedaría suprimida para aparatos de este modelo mediante el despegue por salto cuando Juan de la Cierva puso a punto el tipo de rotor "autodinámico".

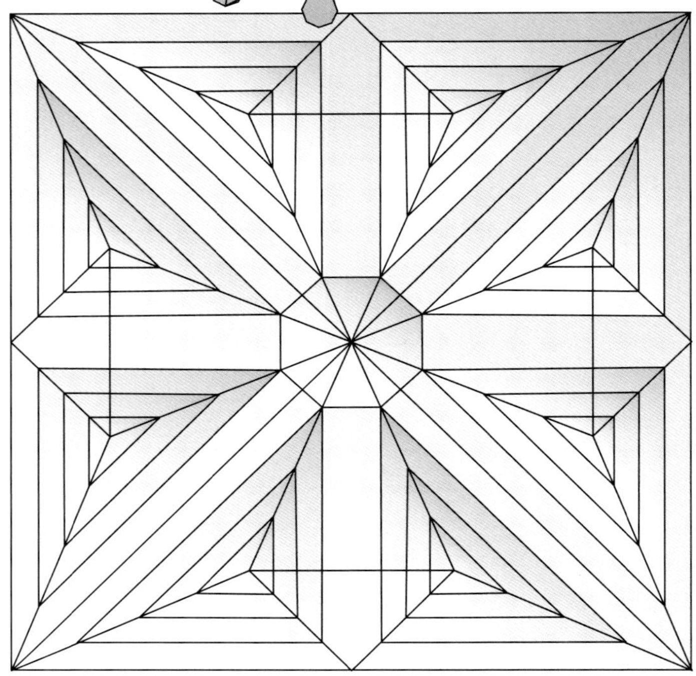

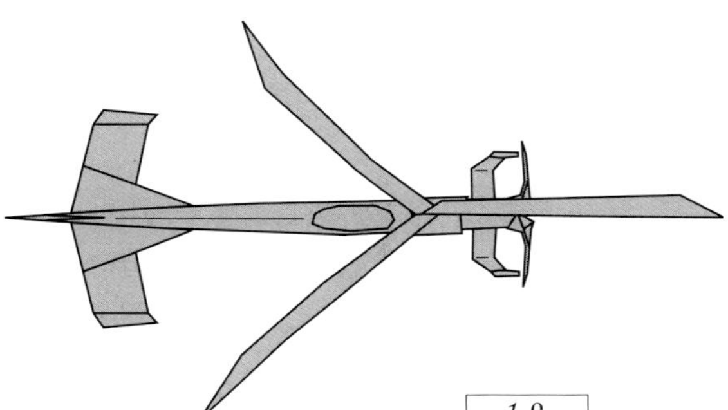

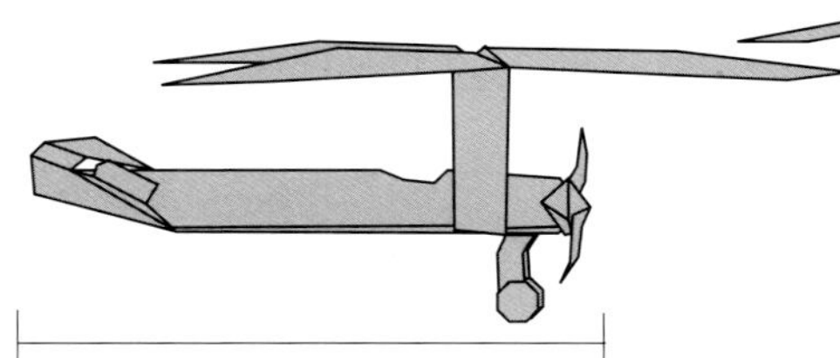

0.3125

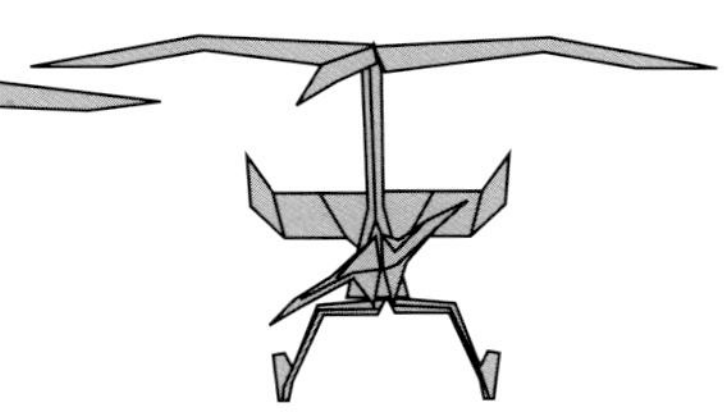

1

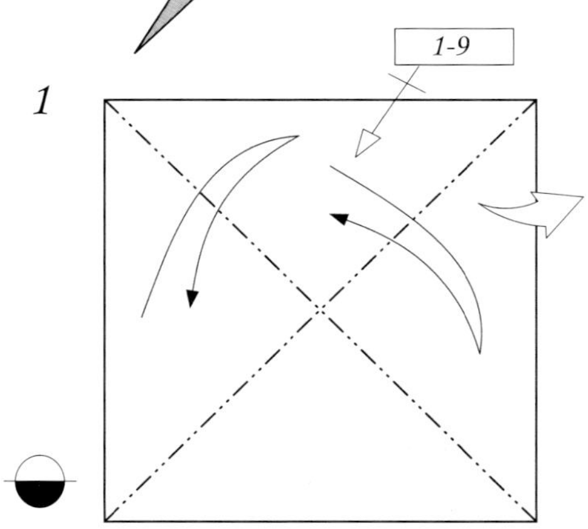

Empezar con los pasos 1-9 del F-18
Begin with steps 1-9 of the F-18

2

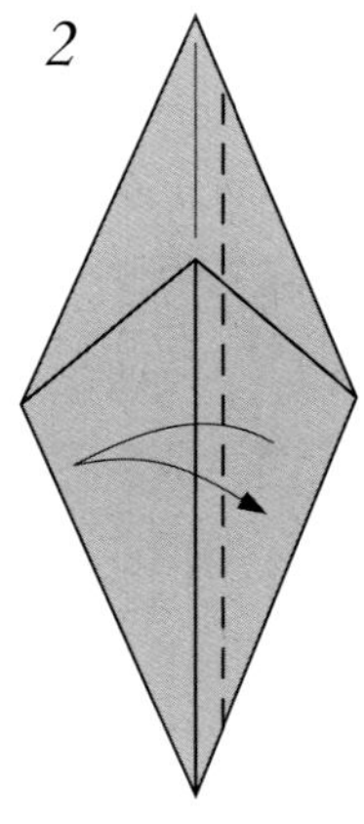

3

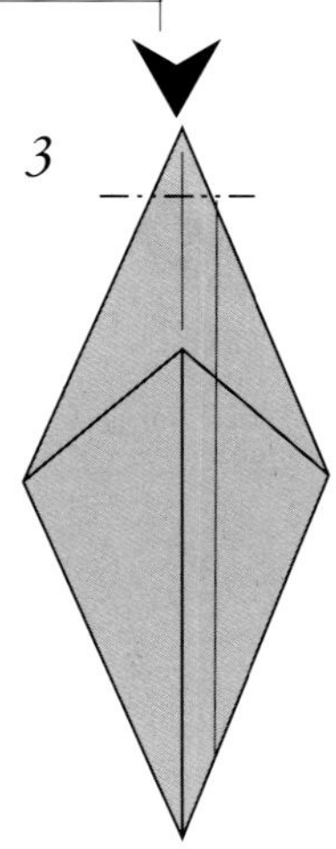

Hundido abierto
Open sink fold

4

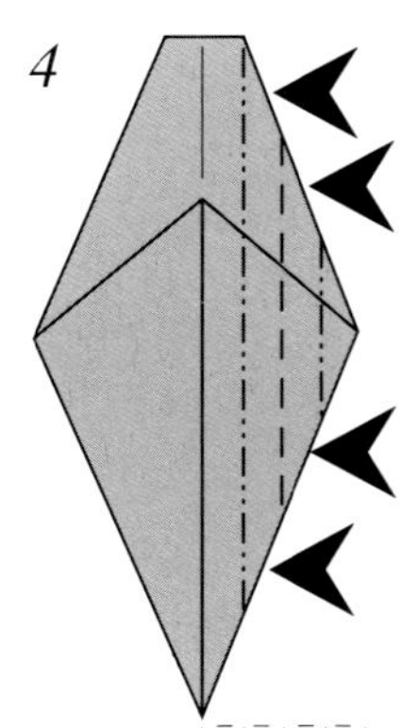

Triple hundido abierto
Triple open sink fold

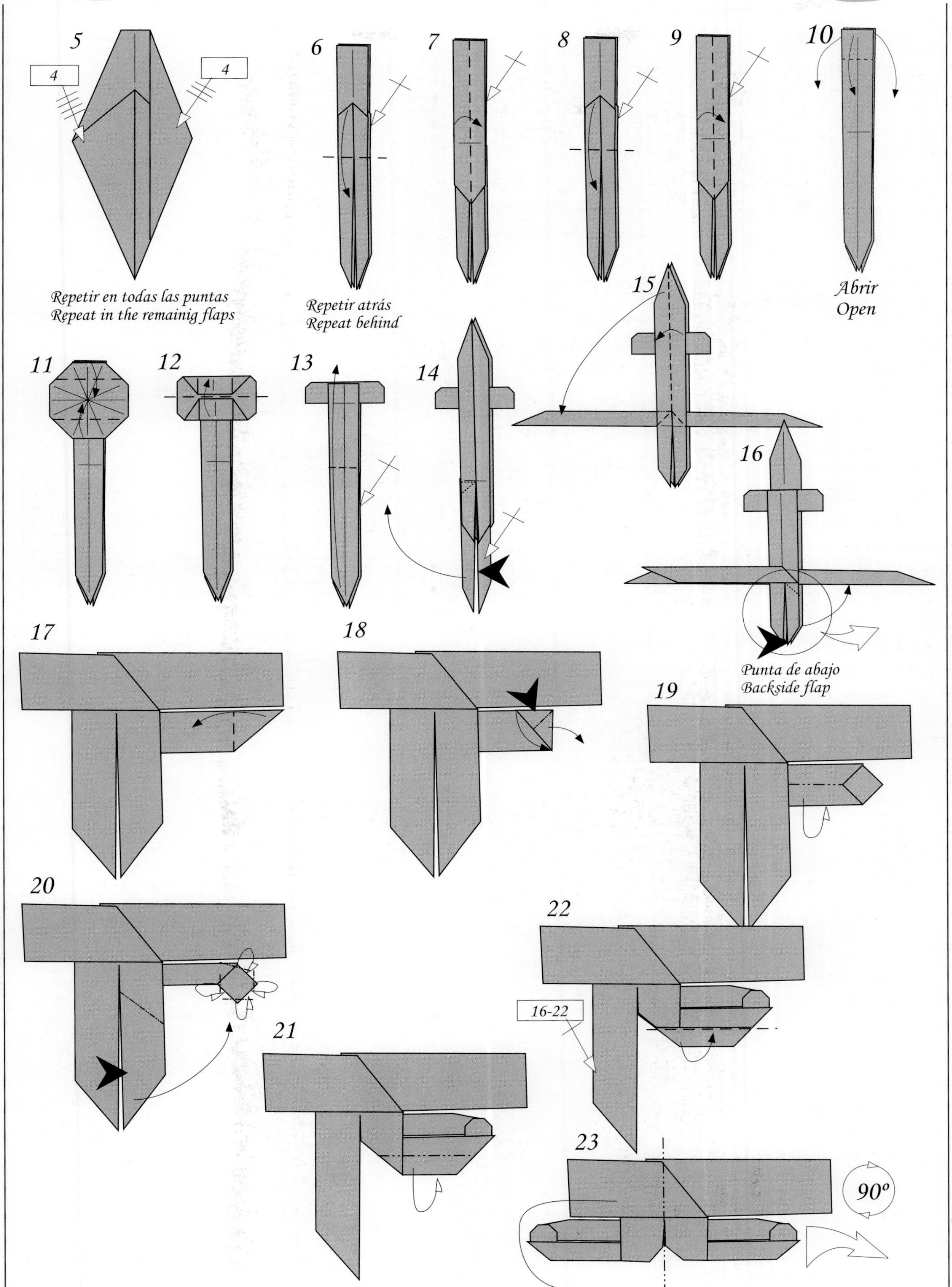
5
4
4
Repetir en todas las puntas
Repeat in the remainig flaps
6
7
8
9
10
Repetir atrás
Repeat behind
Abrir
Open
11
12
13
14
15
16
Punta de abajo
Backside flap
17
18
19
20
21
22
16-22
23
90º

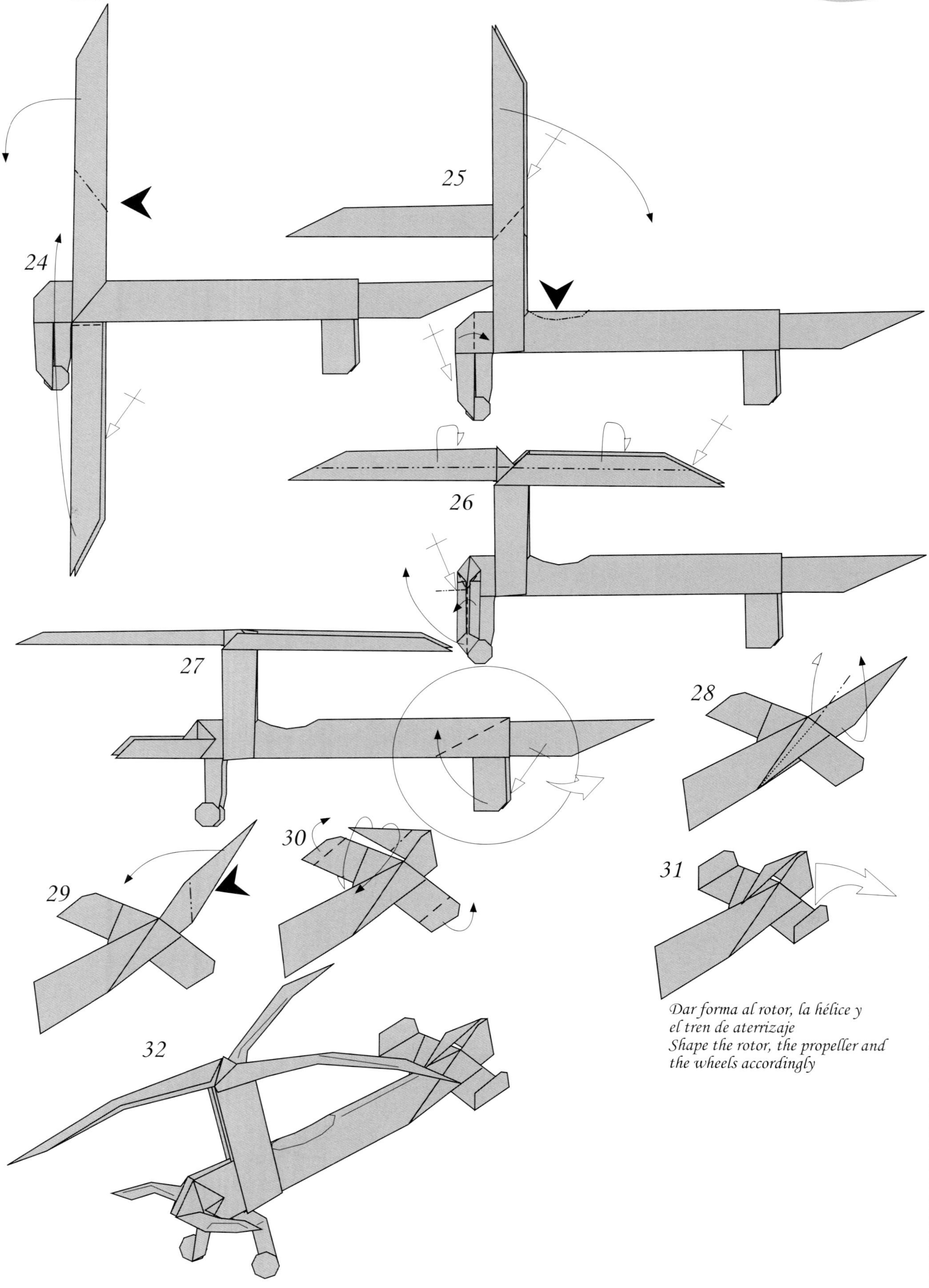

Dar forma al rotor, la hélice y el tren de aterrizaje
Shape the rotor, the propeller and the wheels accordingly

Autogiro Cierva C.19

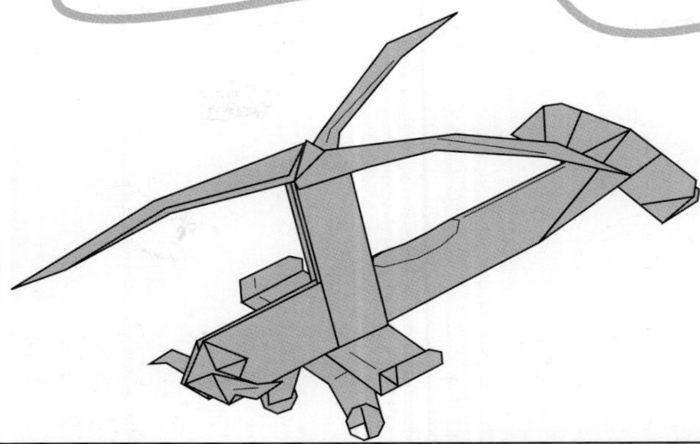

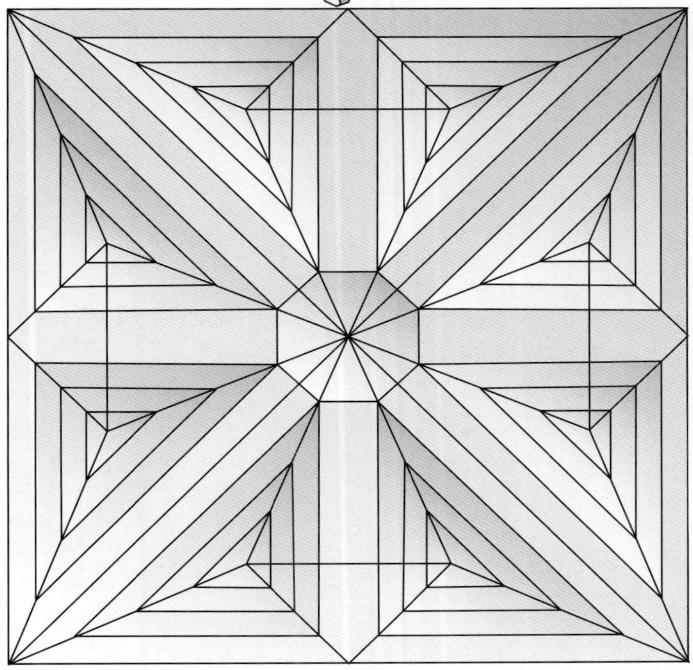

Este autogiro biplaza es anterior al C.30. Comenzó a producirse en 1929 y efectuó su primera exhibición pública pilotado por el propio Juan de la Cierva. Un ala fija de cuerda constante portadora de alerones presentaba los extremos doblados hacia arriba para encauzar hacia el rotor el soplo de la hélice tractora. El embalamiento del rotor para iniciar el vuelo fue solventado por una toma del motor por medio de un embrague. Tras alcanzar el rotor la velocidad de sustentación quedaba libre. Así el aparato despegaba tras alcanzar una velocidad en el suelo de 25 km/h. Este procedimiento de arranque se impuso sobre los que venían empleándose.

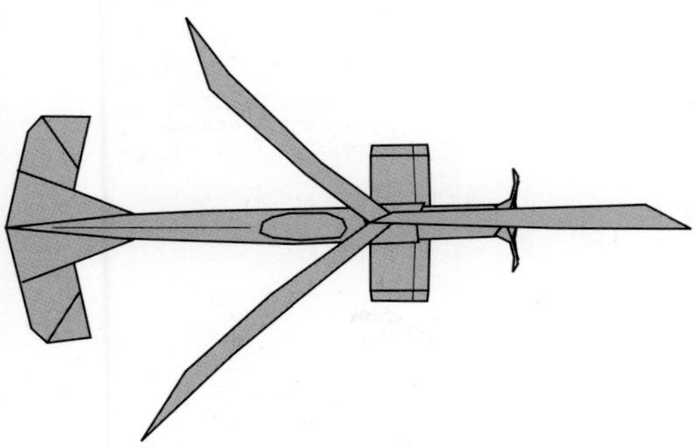

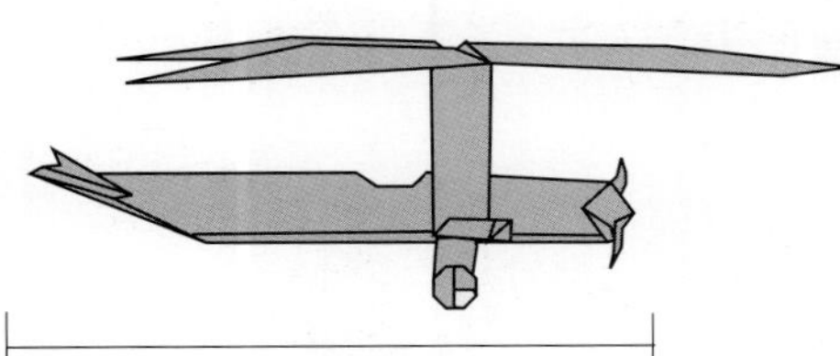

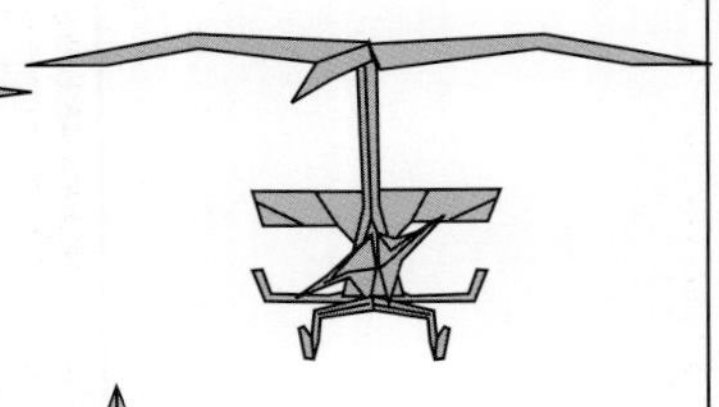

0.320

1

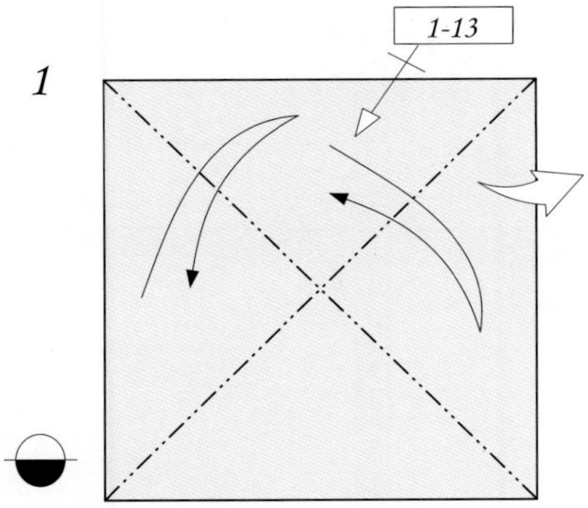

Empezar con los pasos 1-13 del C.30
Begin with steps 1-13 of the C.30

2

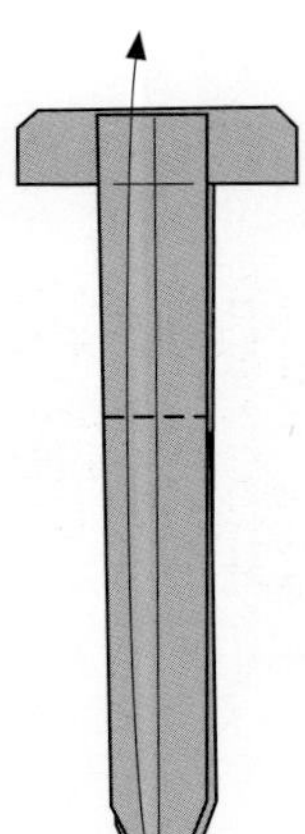

3

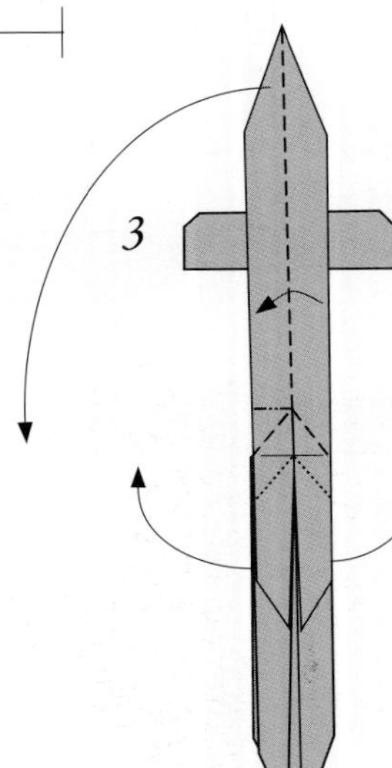

Sacar las puntas cortas escondidas
Pull out the hidden short flaps

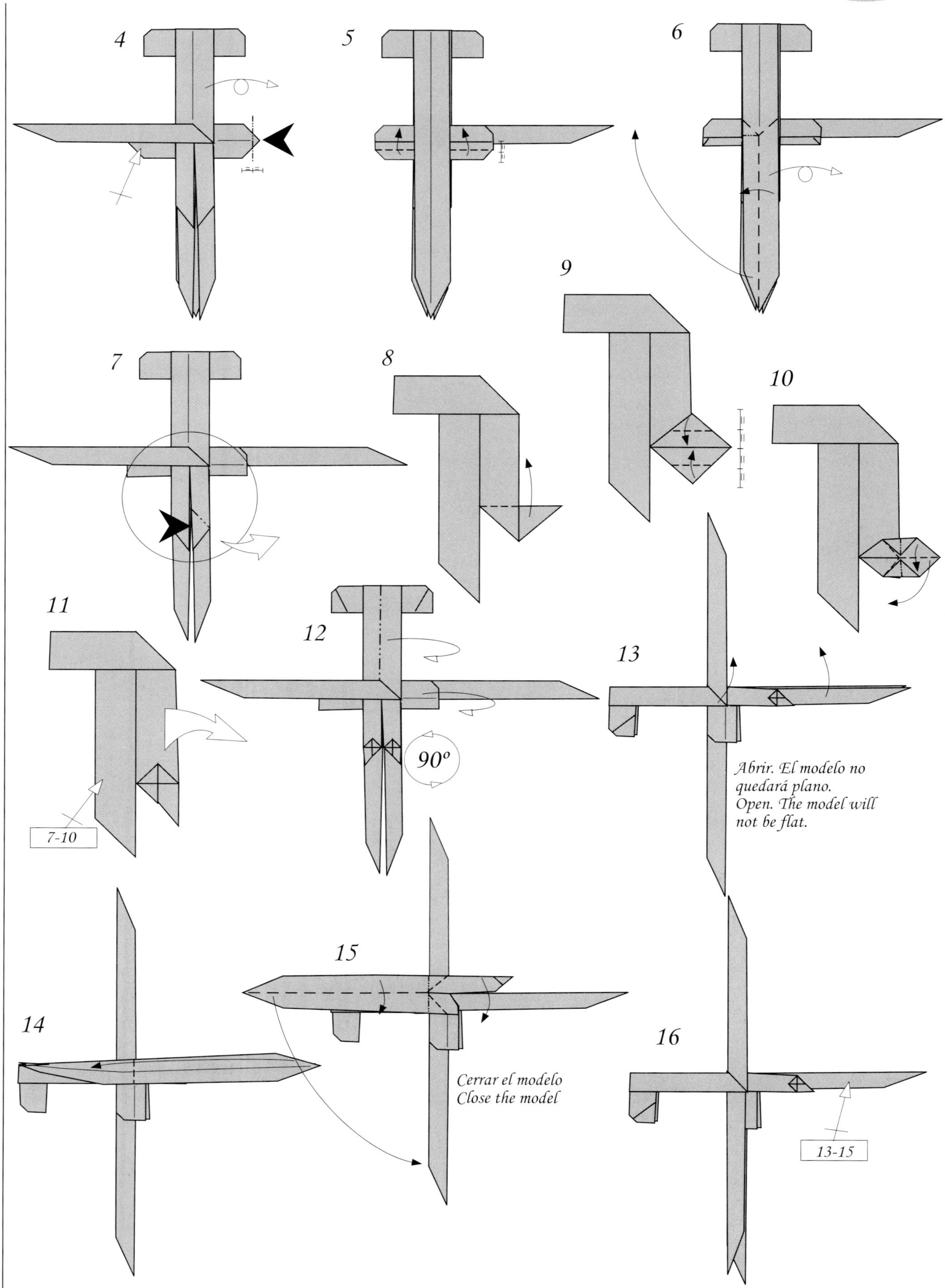
4
5
6
9
7
8
10
11
12
7-10
90º
13
Abrir. El modelo no quedará plano.
Open. The model will not be flat.
15
14
16
Cerrar el modelo
Close the model
13-15

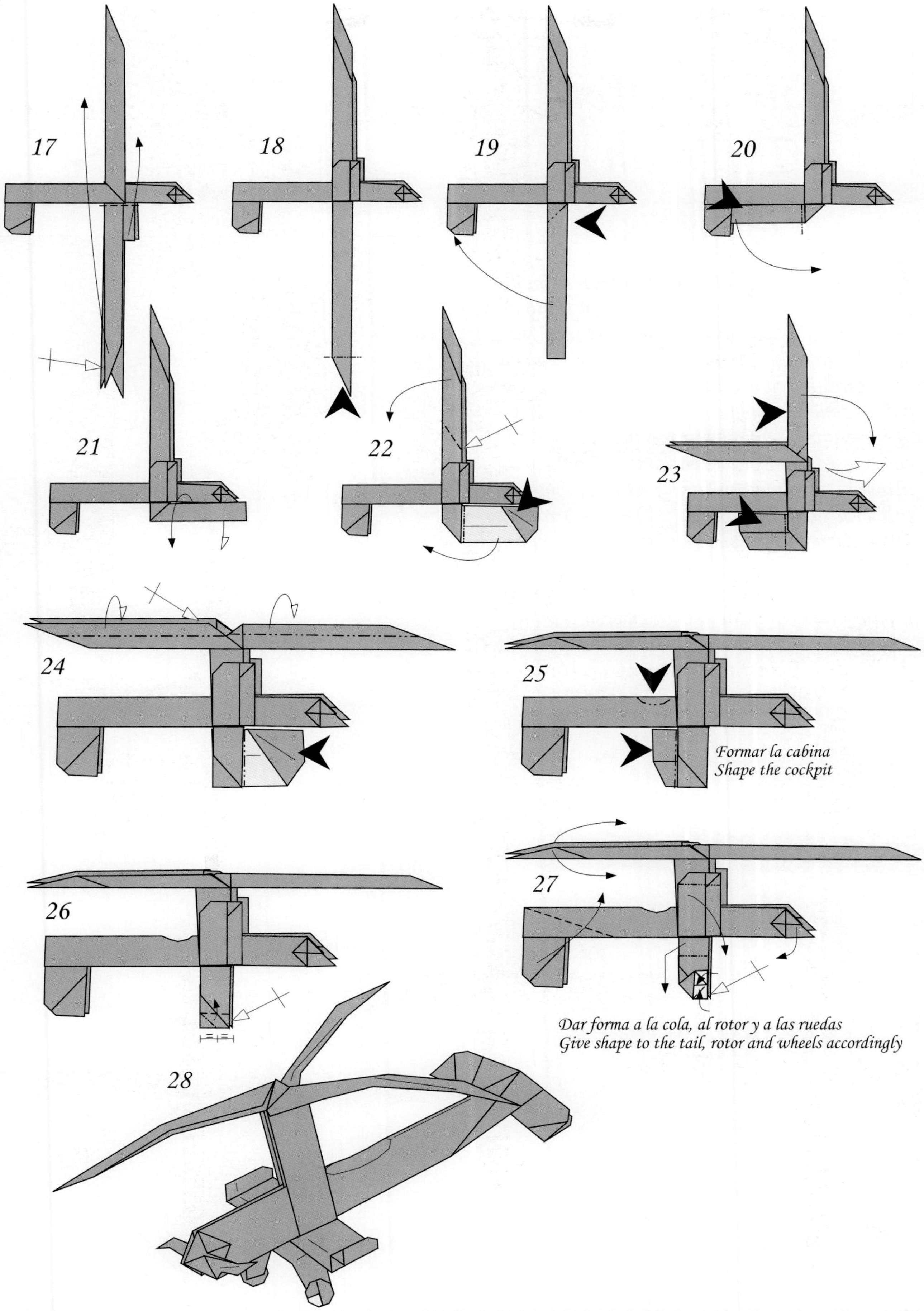
17
18
19
20
21
22
23
24
25
Formar la cabina
Shape the cockpit
26
27
Dar forma a la cola, al rotor y a las ruedas
Give shape to the tail, rotor and wheels accordingly
28

Eurofighter Typhoon

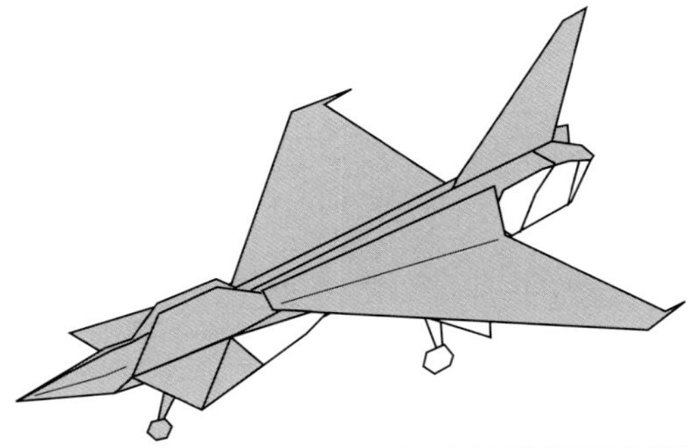

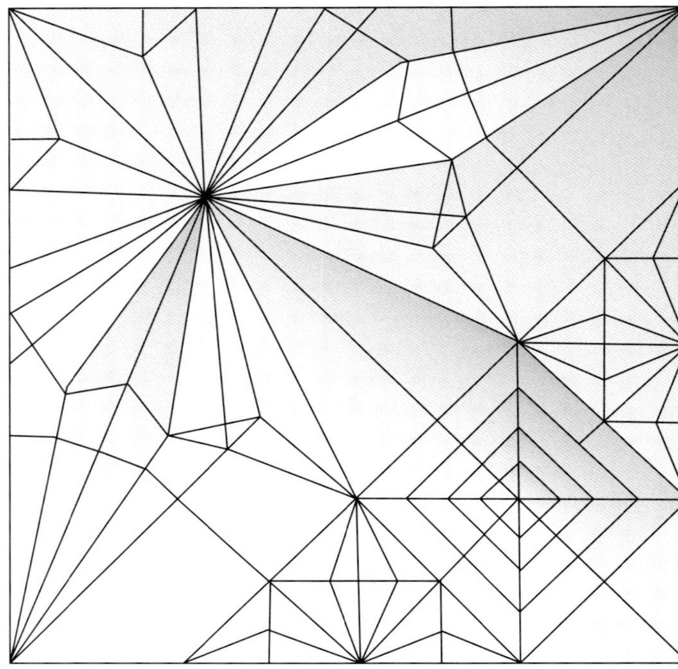

Como continuación del programa Tornado se formó el consorcio Eurofighter en junio de 1986 entre los países de Gran Bretaña, Alemania, Italia y España. El avión cuenta con una configuración aerodinámica inestable con planos canard, sistema de control digital activo "fly-by-wire", compleja aviónica, materiales compuestos de fibra de carbono y gran uso de aleación de aluminio-litio y titanio. Los dos primeros prototipos DA.1 y DA.2 volaron en 1994. Ambos llevaban turbofanes provisionales RB.199-22, siendo el DA.3 el primero en volar con los motores definitivos EJ200. Cada motor produce un empuje de 60 kN en seco, y 90 kN con post-combustión. En futuras versiones puede que se instalen toberas vectoriales.

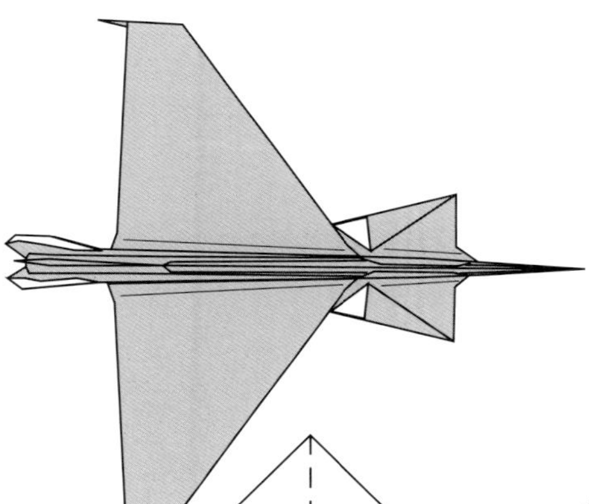

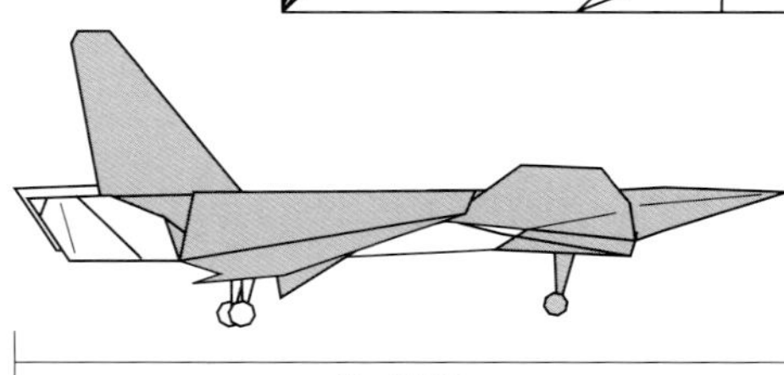

0.500

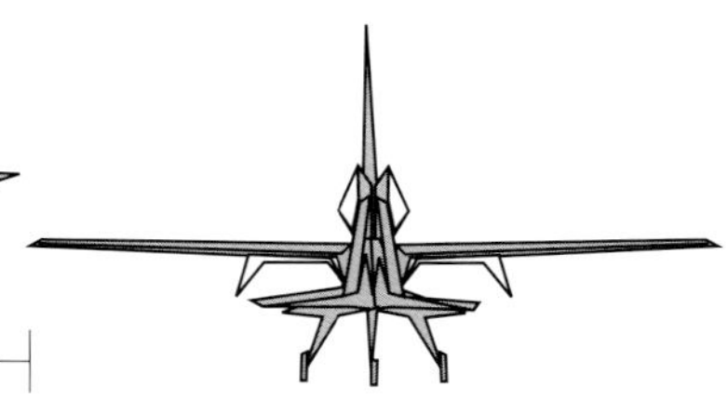

1

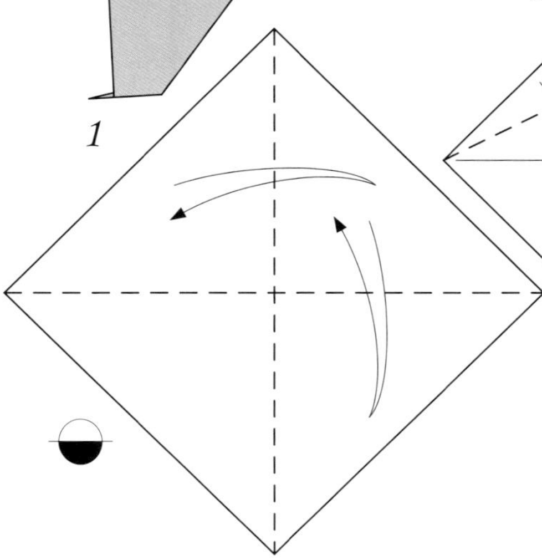

2

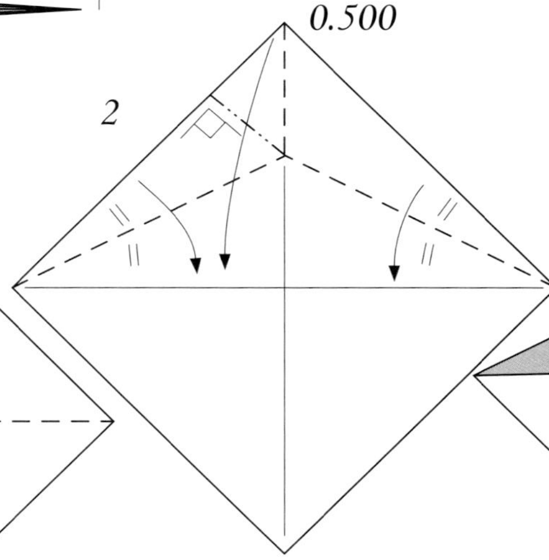

3

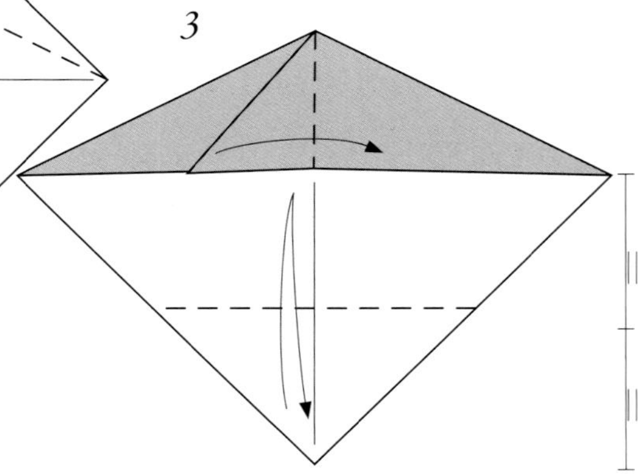

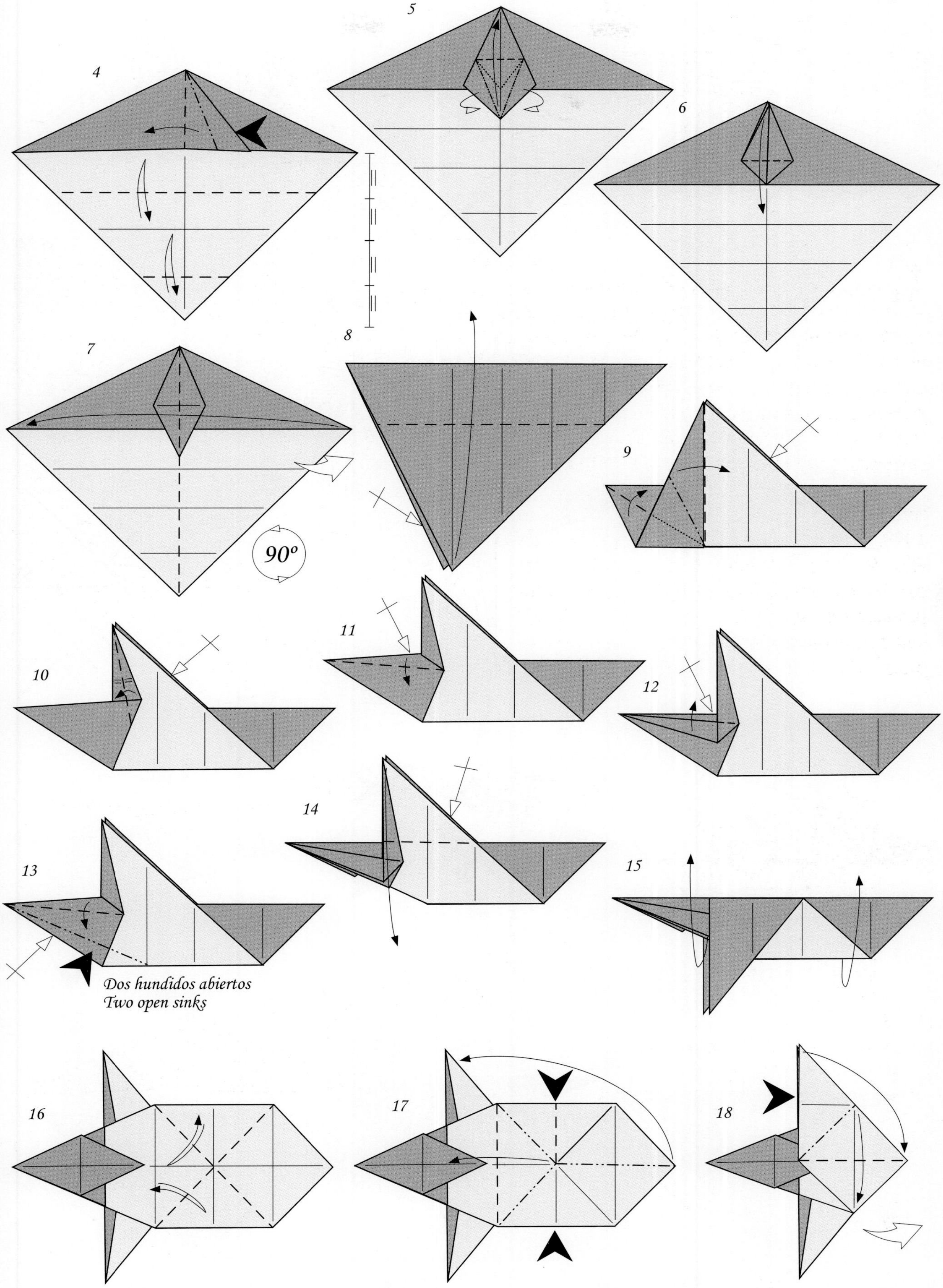
4
5
6
7
8
90º
9
10
11
12
13
14
15
Dos hundidos abiertos
Two open sinks
16
17
18

19

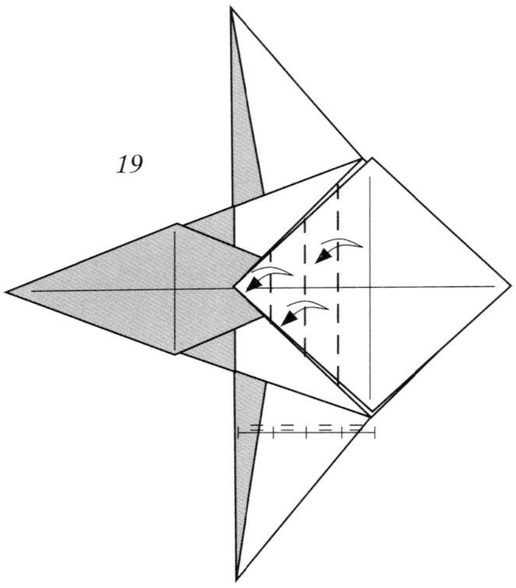

20

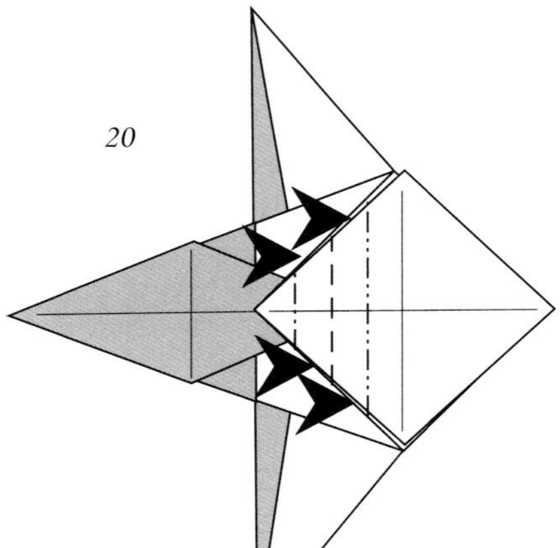

Hundidos abiertos
Open sink folds

21

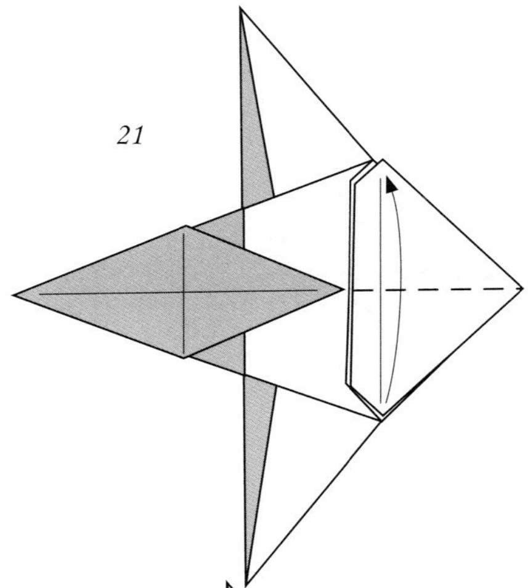

22

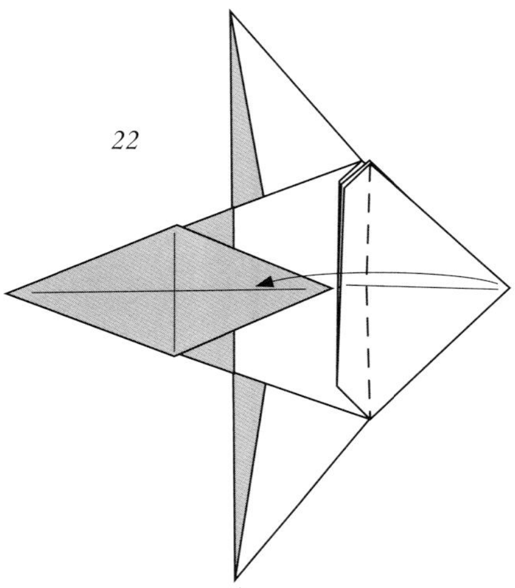

23

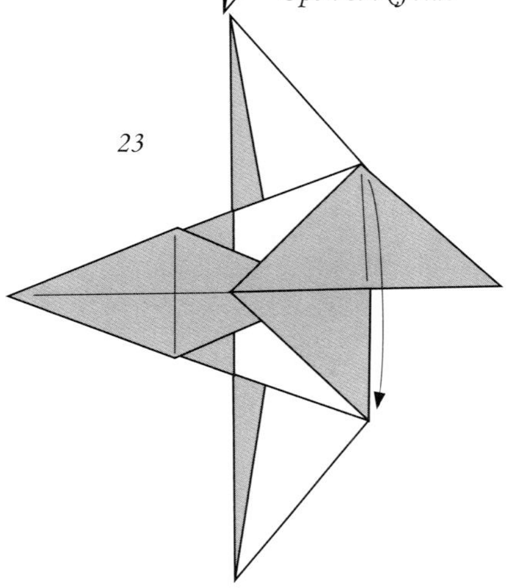

24

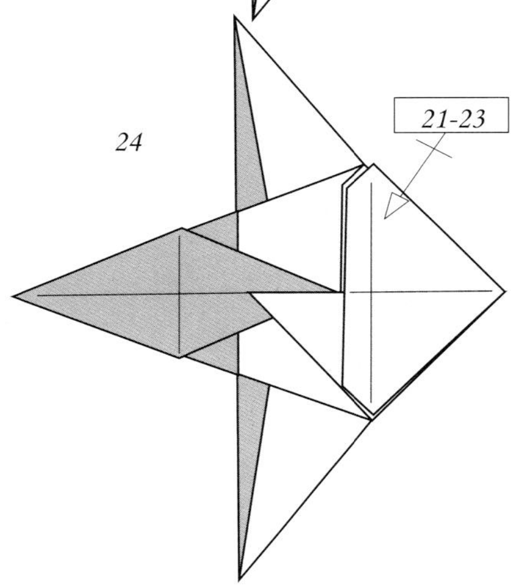

25

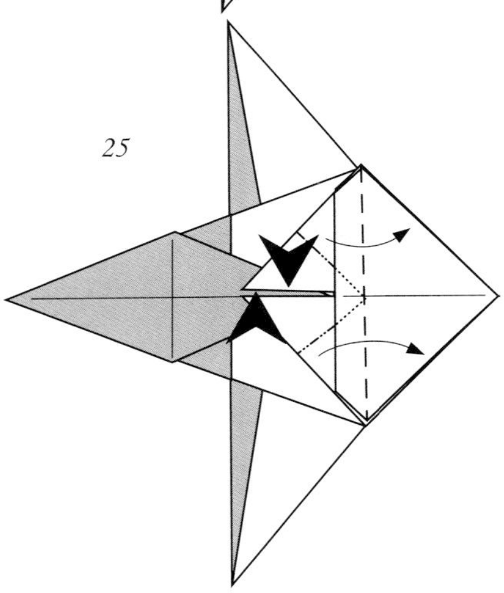

26

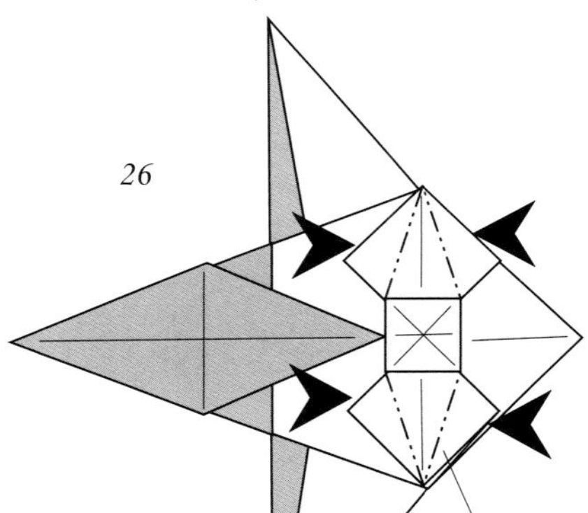

Dos capas
Two layers

27

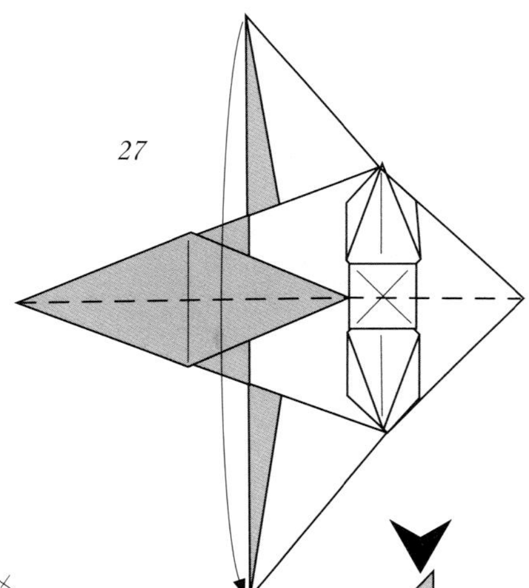

28

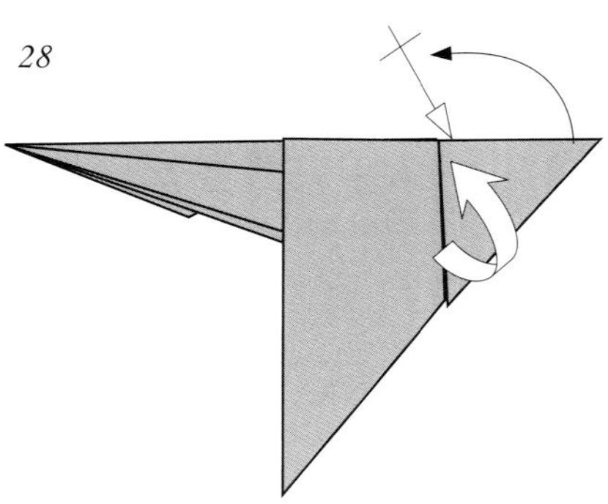

29

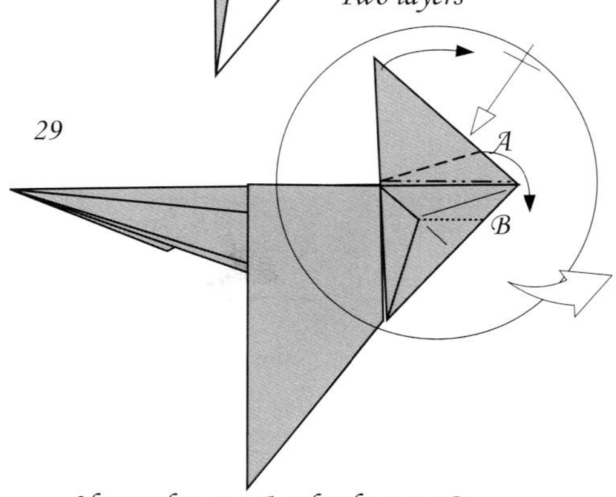

Llevar el punto A sobre la recta B
Put point A over line B

30

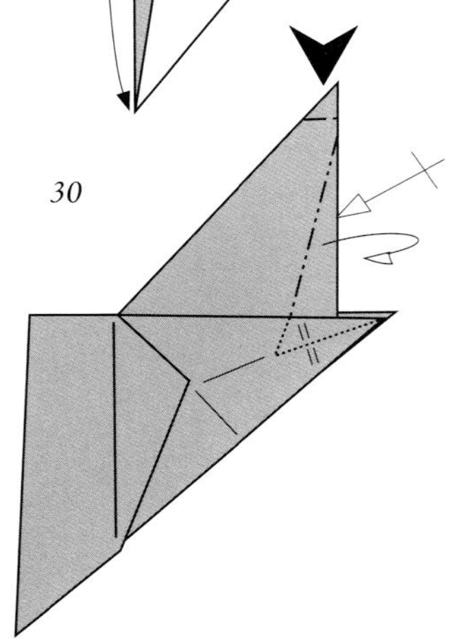

31

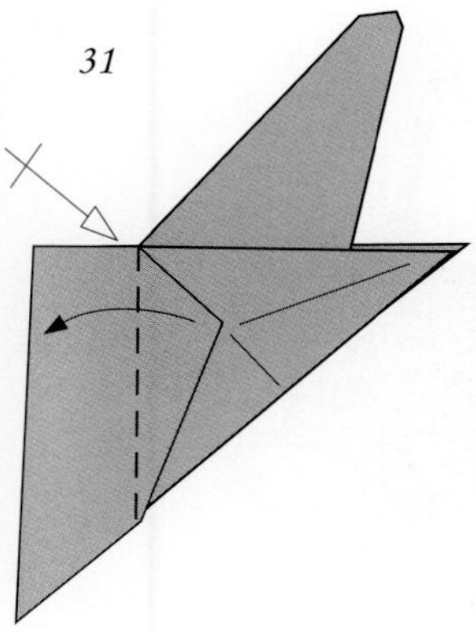

32

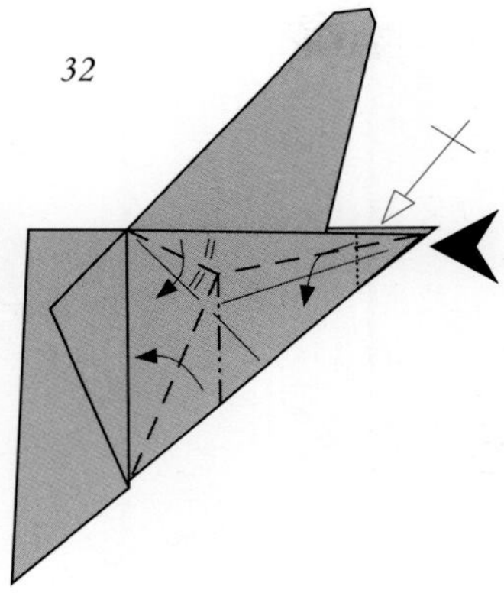

33

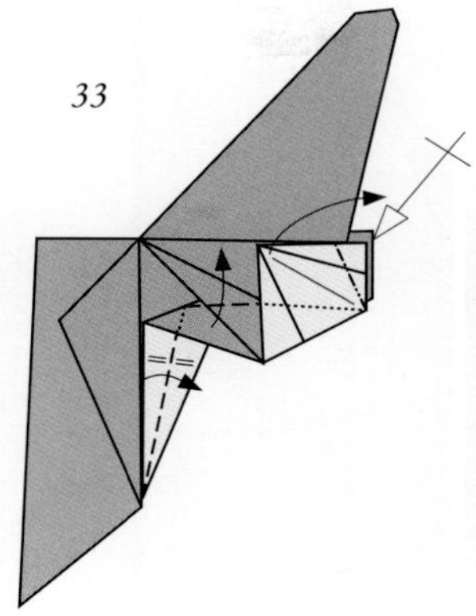

34

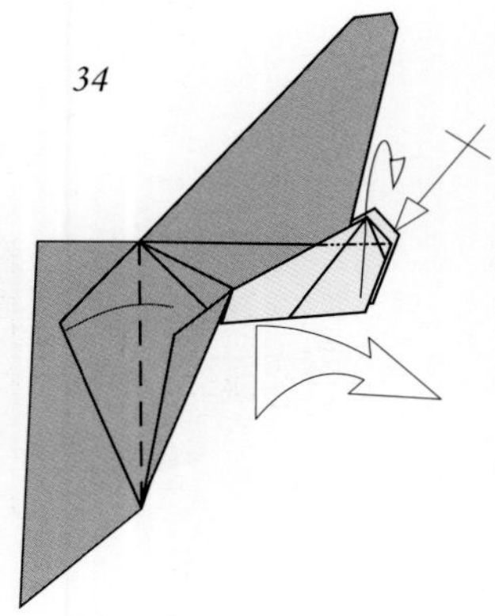

35

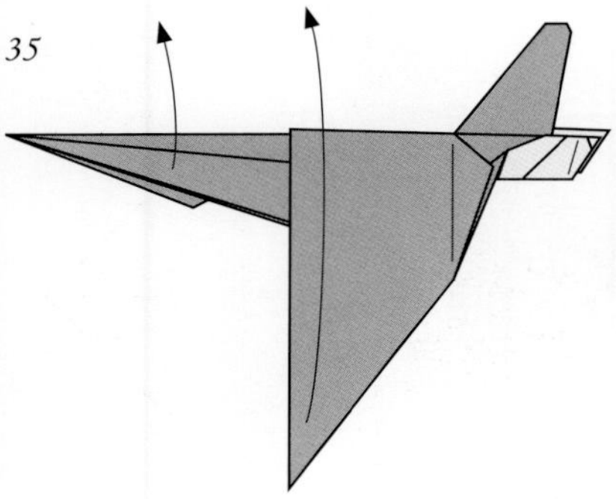

36

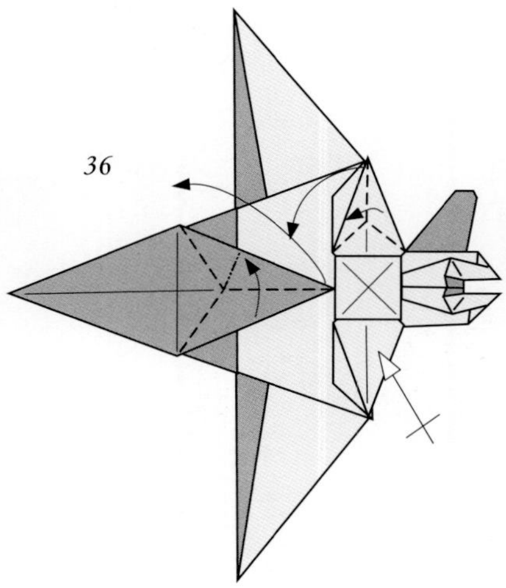

37

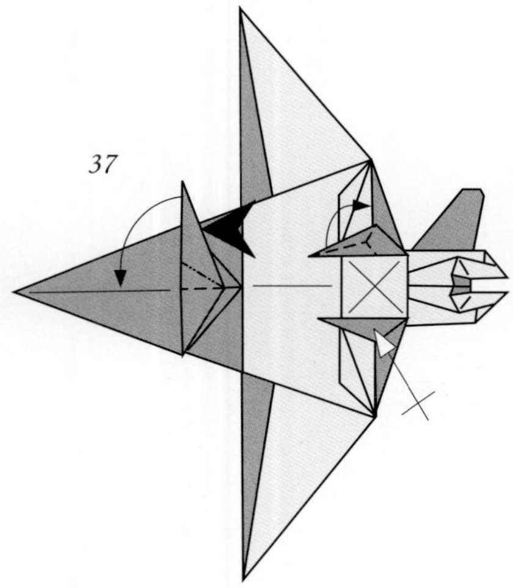

38

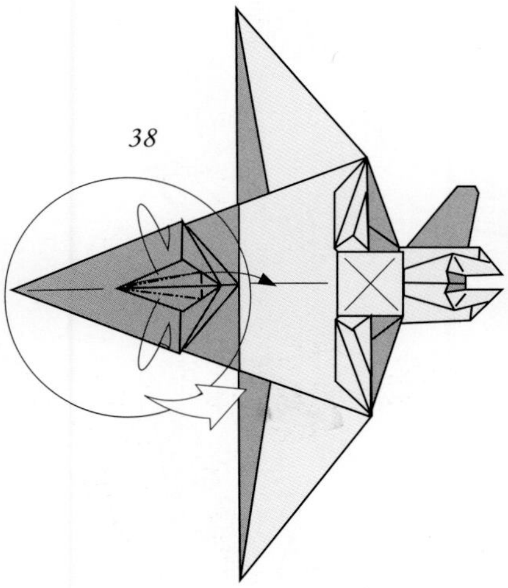

39

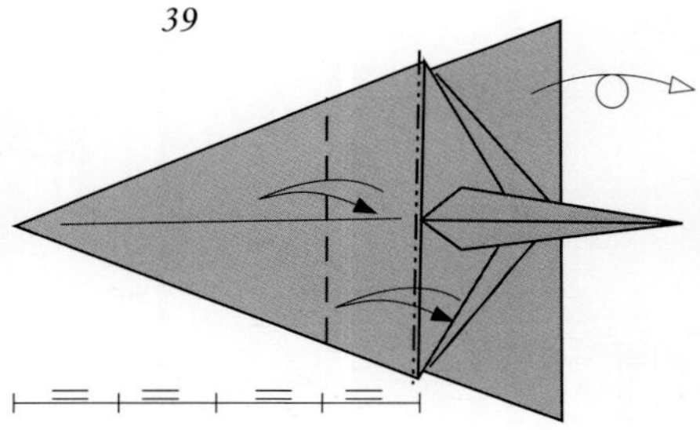

40

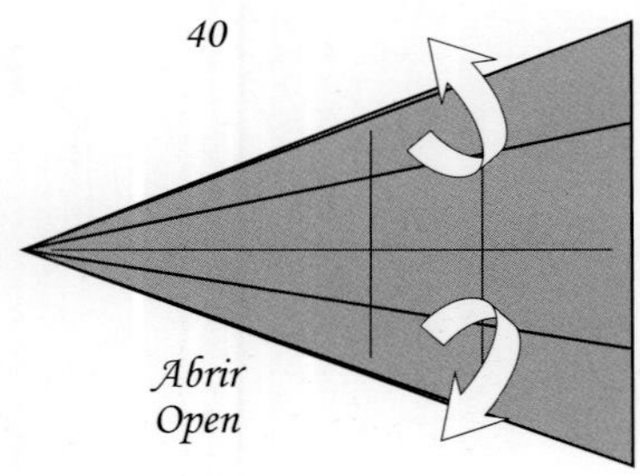

41

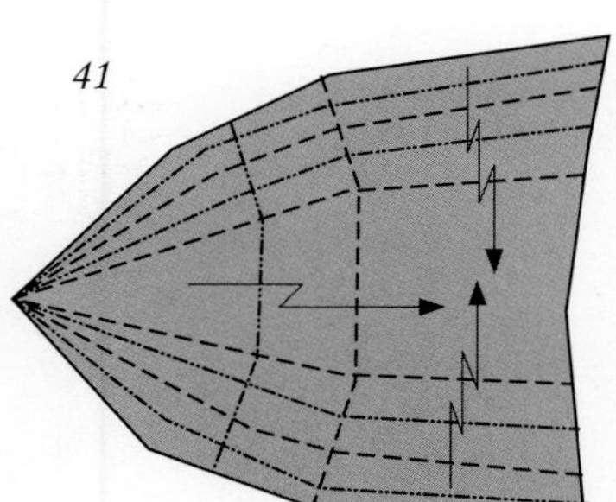

Doblar por los pliegues existentes
Fold using the existing folds

42

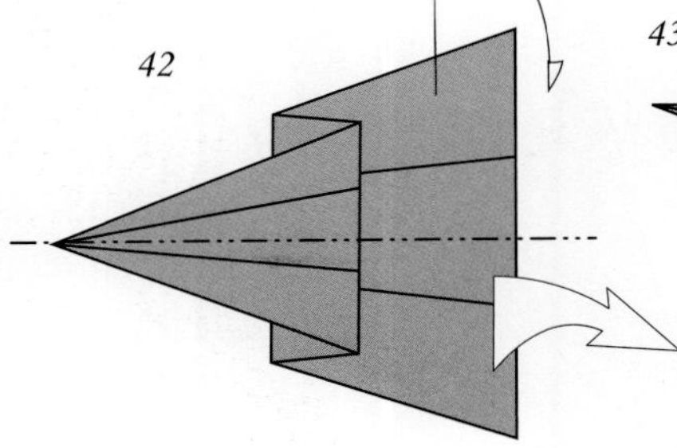

43

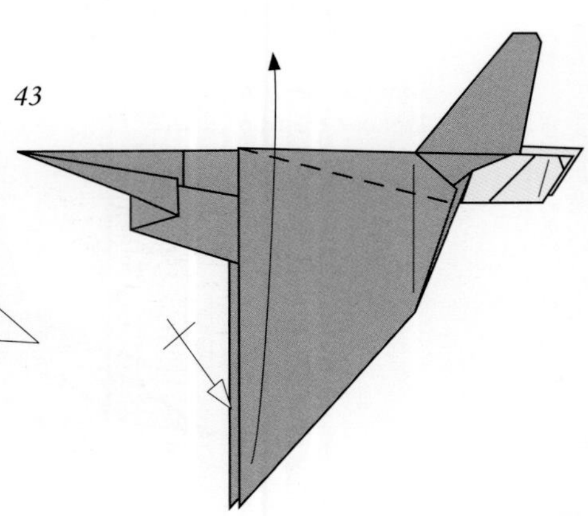

44

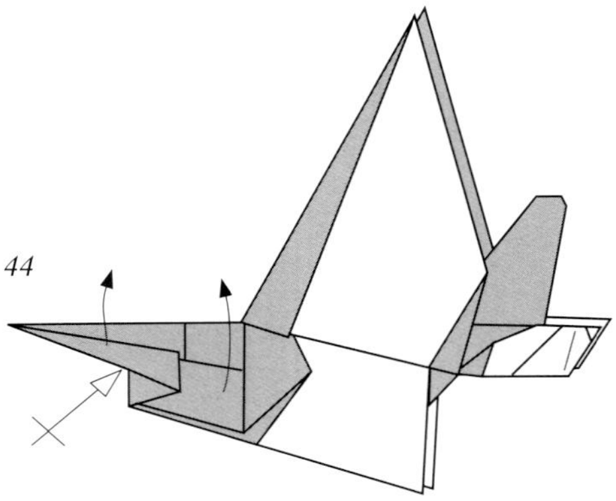

45

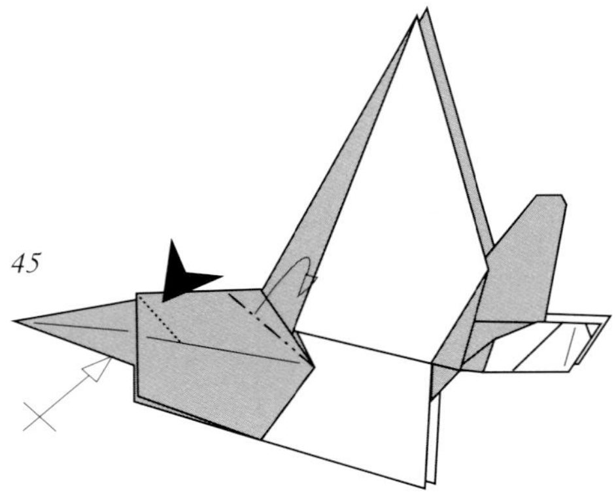

46

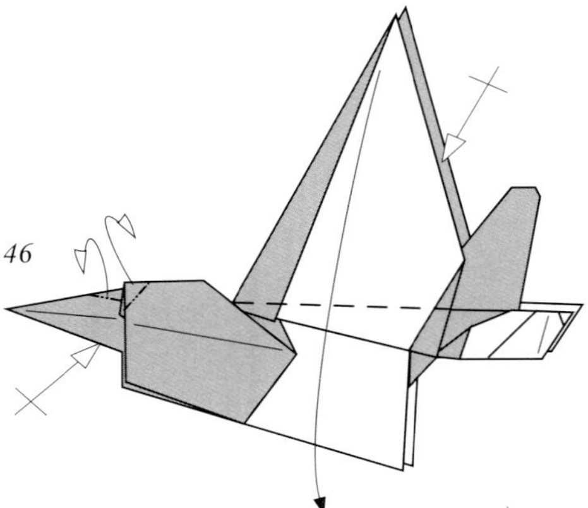

47

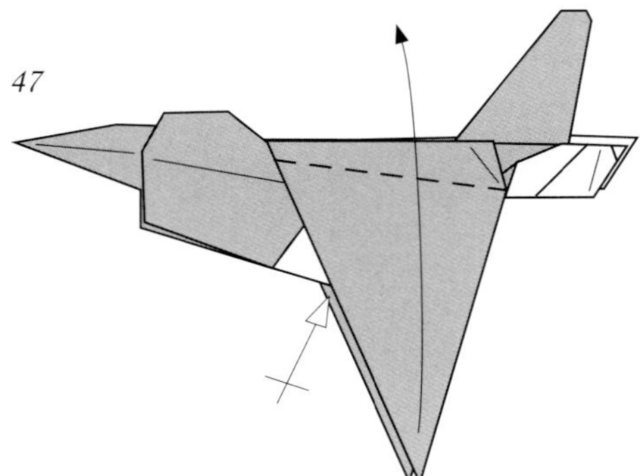

48

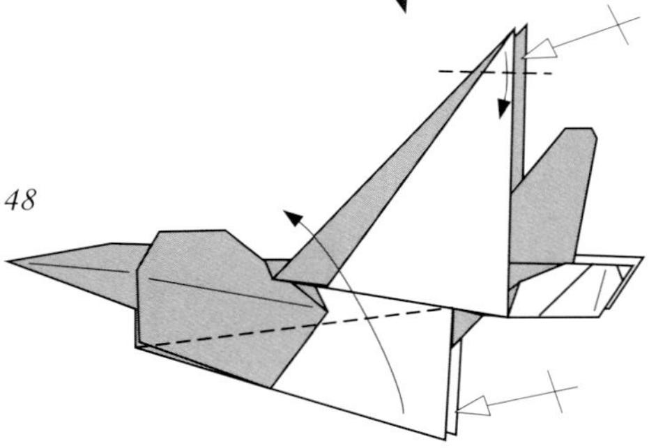

49

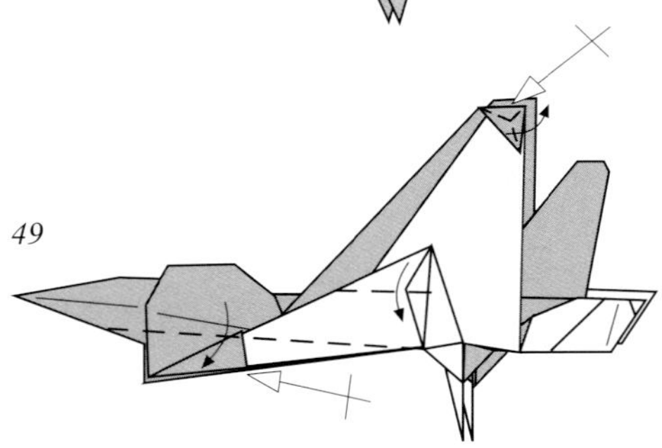

50

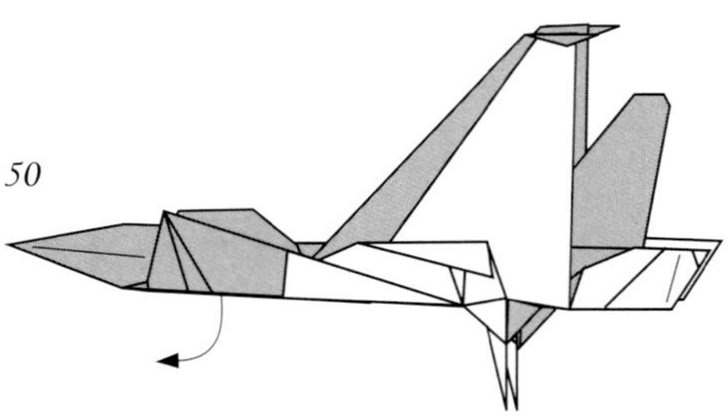

Sacar la rueda delantera
Pull out the front wheel

51

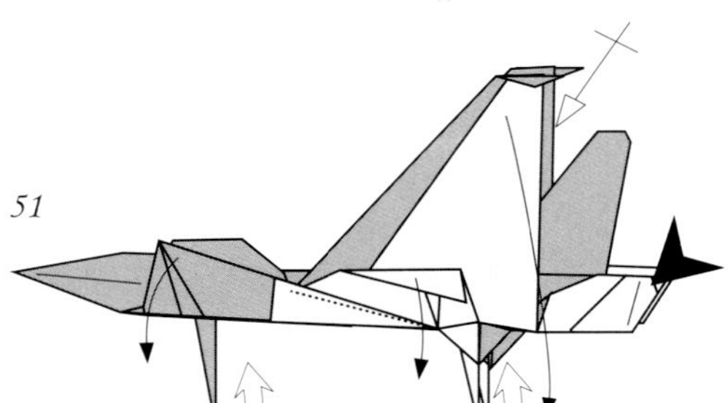

Formar las ruedas y las toberas
Shape the wheels and the nozzles

52

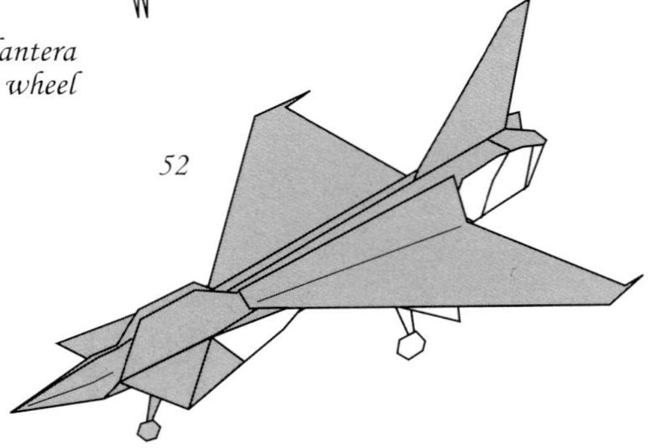

McDonnell Douglas MD-80

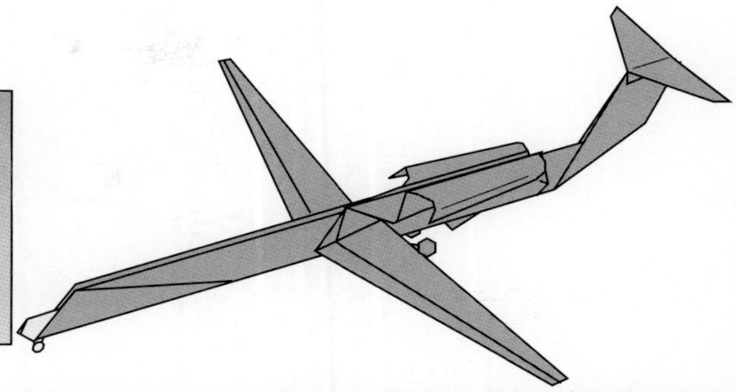

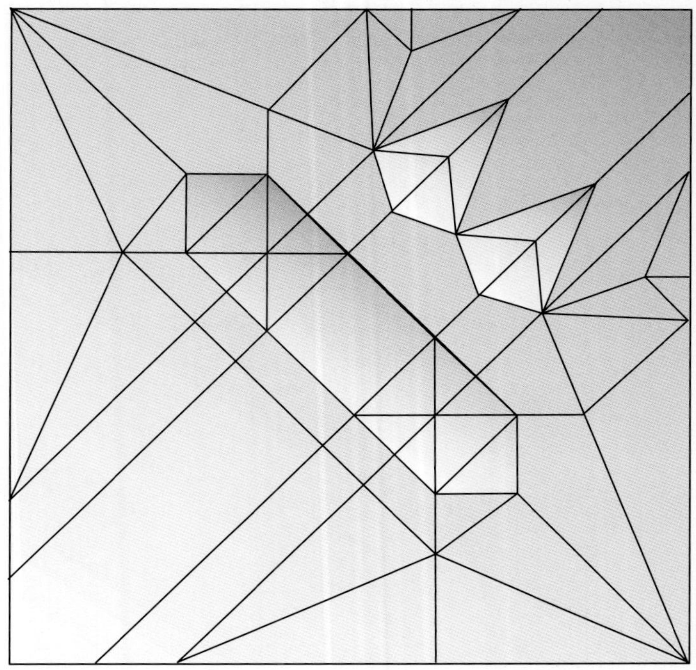

La familia de bimotores civiles derivados del DC-9 ha sido la que más cambios ha experimentado en la historia de los aviones comerciales. El primer avión DC-9 constaba de 80 plazas y un fuselaje de 32 metros. Entró en servicio en diciembre de 1965. El diseño evolucionó hasta el MD-90 con unos motores más potentes y un fuselaje alargado (46 metros y medio) que da cabida a 187 pasajeros. En 30 años han sido vendidos más de 2.440 DC-9s y sus derivados. Nuevas versiones apodadas MD-95 continúan en producción conocidas también como Boeing 717.

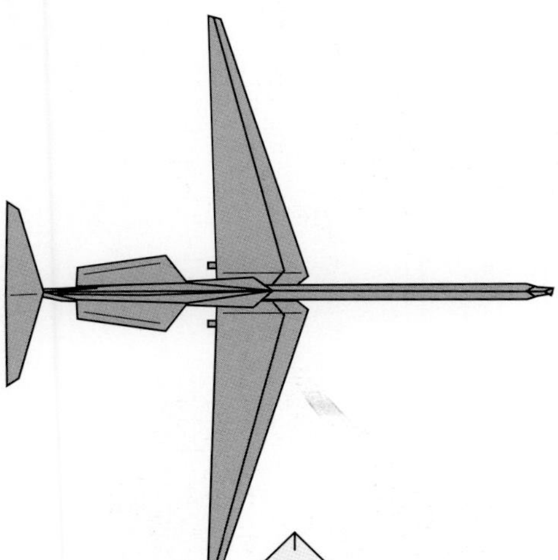

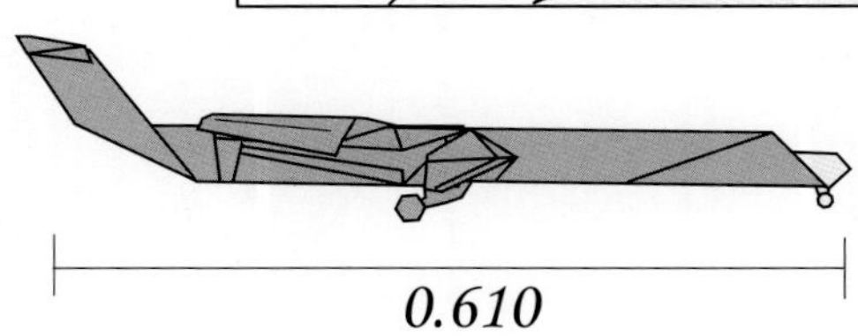

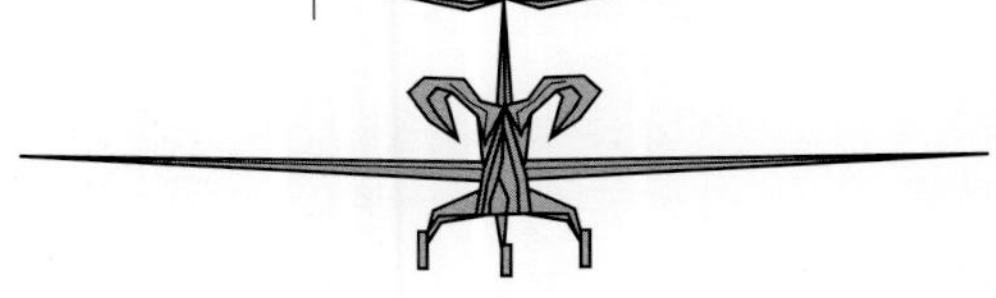

1

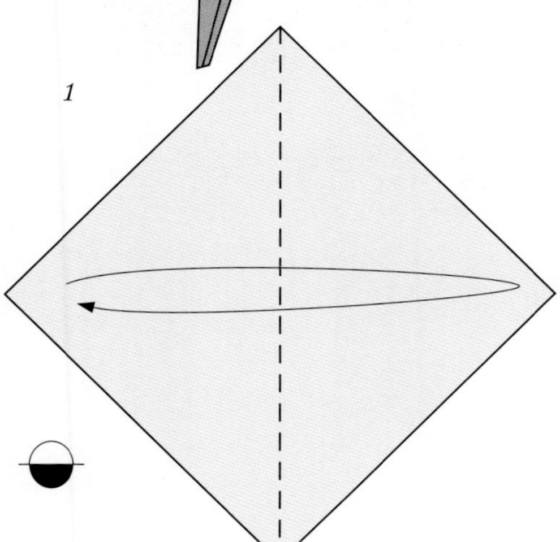

2

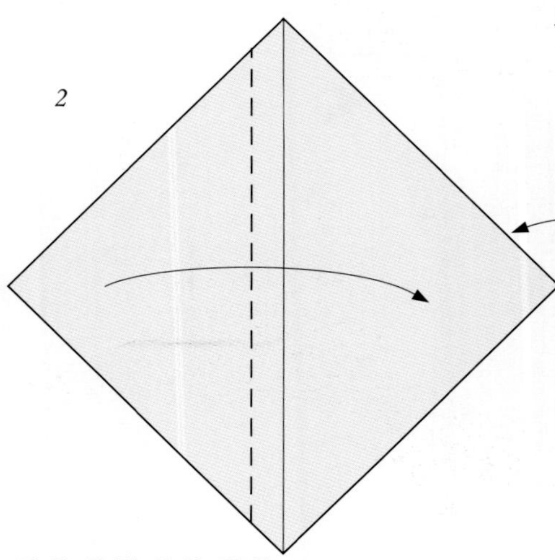

3

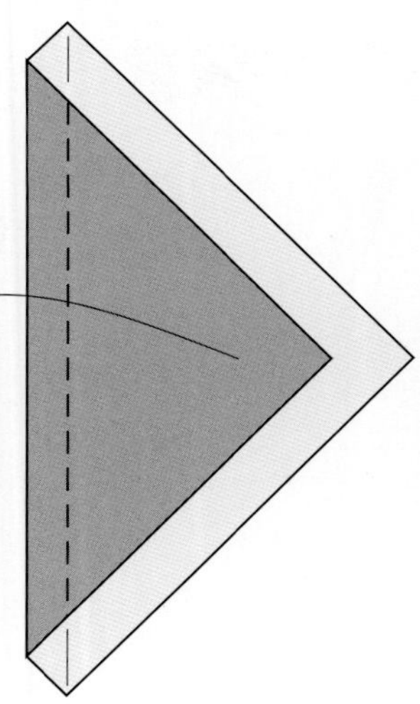

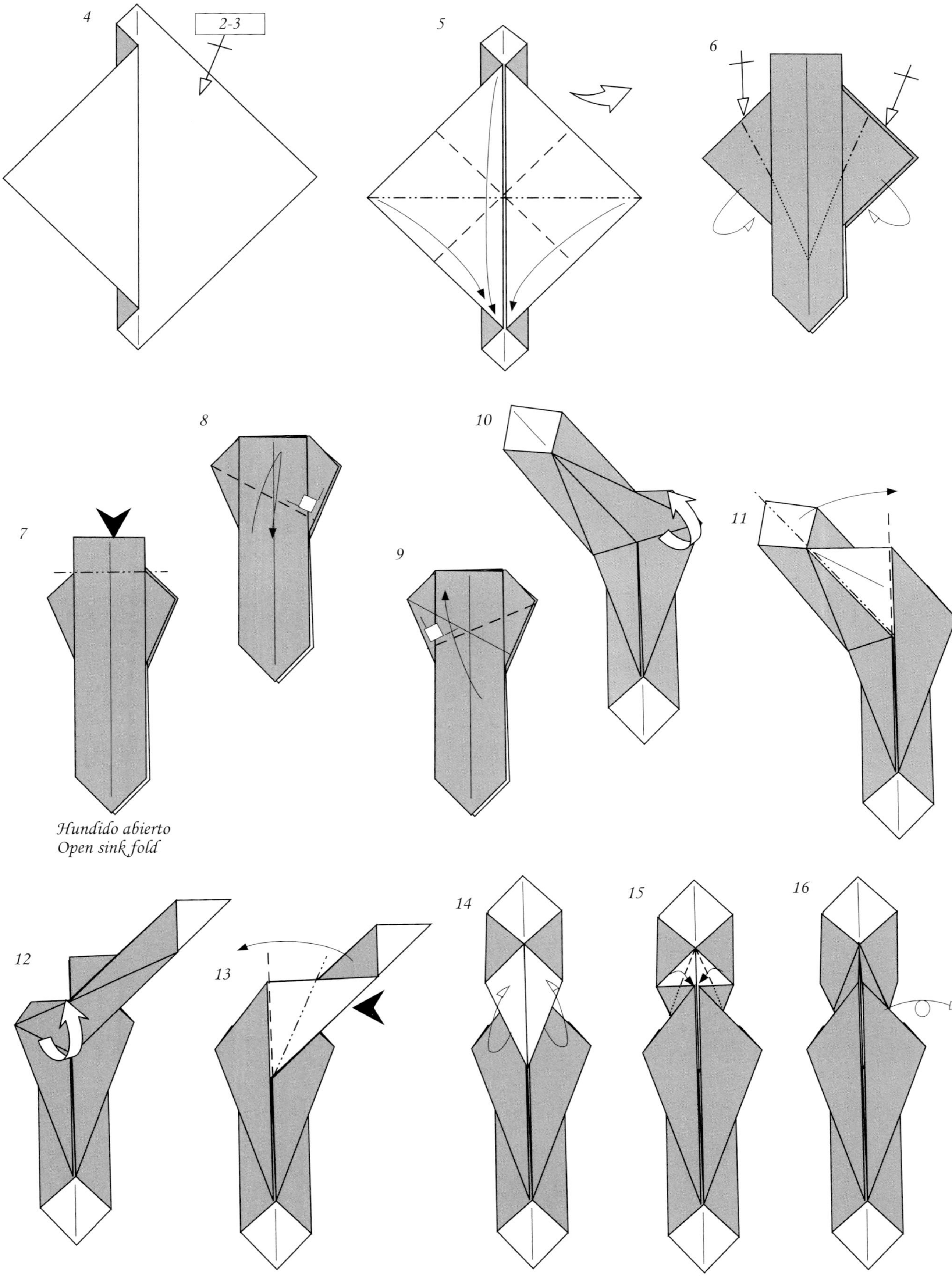
4
2-3
5
6
7
Hundido abierto
Open sink fold
8
9
10
11
12
13
14
15
16

17

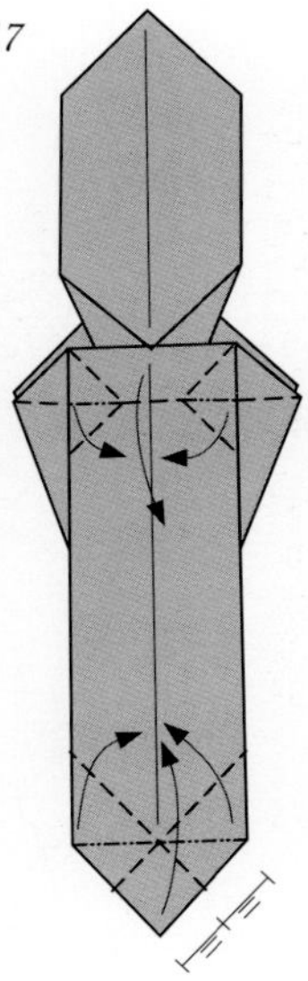

18

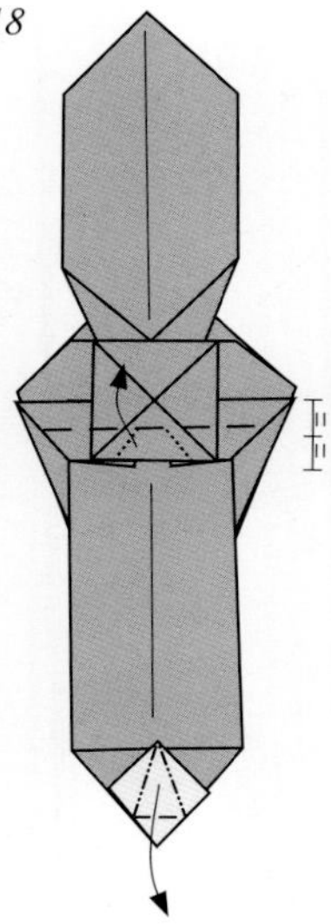

19

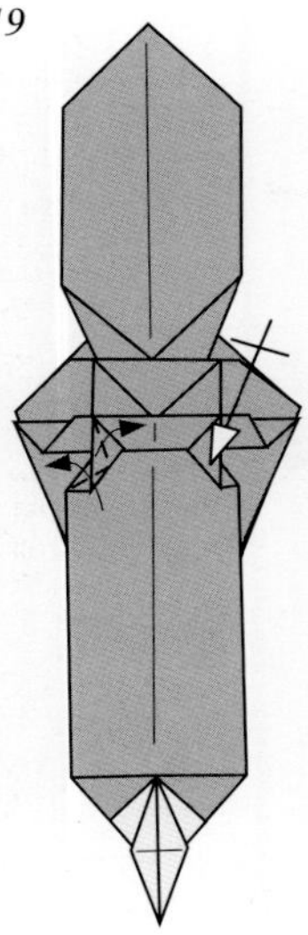

20

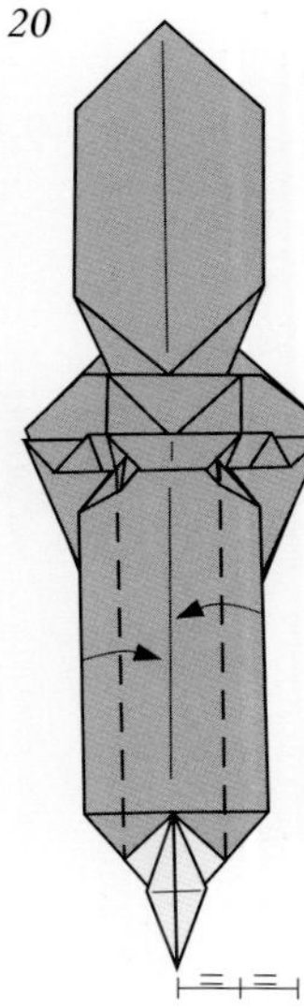

21

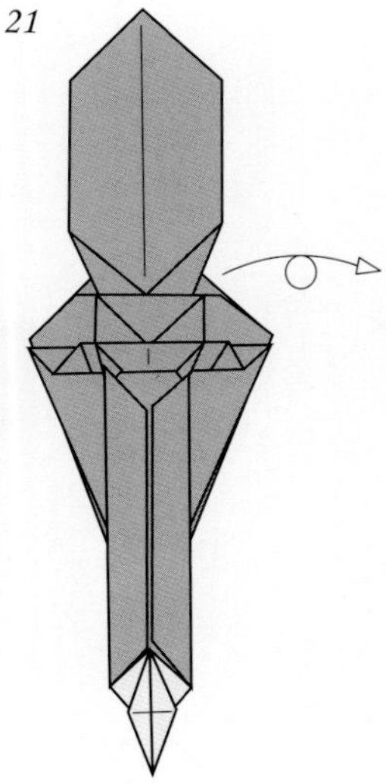

22

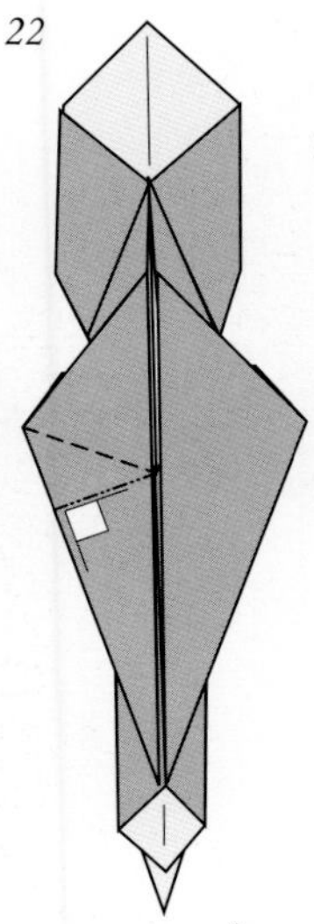

23

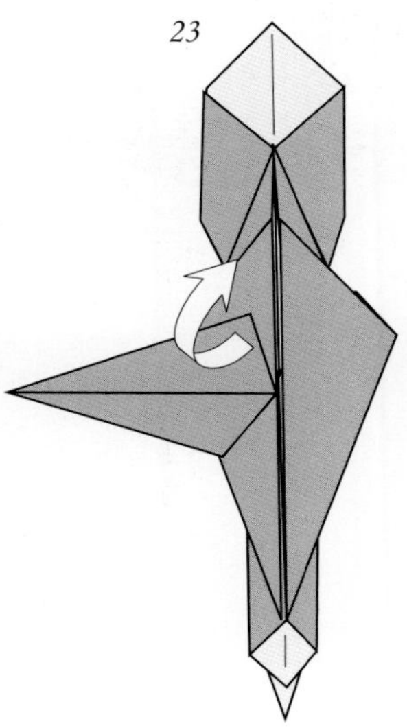

24

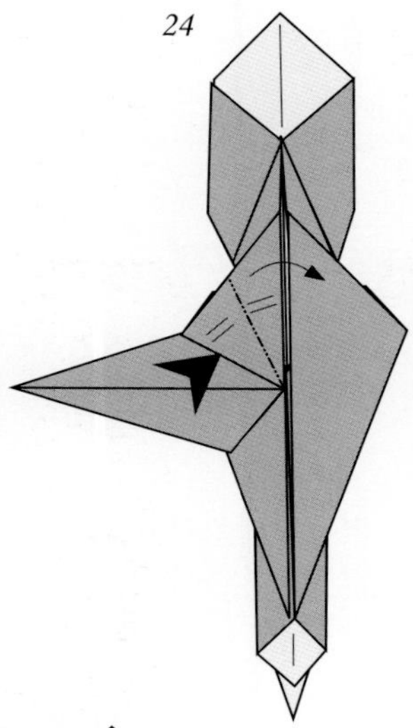

25

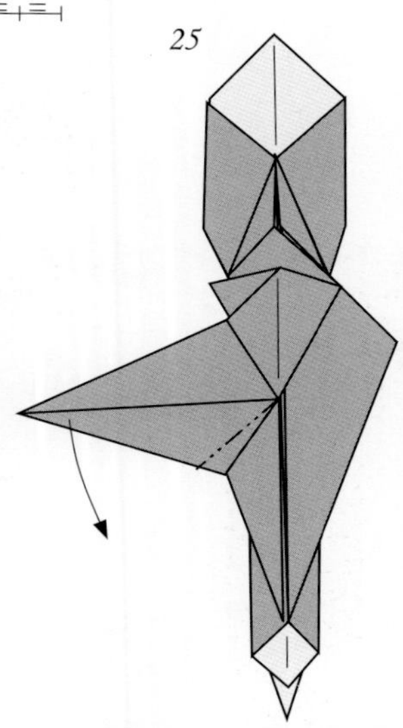

Rotar lo máximo posible
Rotate as much as possible

26

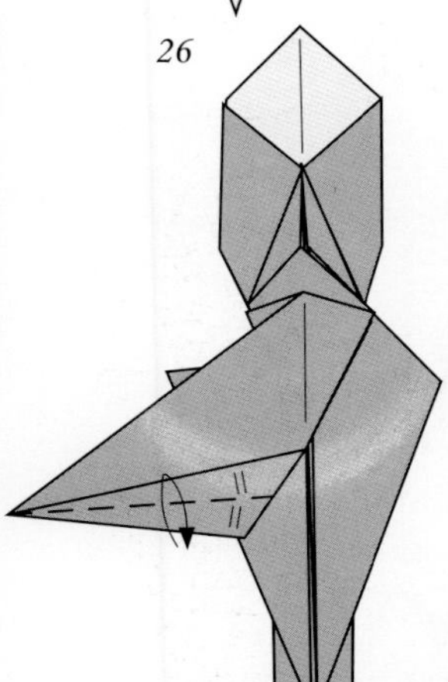

27

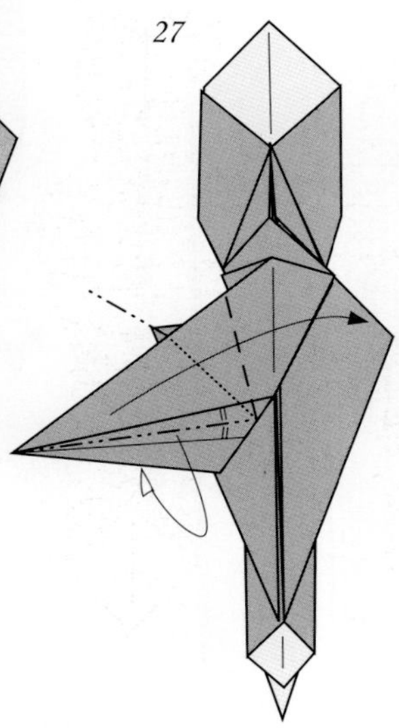

28

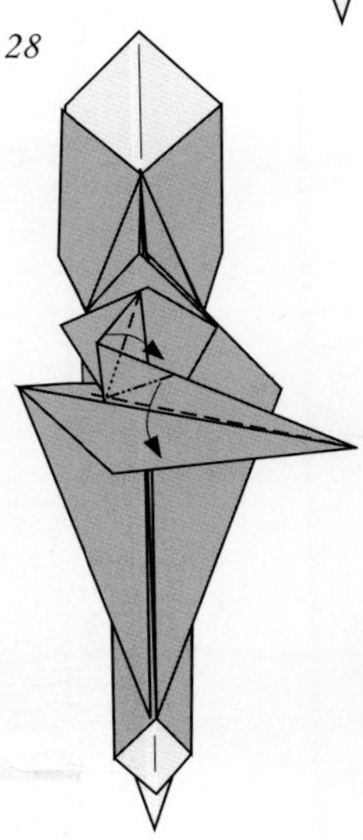

29

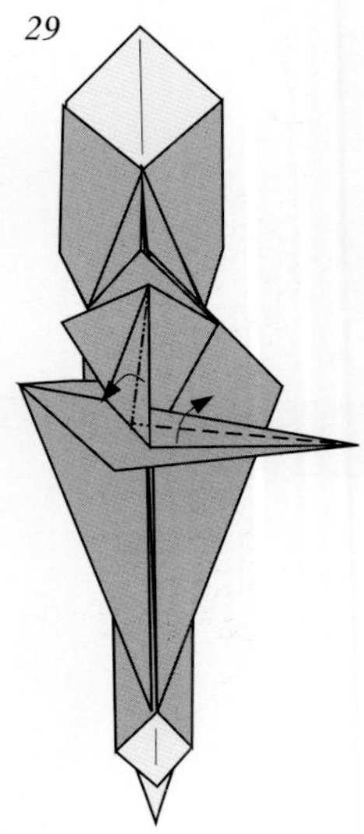

30

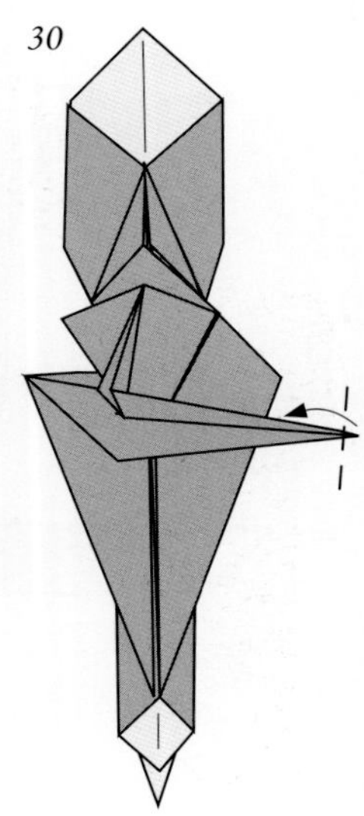

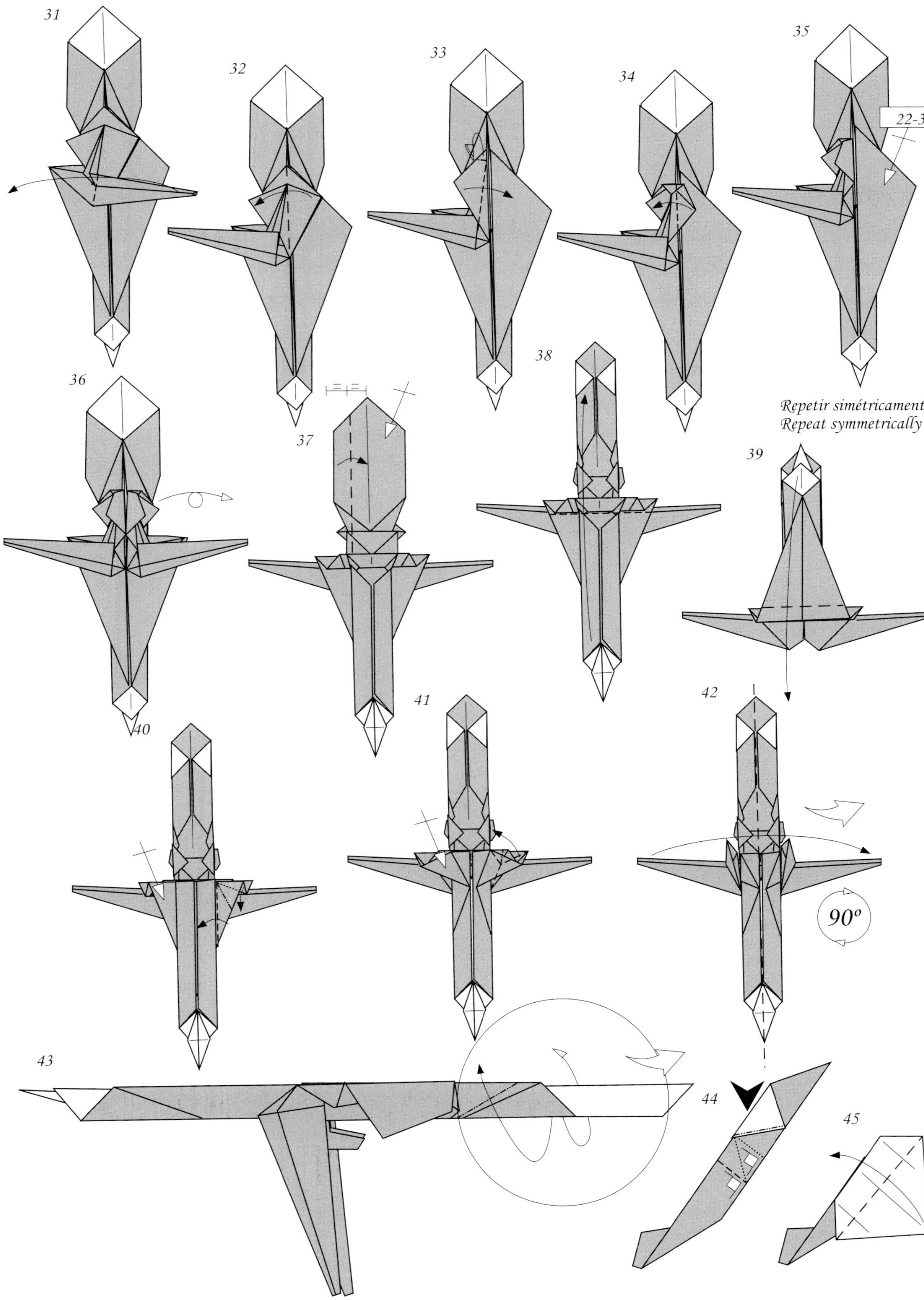
31
32
33
34
35
22-34
36
37
38
Repetir simétricamente
Repeat symmetrically
39
40
41
42
90º
43
44
45

46

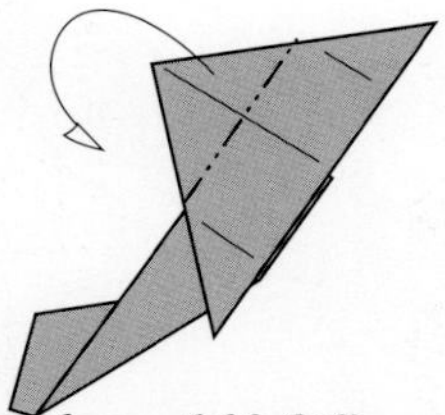

Meter dentro del bolsillo
Tuck inside the pocket

47

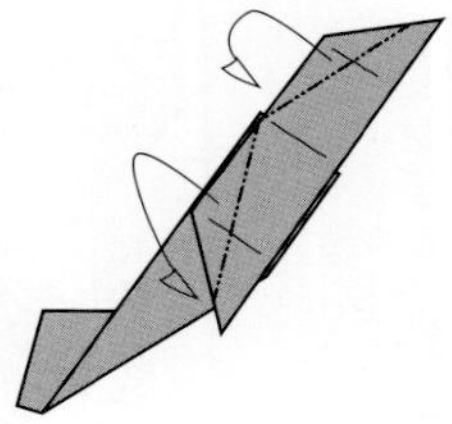

48

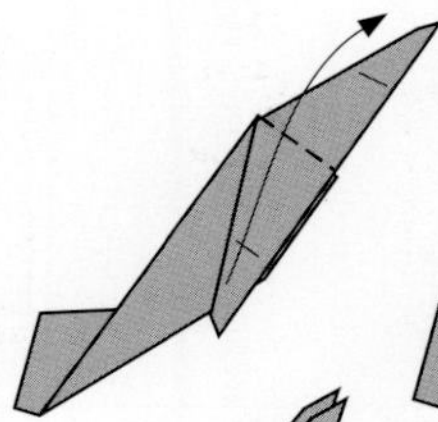

49

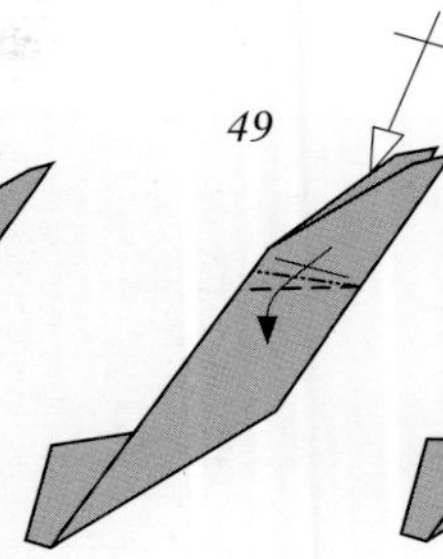

50

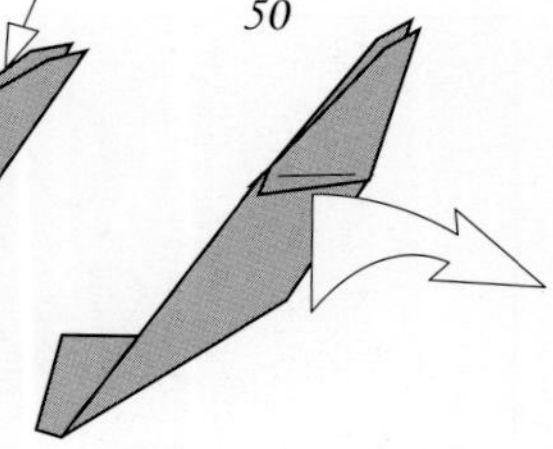

51

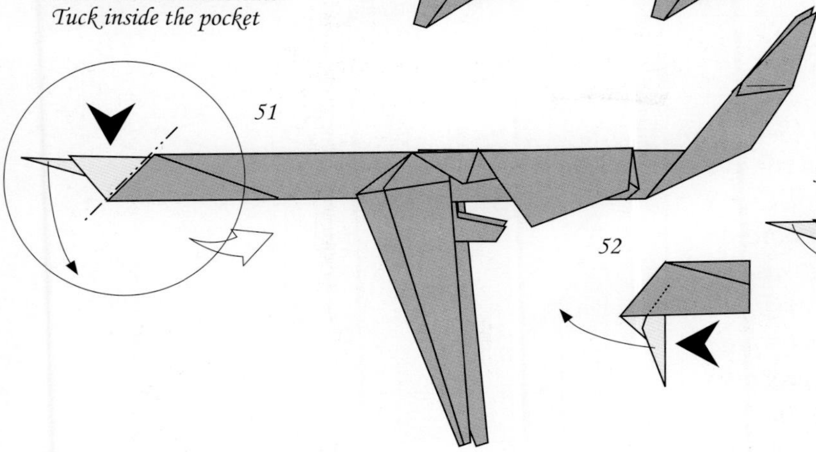

52

53

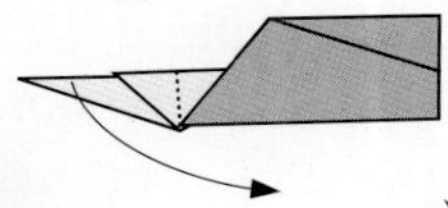

54

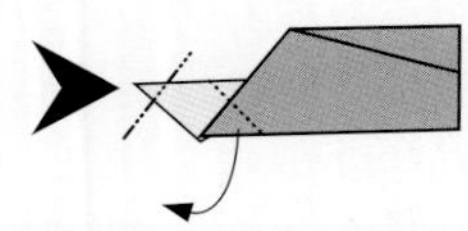

Sacar papel para la rueda delantera
Pull out paper for the front wheel

55

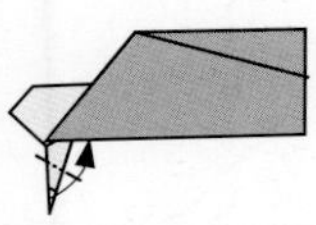

Formar la rueda
Shape the wheel

56

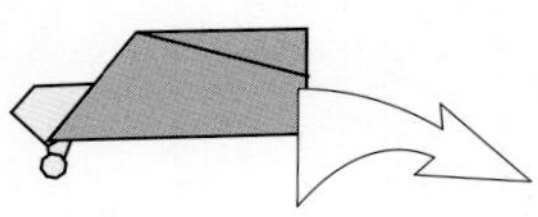

57

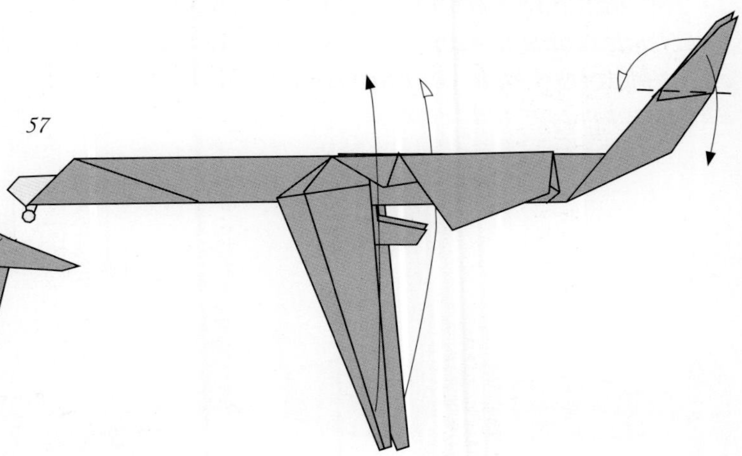

58

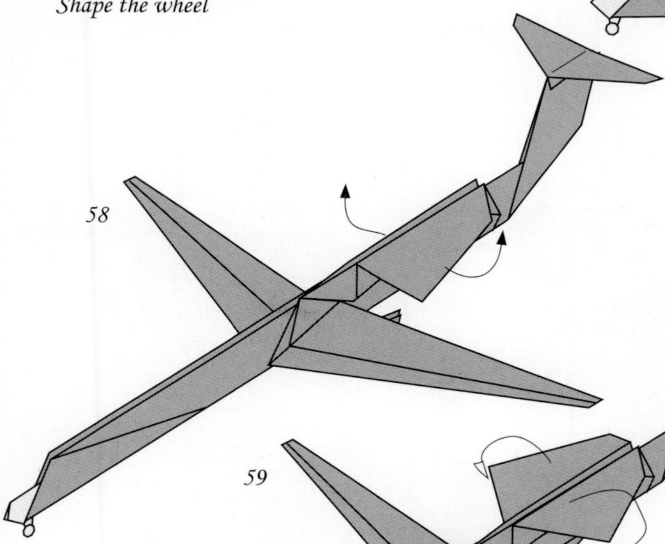

59

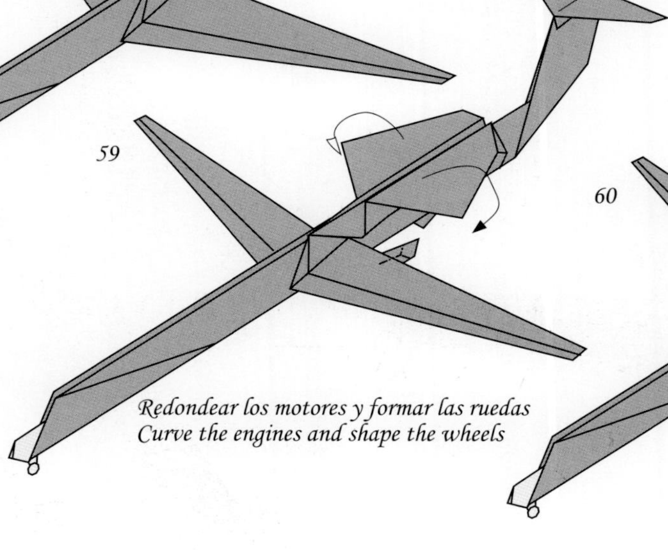

Redondear los motores y formar las ruedas
Curve the engines and shape the wheels

60

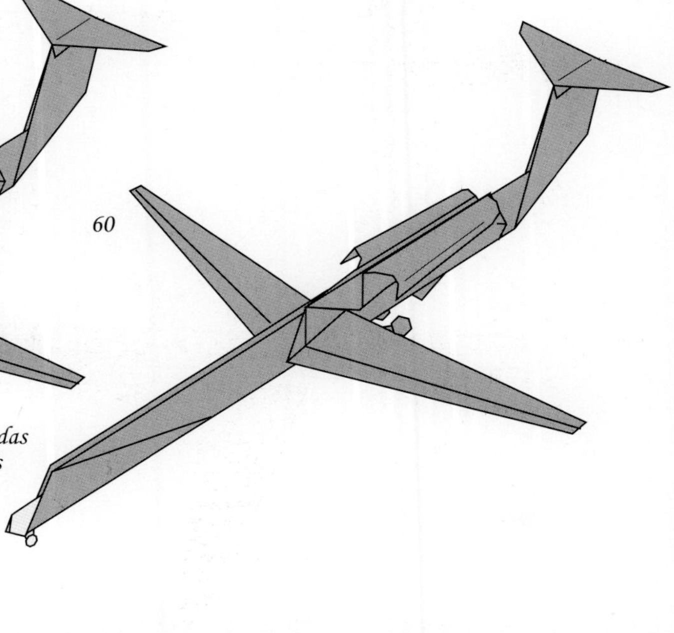

C-212 Aviocar

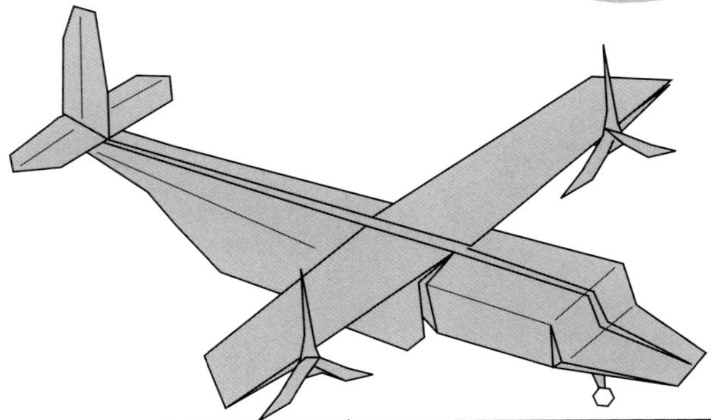

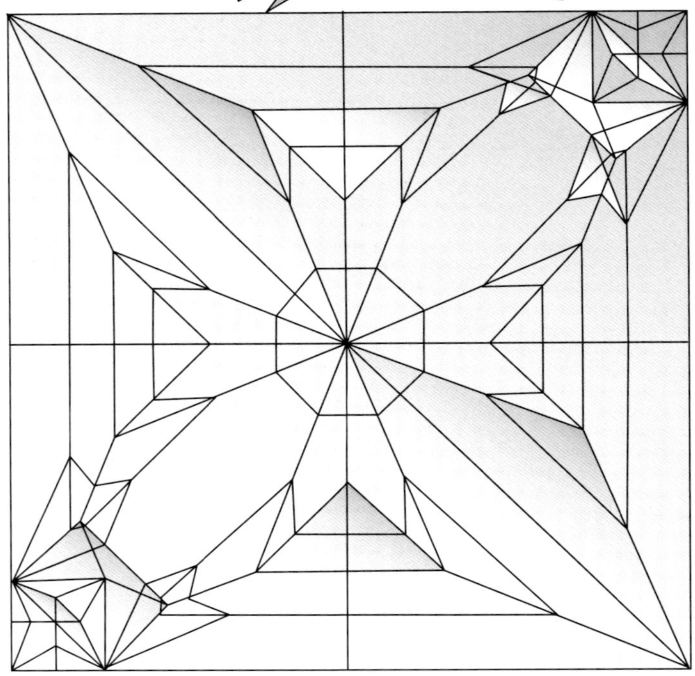

Fue concebido como avión STOL ("short-take-off-and-landing") para reemplazar los aviones de la fuerza aérea española DC-3 y Junkers JU-52. El primer prototipo voló en marzo de 1971. Fue diseñado como avión militar, no obstante las primeras versiones civiles, llamadas C-212C, se entregaron en julio de 1975. Aunque la producción de las versiones militares cesaron en 1975 tras la construcción de 260 unidades, el desarrollo de versiones comerciales continuó con mejoras significativas en los motores y en la configuración de las alas dando un mayor rendimiento.

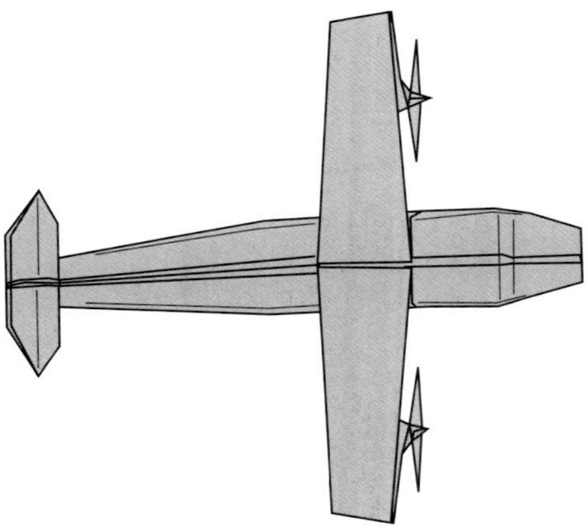

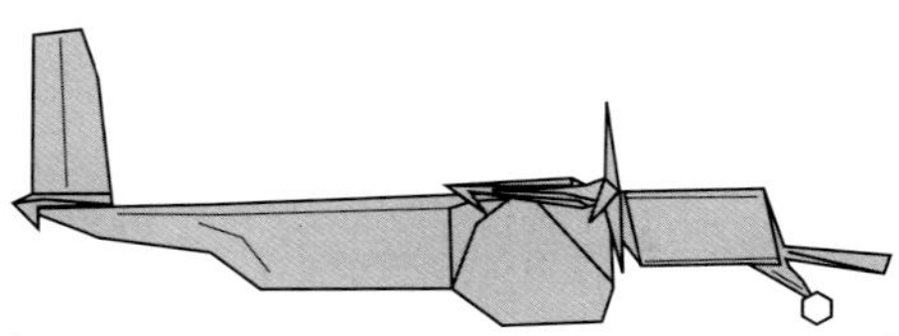

0.461

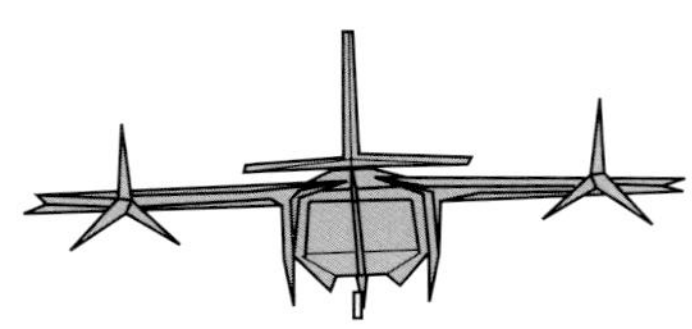

1

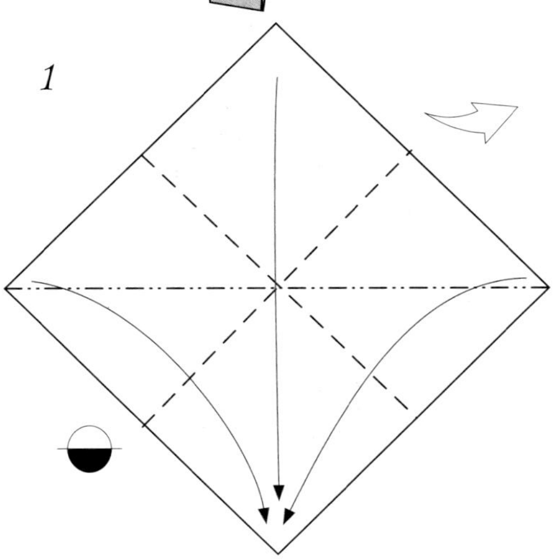

2

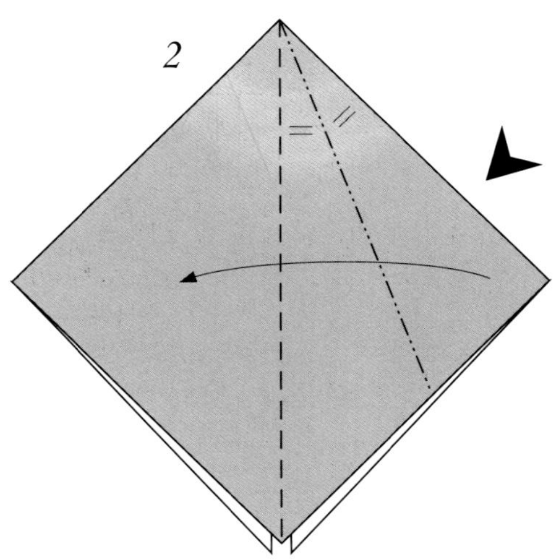

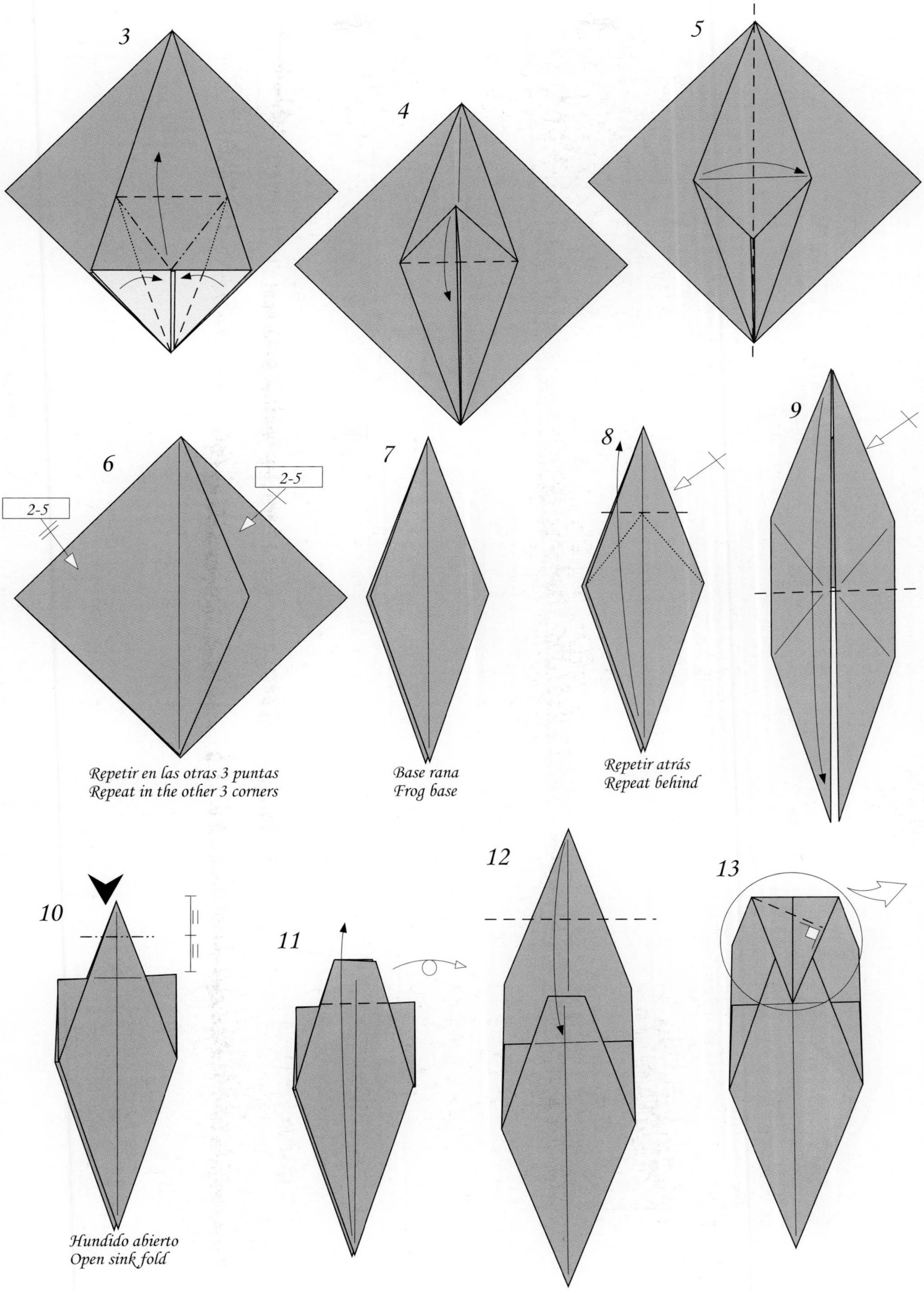

Repetir en las otras 3 puntas
Repeat in the other 3 corners

Base rana
Frog base

Repetir atrás
Repeat behind

Hundido abierto
Open sink fold

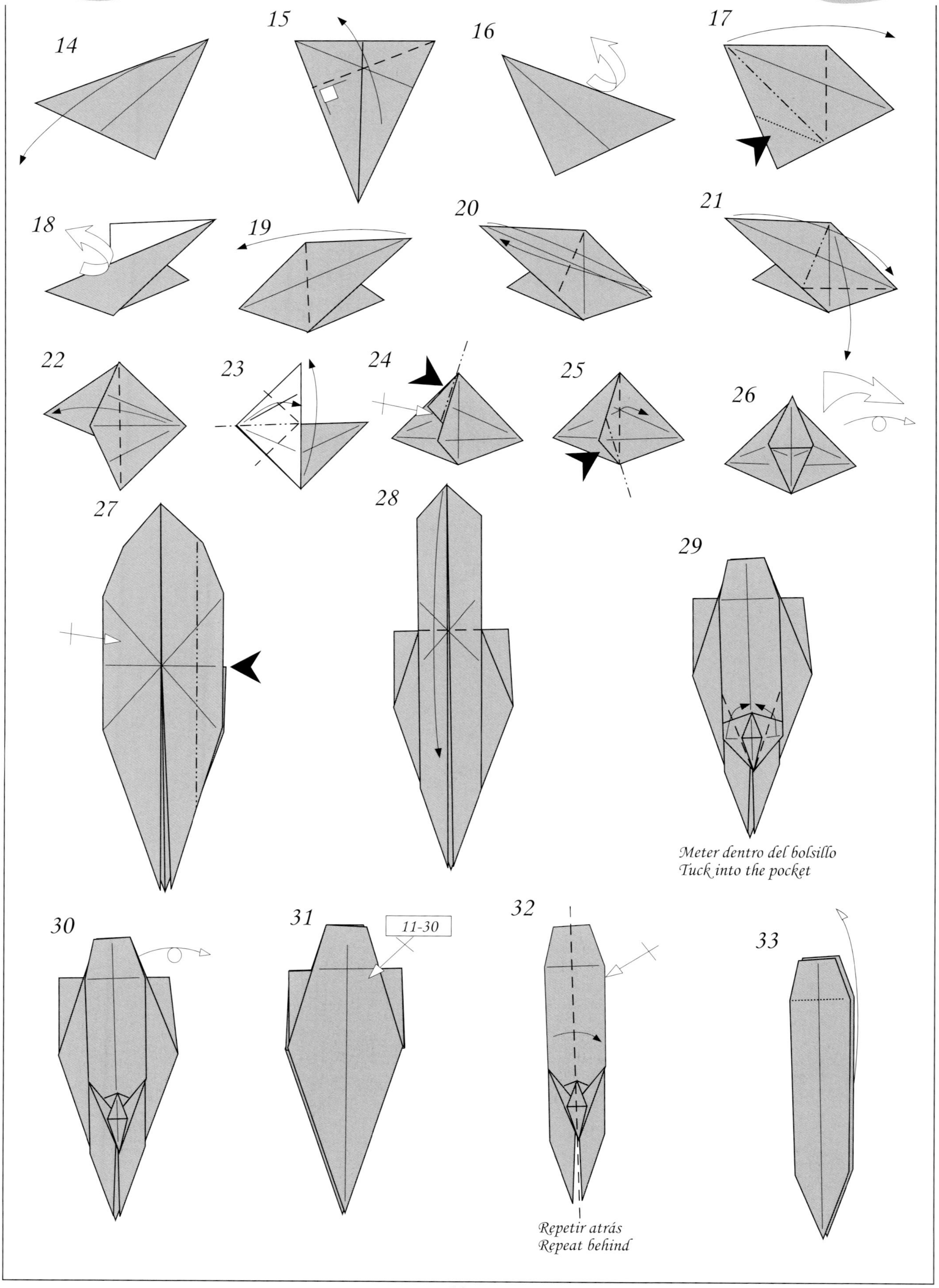
14
15
16
17
18
19
20
21
22
23
24
25
26
27
28
29
Meter dentro del bolsillo
Tuck into the pocket
30
31
11-30
32
Repetir atrás
Repeat behind
33

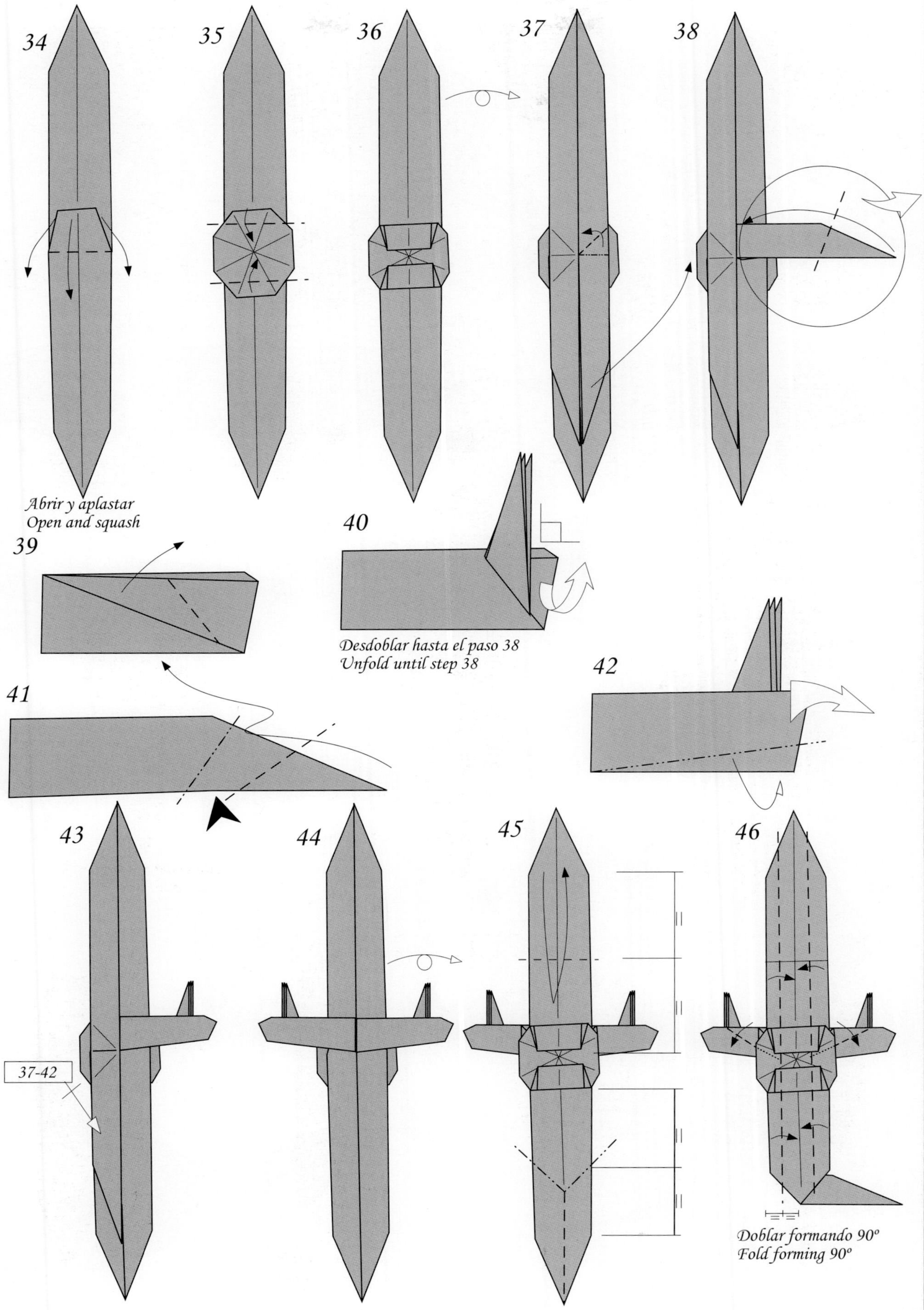
34
35
36
37
38
Abrir y aplastar
Open and squash
39
40
Desdoblar hasta el paso 38
Unfold until step 38
41
42
43
37-42
44
45
46
Doblar formando 90º
Fold forming 90º

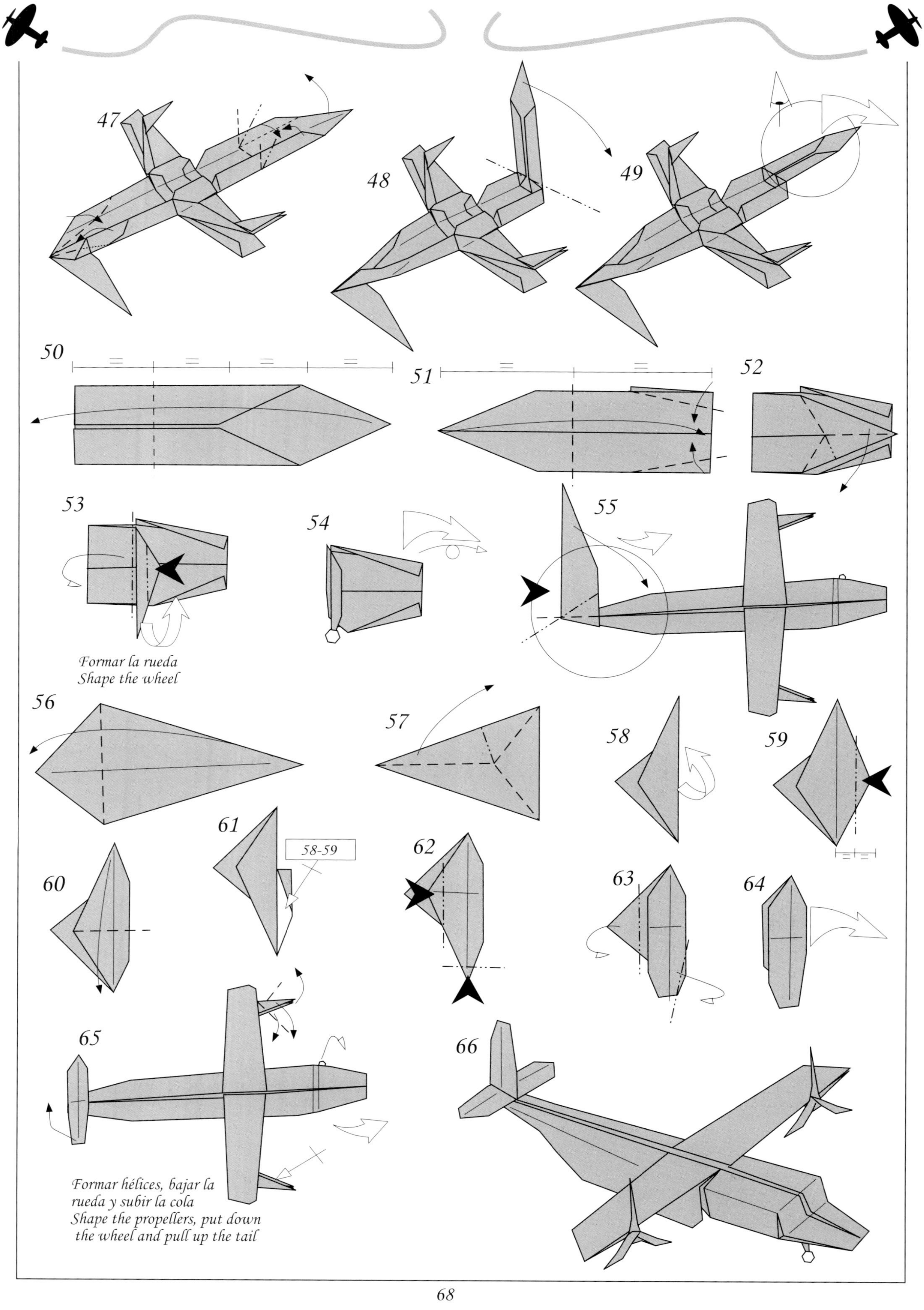
47
48
49
50
51
52
53
Formar la rueda
Shape the wheel
54
55
56
57
58
59
60
61
58-59
62
63
64
65
Formar hélices, bajar la
rueda y subir la cola
Shape the propellers, put down
the wheel and pull up the tail
66

Bell/Boeing V-22 Osprey

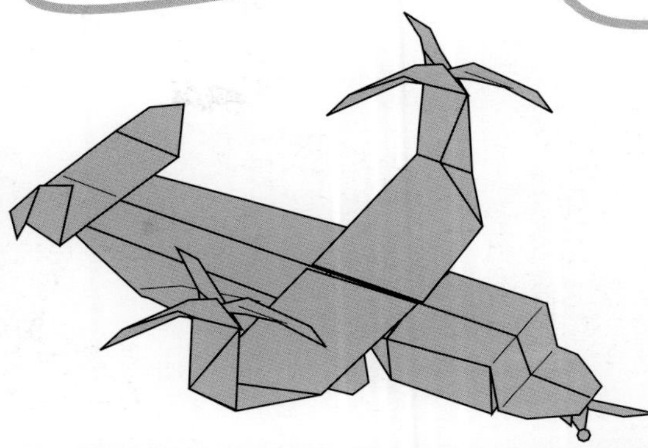

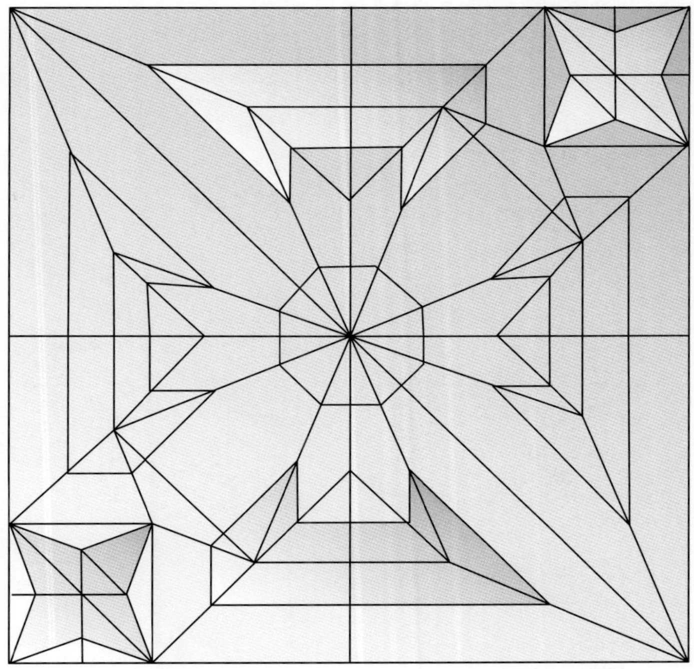

El V-22 Osprey es el resultado de la combinación de las capacidades de ascenso de un helicóptero y las altas velocidades y eficacia de un avión de ala fija. Está impulsado por dos motores turboeje Allison de 6150 CV montados en la punta de las alas, que mueven hélices de tres palas a través de ejes de transmisión interconectados, situados en góndolas que pueden girar hasta 97,5º. El primer prototipo voló en Texas en marzo de 1989. En septiembre este V-22 consiguió la primera transición de helicóptero a vuelo de ala fija. La tripulación está formada por un piloto, un copiloto y un jefe de tripulación. La cabina puede alojar a 24 soldados, 12 literas o carga interna.

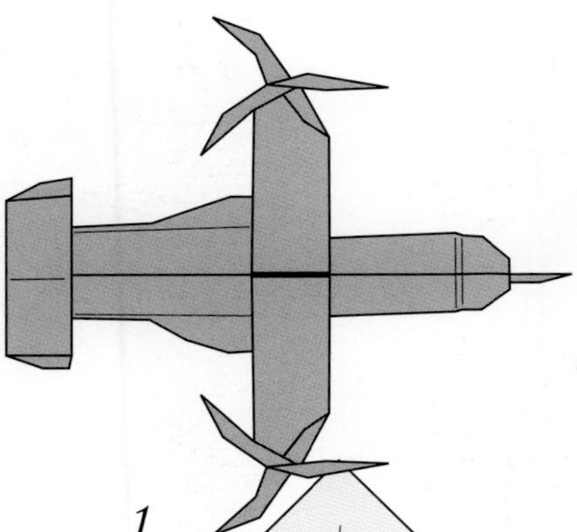

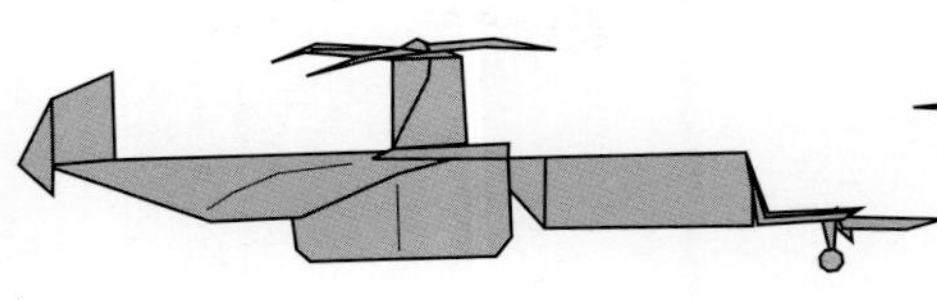

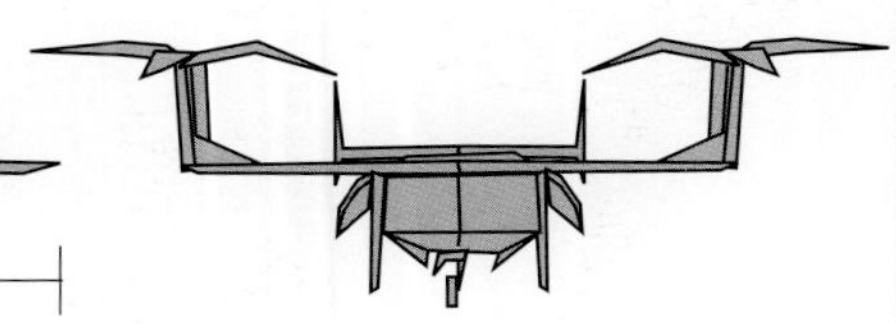

2

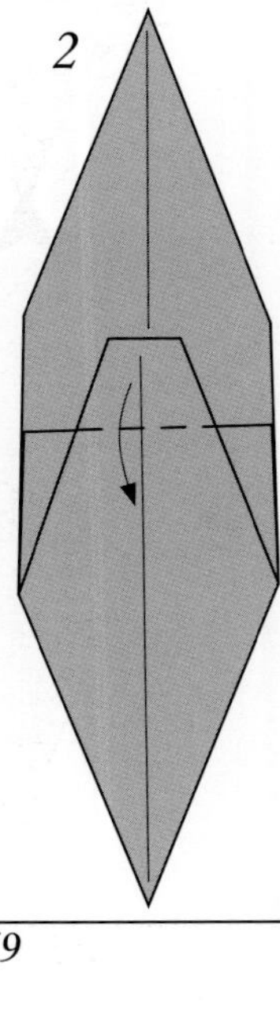

3

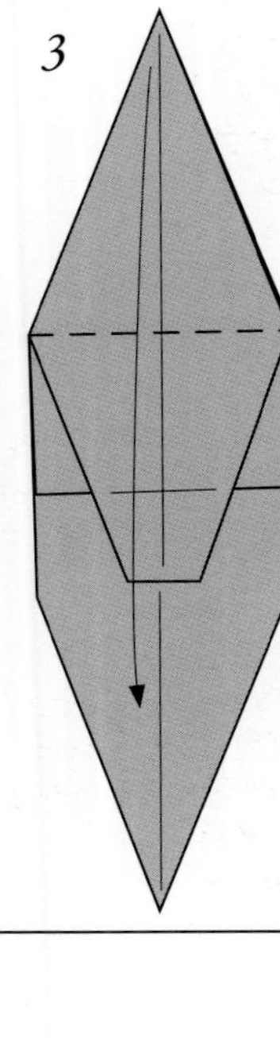

1

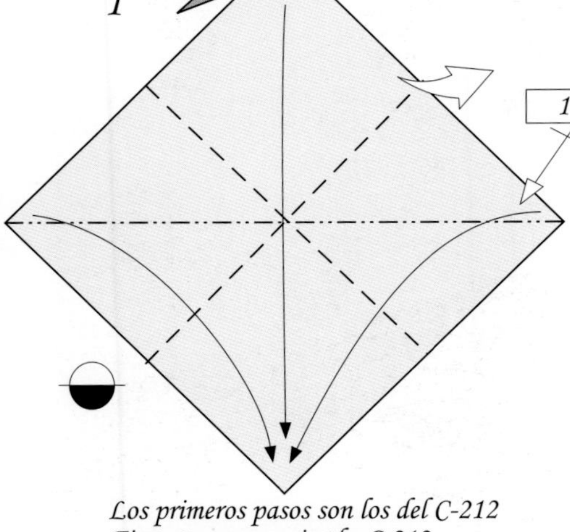

Los primeros pasos son los del C-212
First steps are as in the C-212

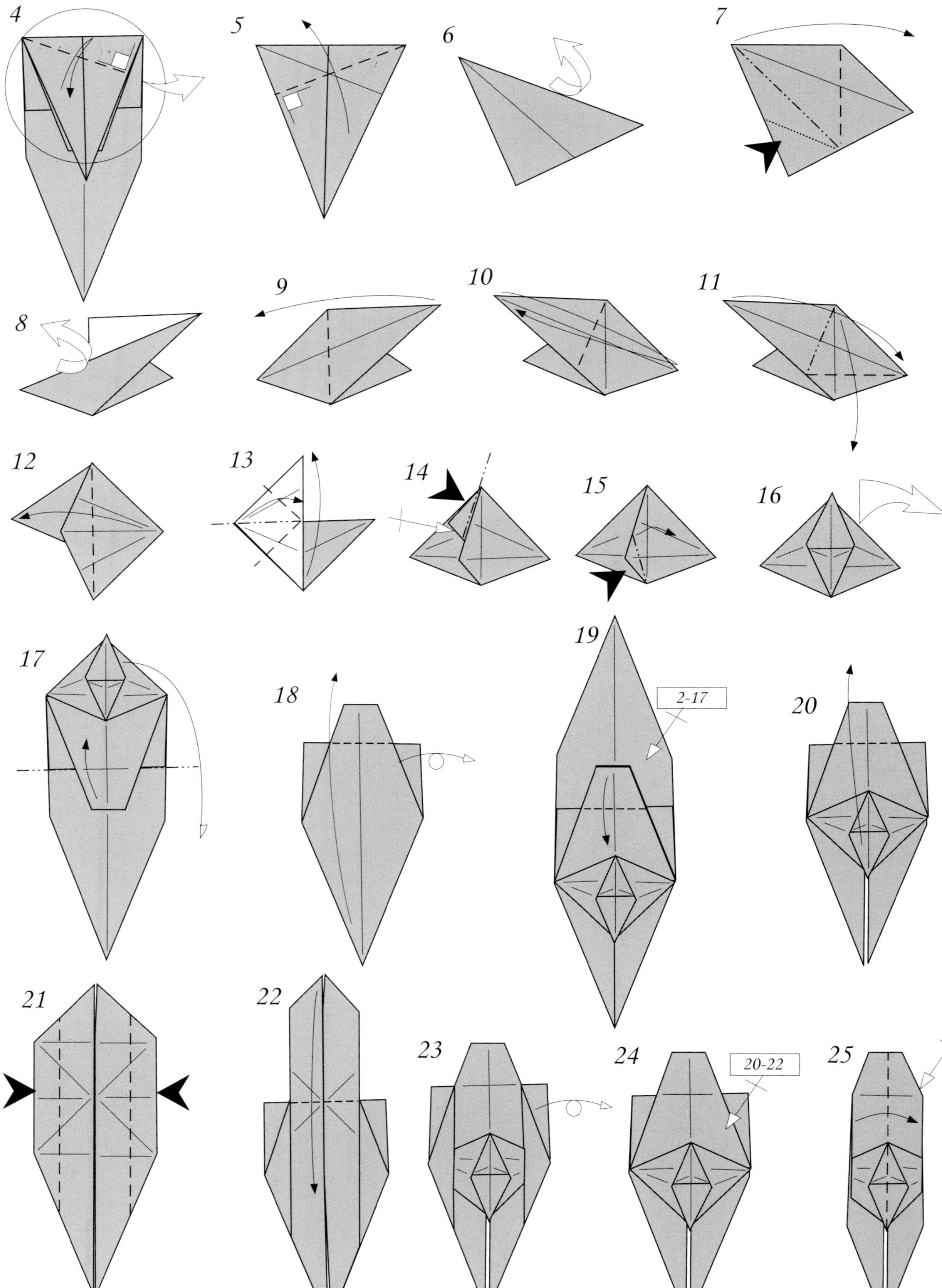

Hundido abierto
Open sink fold

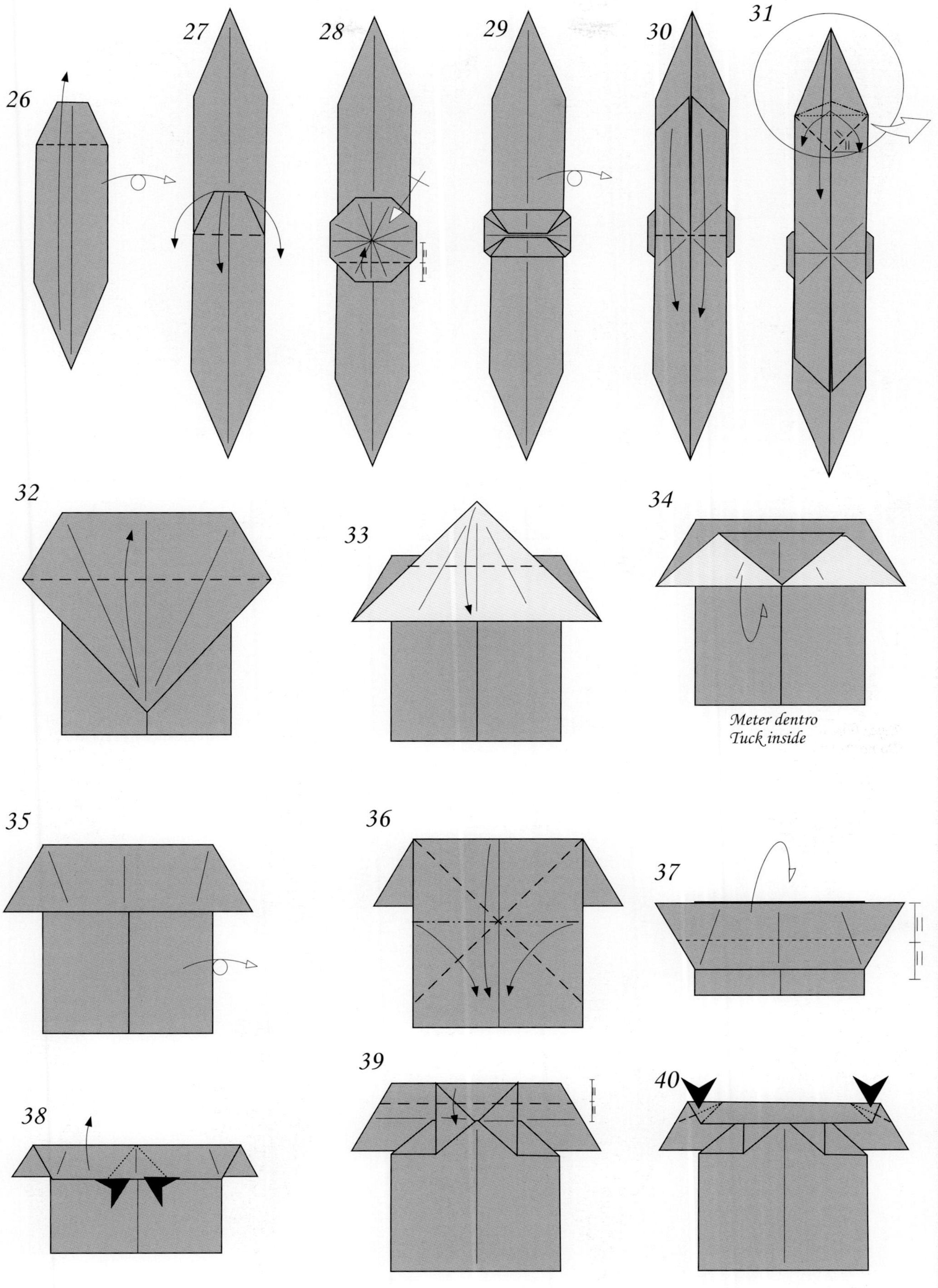
26
27
28
29
30
31
32
33
34
Meter dentro
Tuck inside
35
36
37
38
39
40

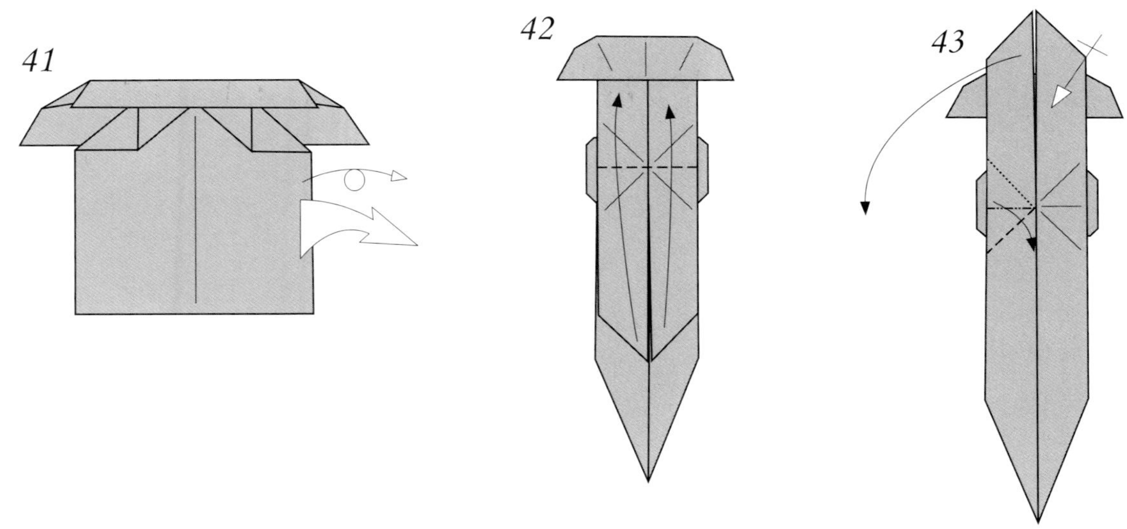

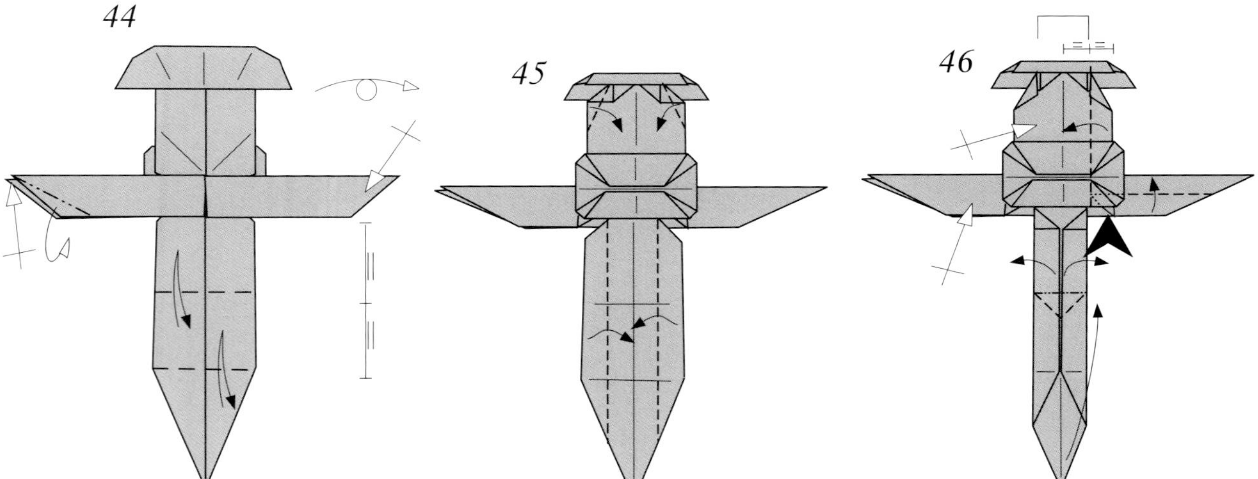

Dejar libre las tres puntas de las alas
Do not interlock the three tips in the wings

Doblar el fuselaje formando 90°
Fold the fuselage forming 90°

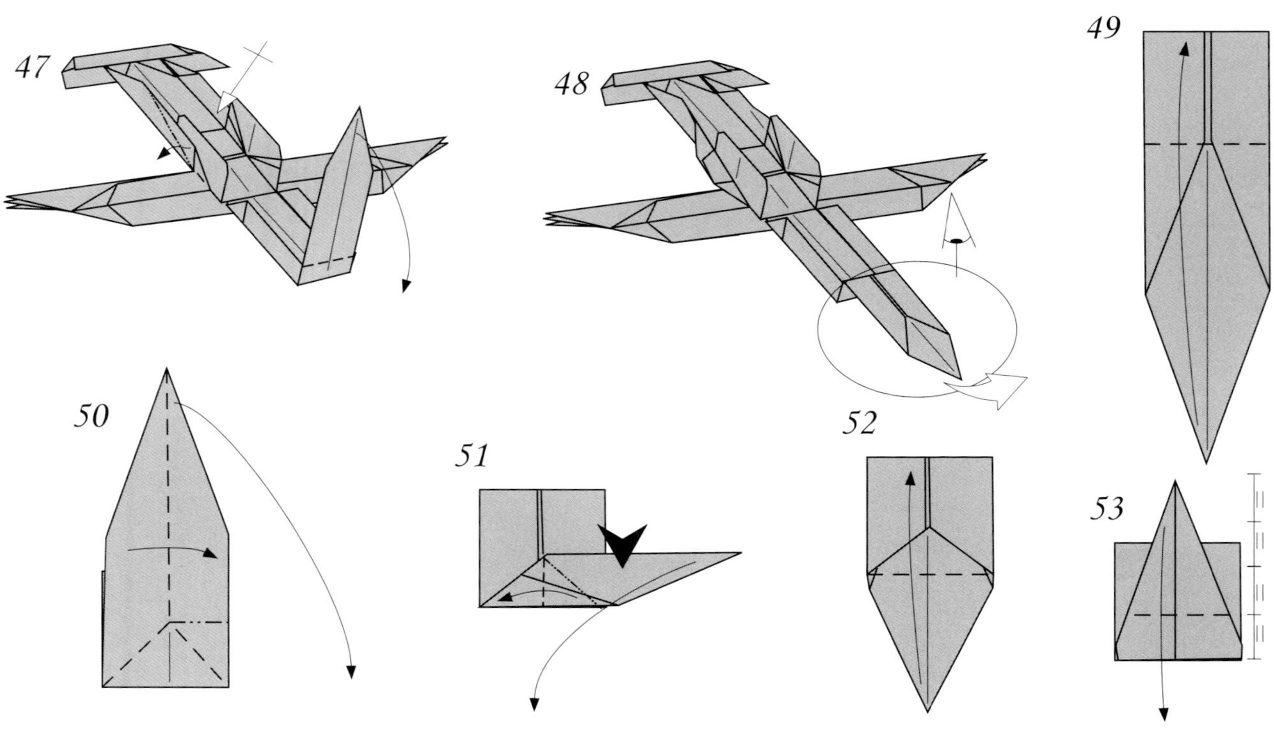

54

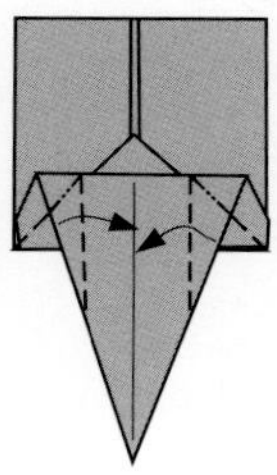

55

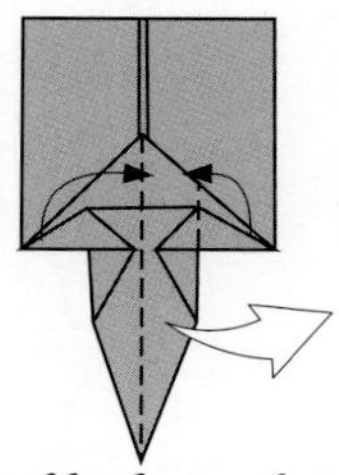

Doblar formando 90°
Fold forming 90°

56

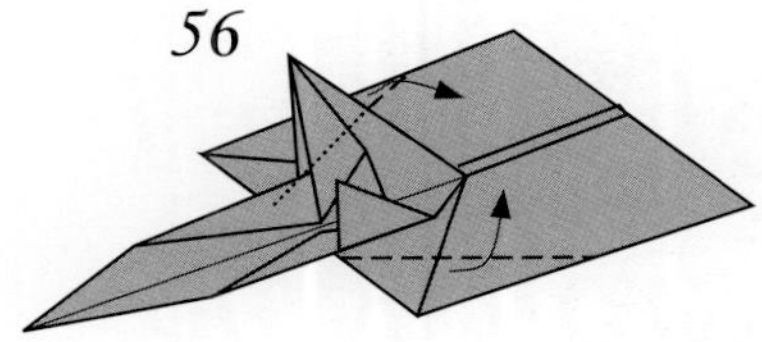

57

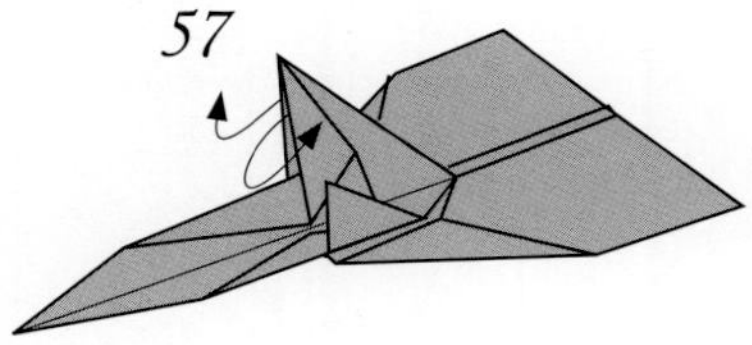

Formar la rueda delantera
Shape the front wheel

58

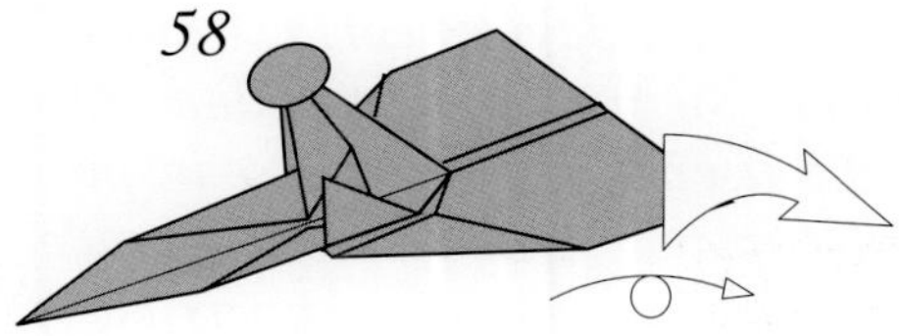

59

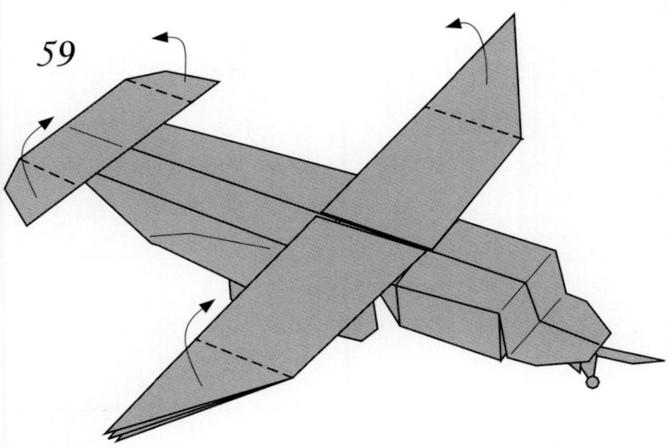

60

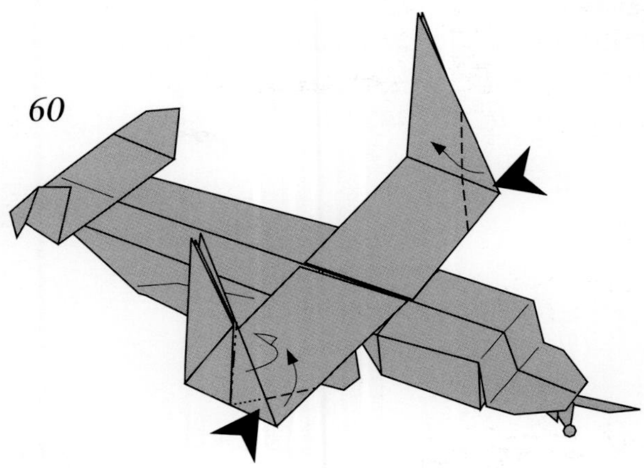

61

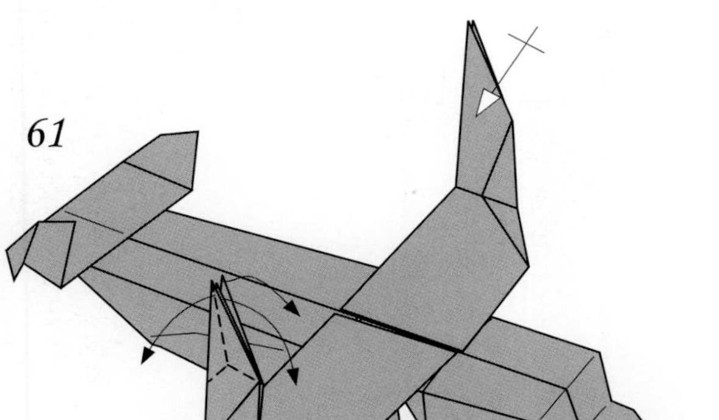

Formar las hélices
Shape the propellers

62

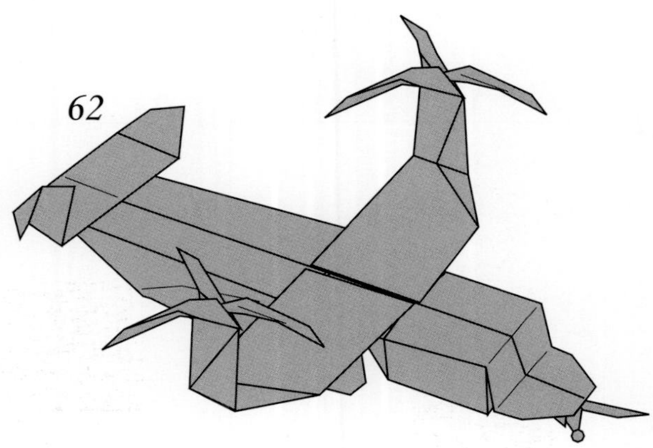

Fokker Dr I
Barón Rojo

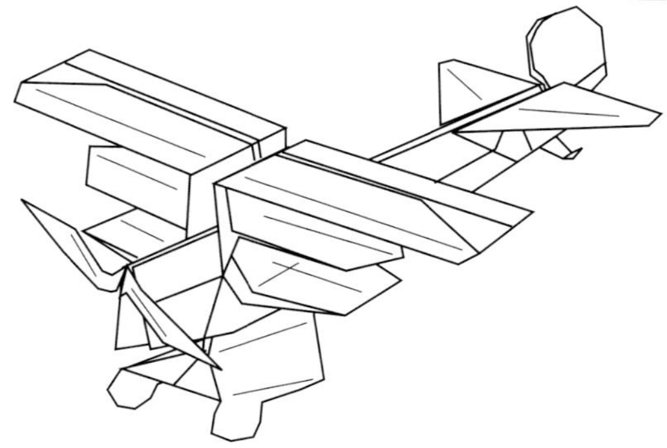

Este triplano es quizá el caza alemán más famoso de la Primera Guerra Mundial debido a que fue la montura de ases como Manfred von Richthofen. Su trepada y agilidad eran legendarias. El diseño de este avión se inspiró en el Sopwith Triplane, modificando la fórmula trialar para conseguir máxima superficie y mínima envergadura. Tenía un motor rotativo diseñado por Reinhold Pfalz, fuselaje de tubos de acero y alas virtualmente cantiléver, con estructura de madera y bordes de ataque revestidos de contrachapado. Entró en servicio en agosto de 1917 y se construyeron 420 ejemplares hasta mayo de 1918.

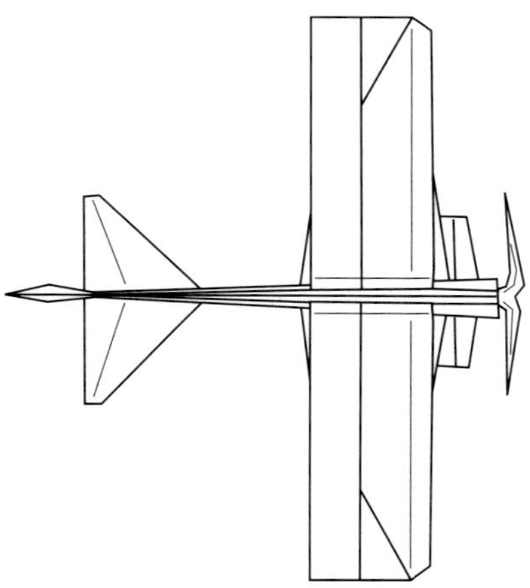

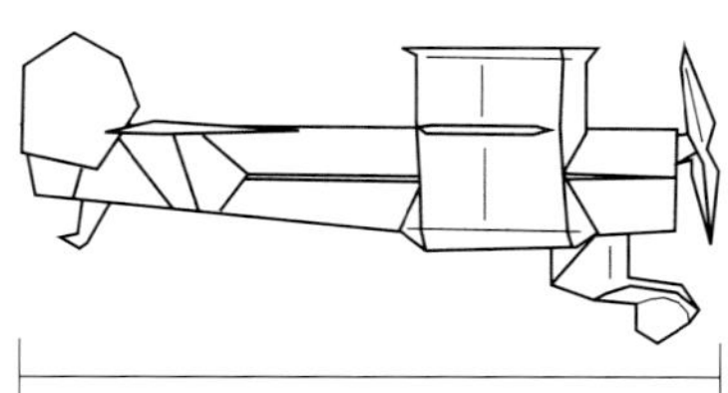

0.320

1

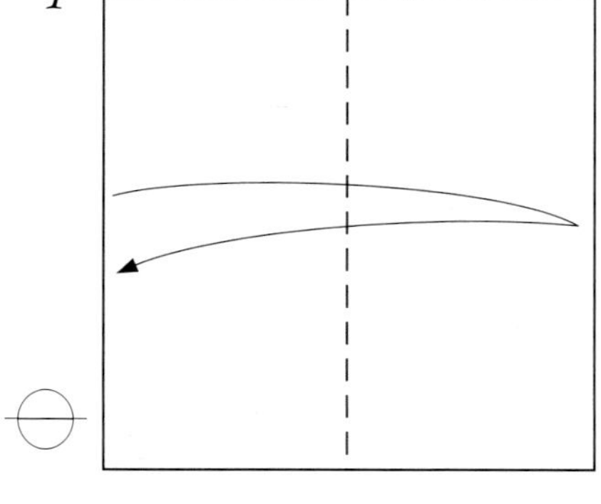

2

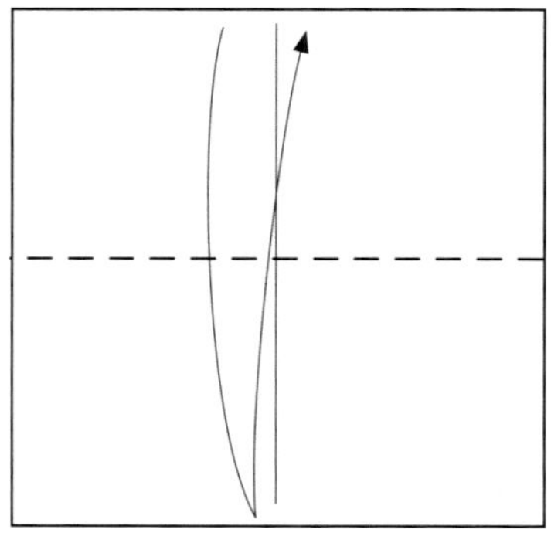

3

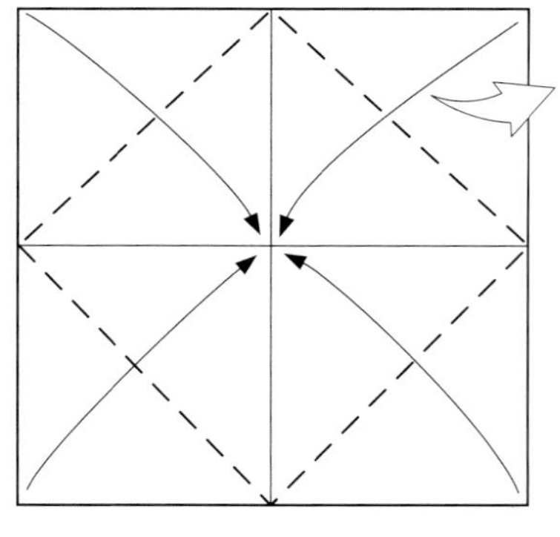

4

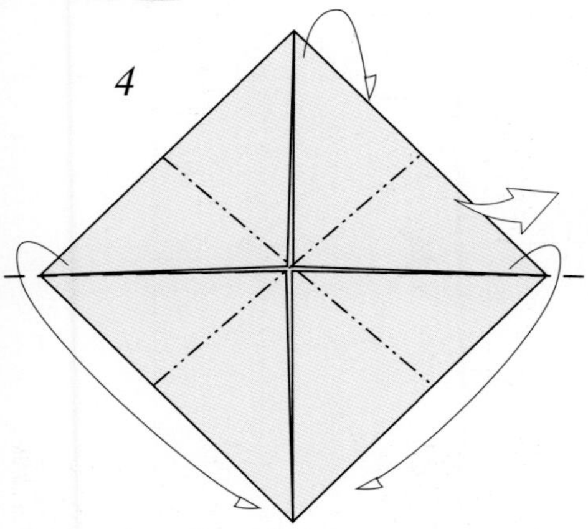

5

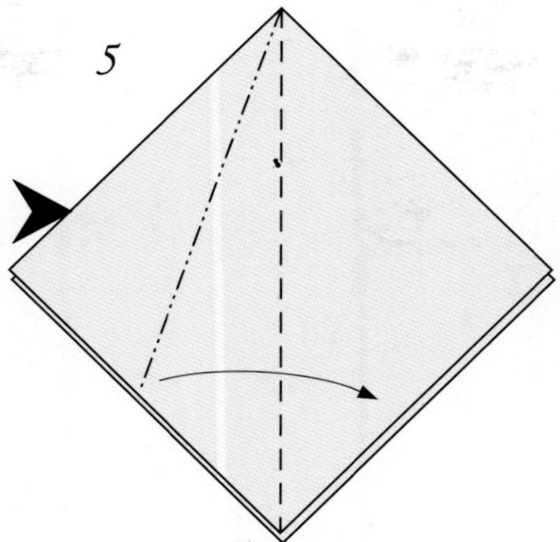

6

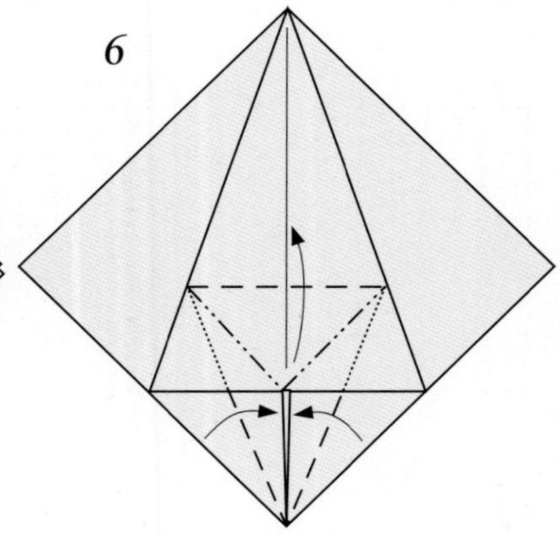

7

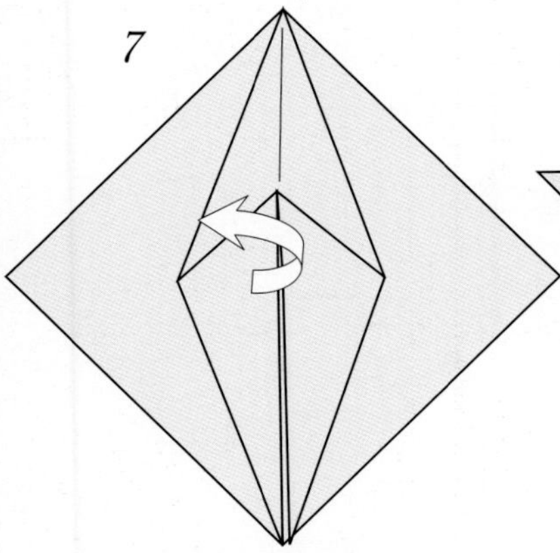

Sacar el papel
Pull out the paper

8

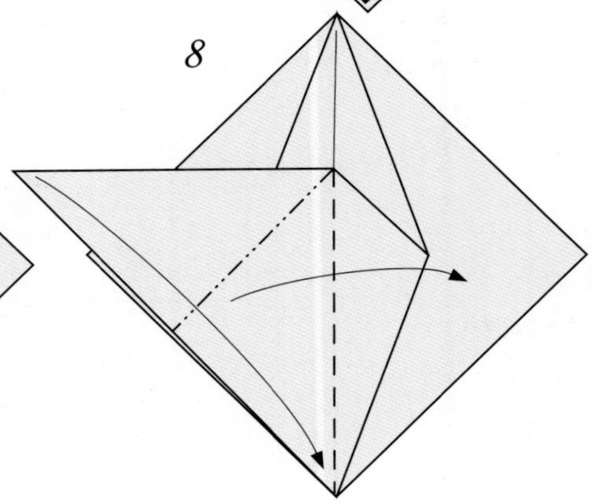

9

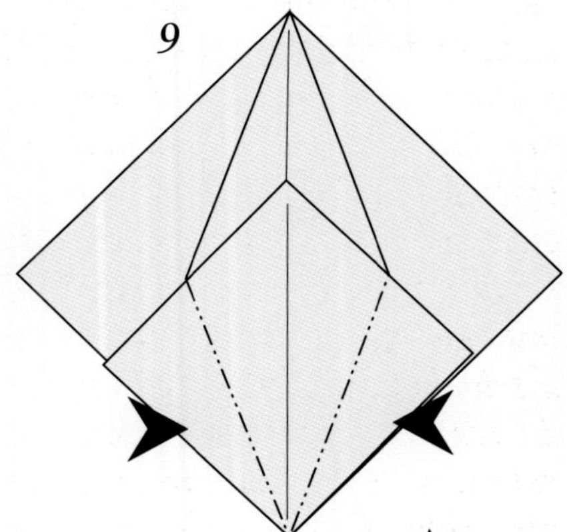

10

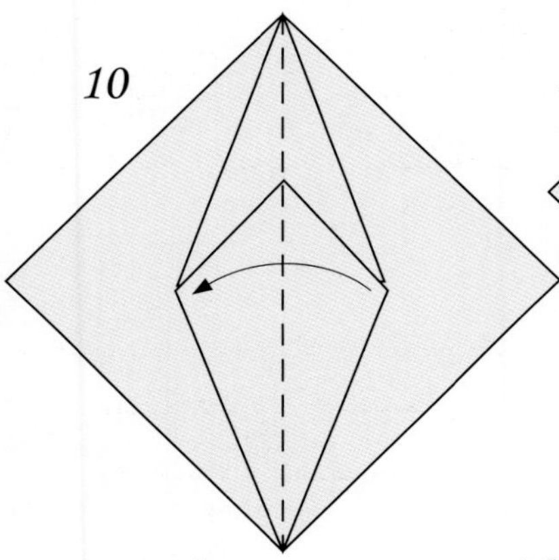

11

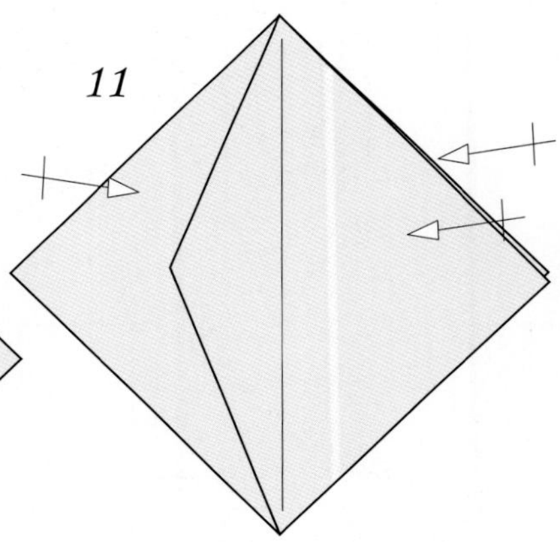

12

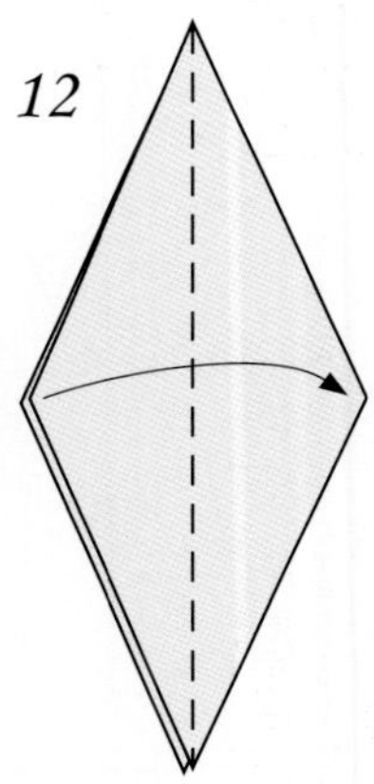

Sólo una capa
Only one layer

13

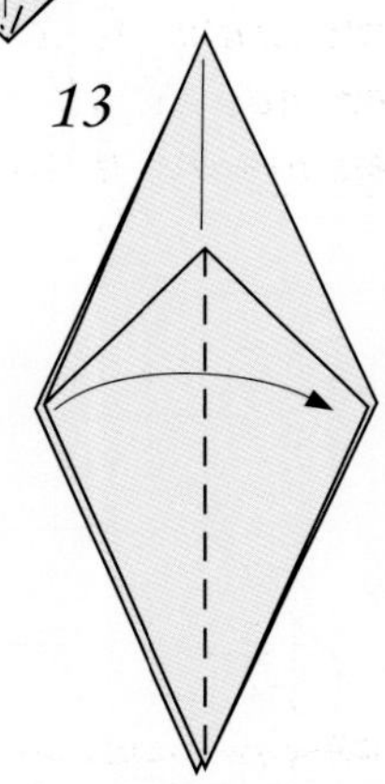

Sólo una capa
Only one layer

14

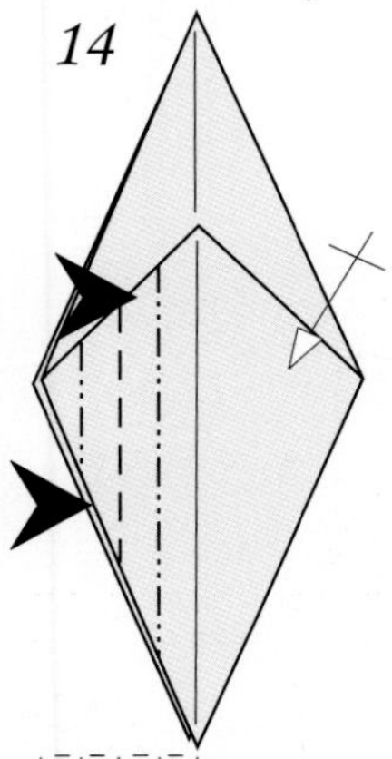

Doble hundido abierto.
Repetir al otro lado.
Double open sink fold.
Repeat on the other side.

15

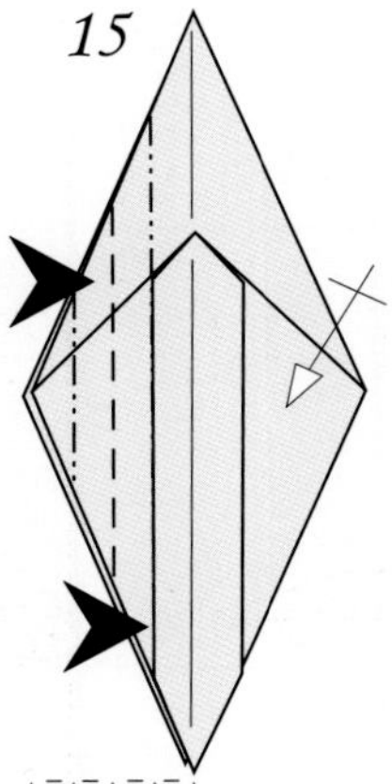

Doble hundido abierto.
Repetir al otro lado.
Double open sink fold.
Repeat on the other side.

16

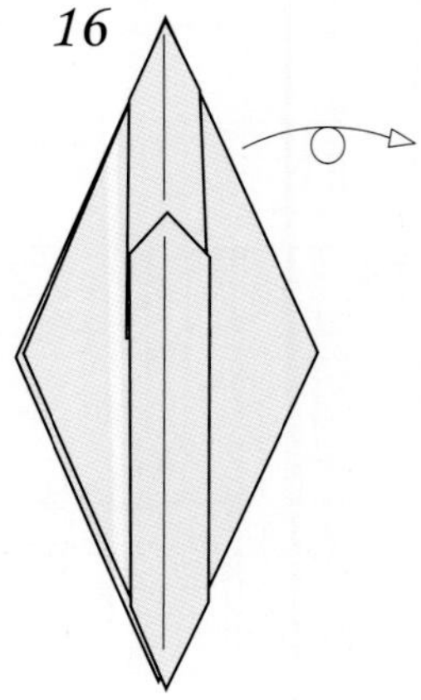

17

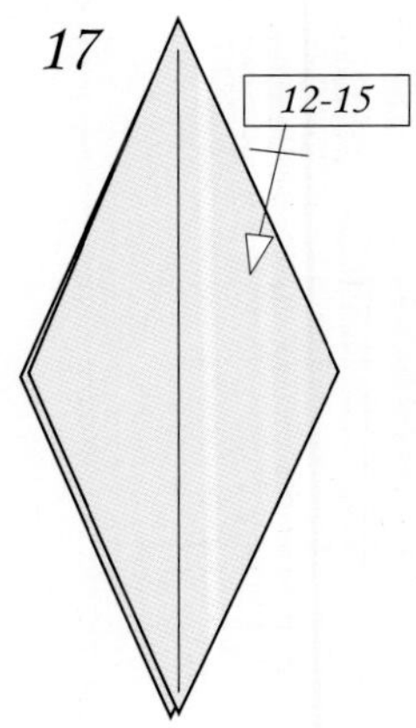

18

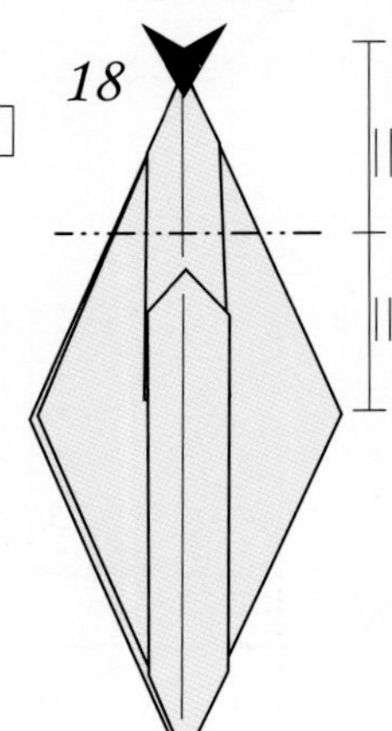

Hundido abierto
Open sink fold

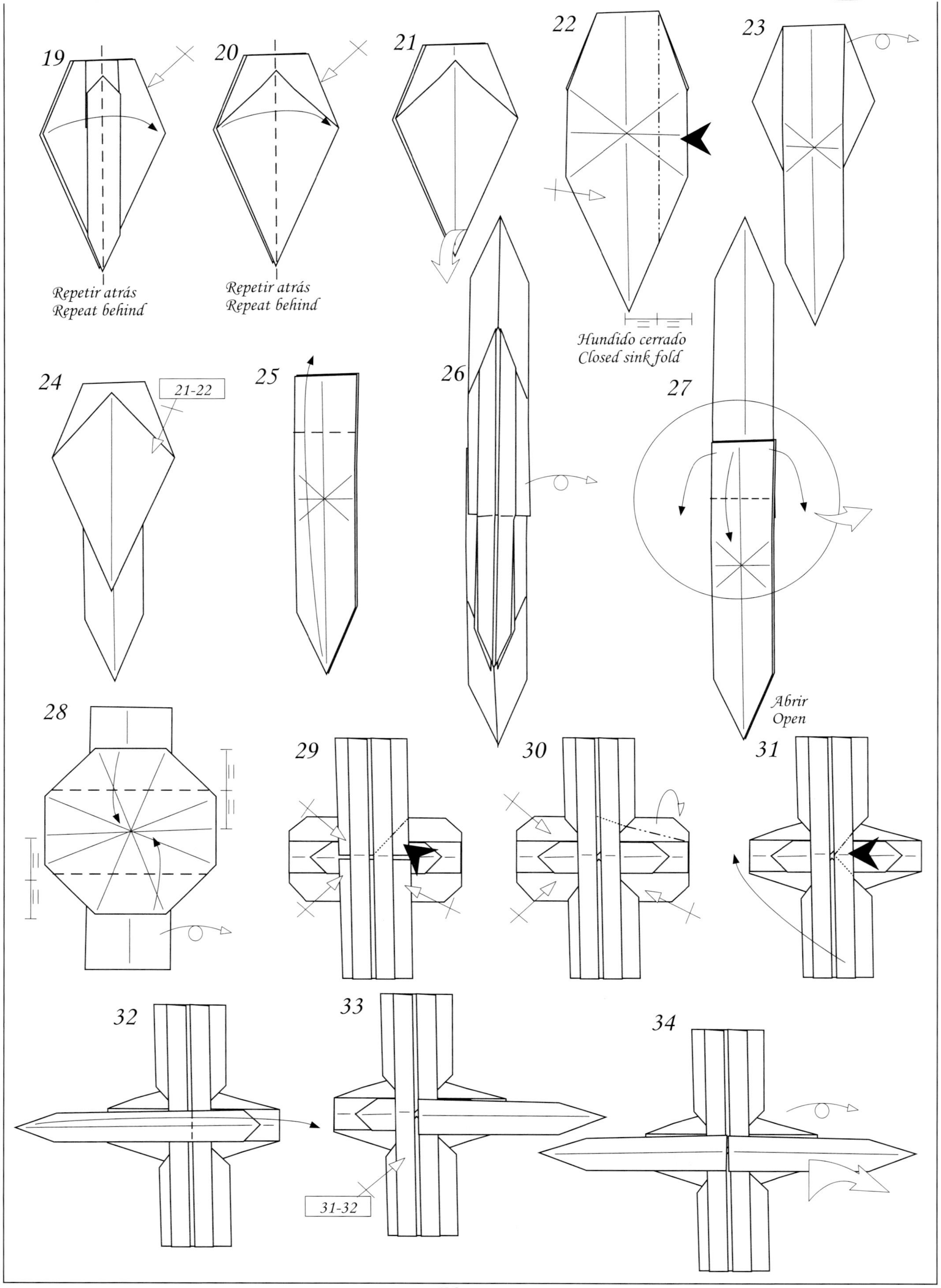
19
20
21
22
23
Repetir atrás
Repeat behind
Repetir atrás
Repeat behind
Hundido cerrado
Closed sink fold
24
21-22
25
26
27
Abrir
Open
28
29
30
31
32
33
31-32
34

35

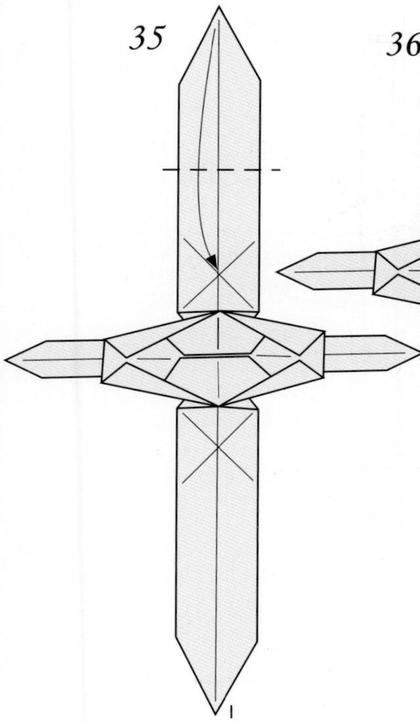

36

37

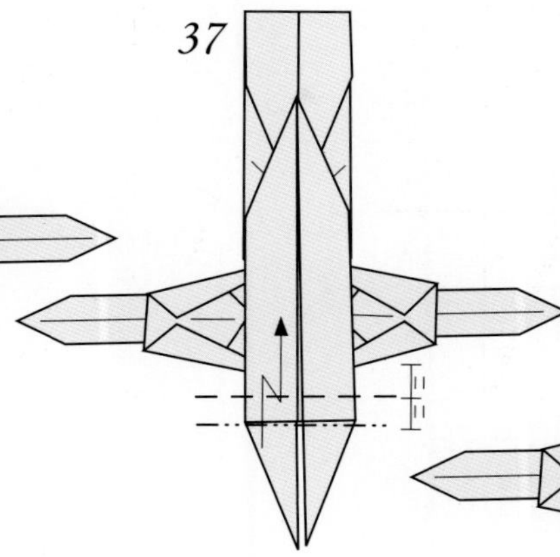

38

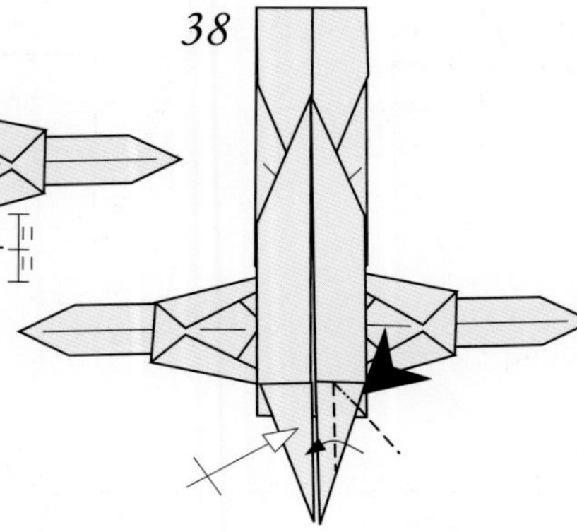

39

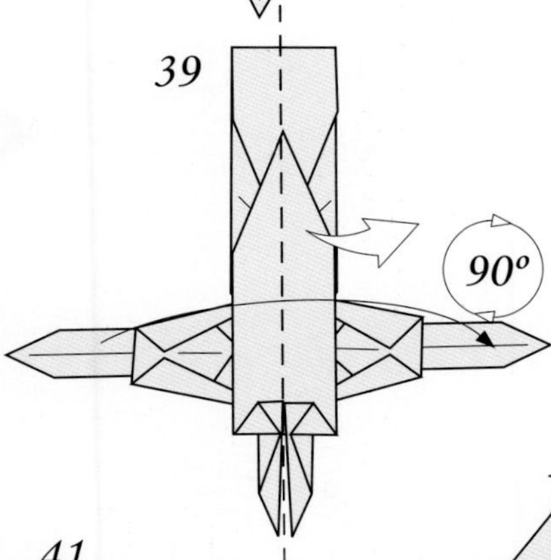

40

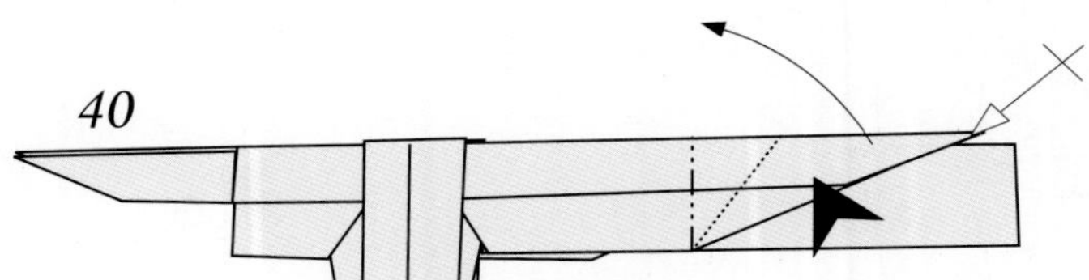

El timón quedará perpendicular al fuselaje. Repetir atrás.
The tail will be perpendicular to the fuselage. Repeat behind.

41

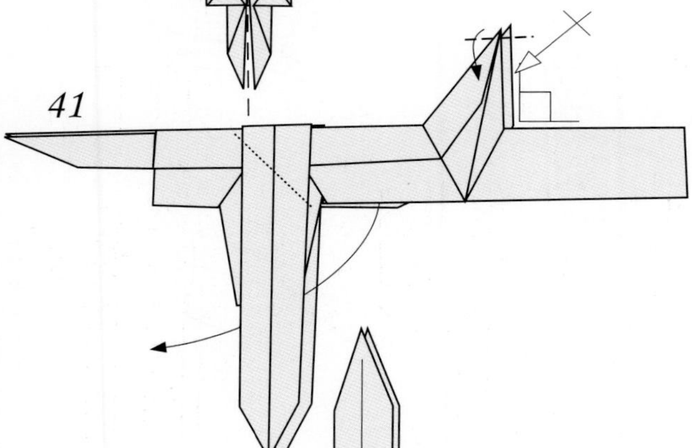

42

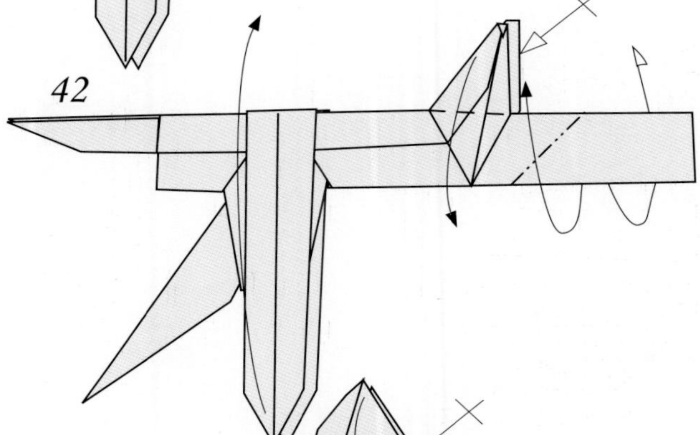

43

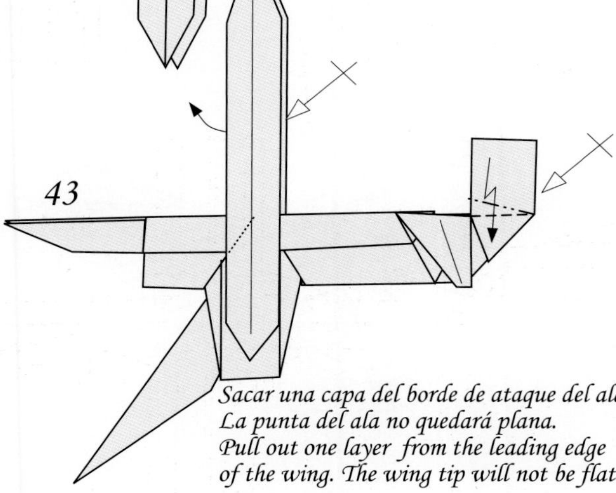

Sacar una capa del borde de ataque del ala. La punta del ala no quedará plana.
Pull out one layer from the leading edge of the wing. The wing tip will not be flat.

44

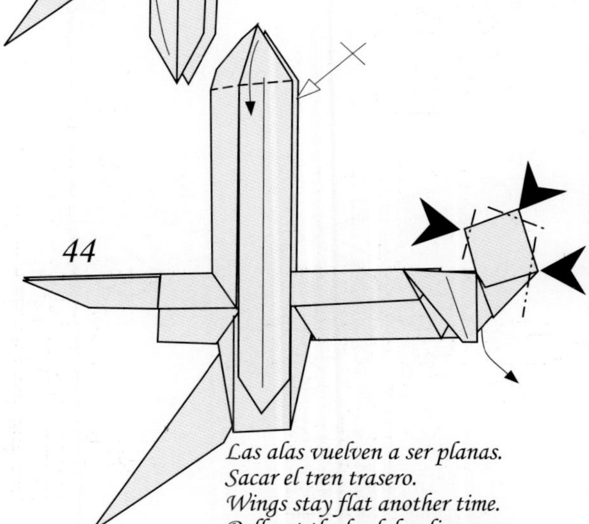

Las alas vuelven a ser planas. Sacar el tren trasero.
Wings stay flat another time. Pull out the back landing gear.

45

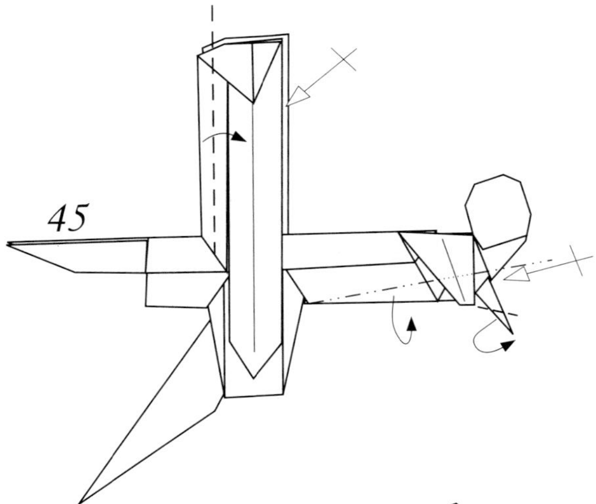

46

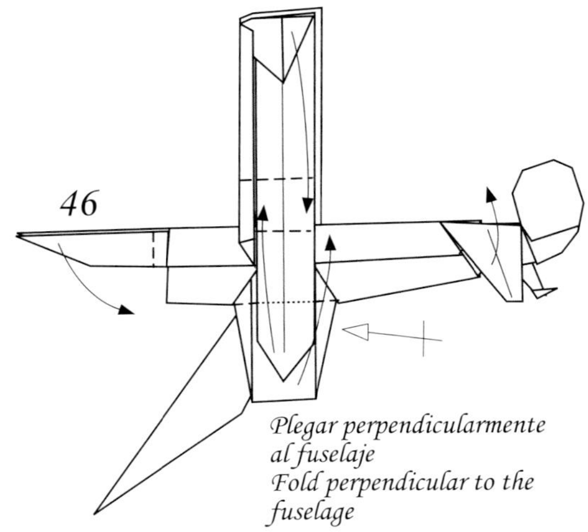

Plegar perpendicularmente al fuselaje
Fold perpendicular to the fuselage

47

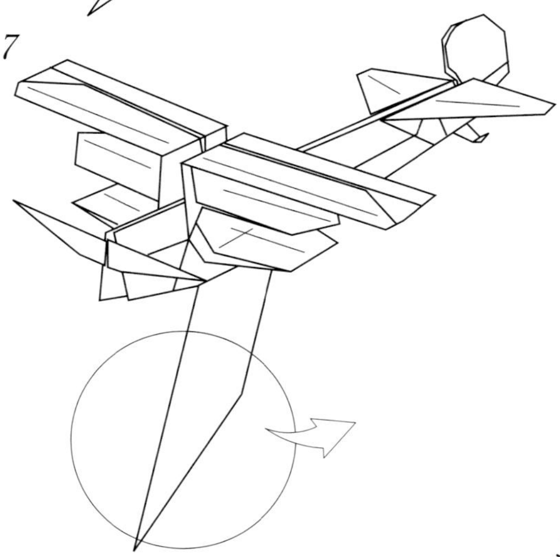

48

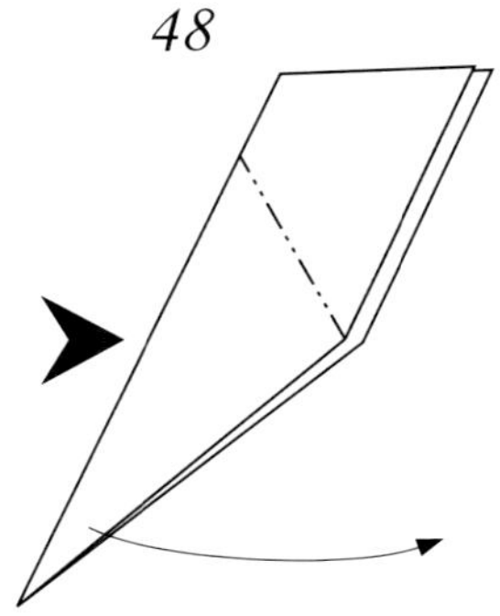

49

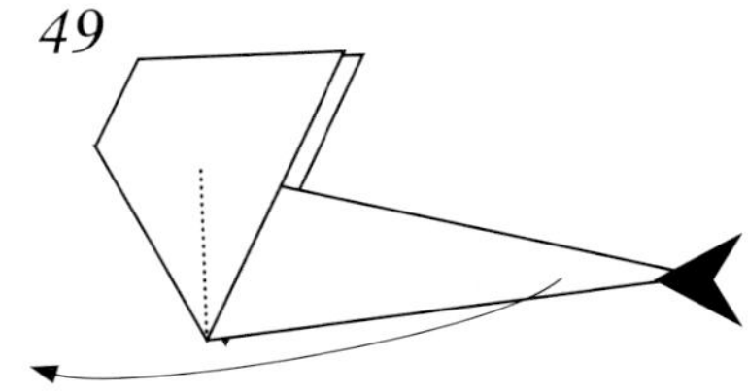

50

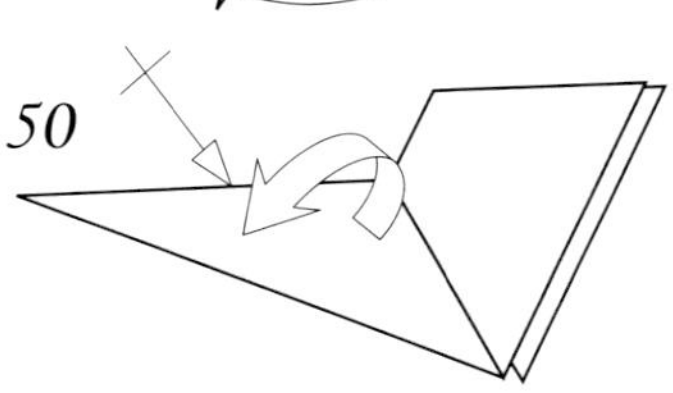

51

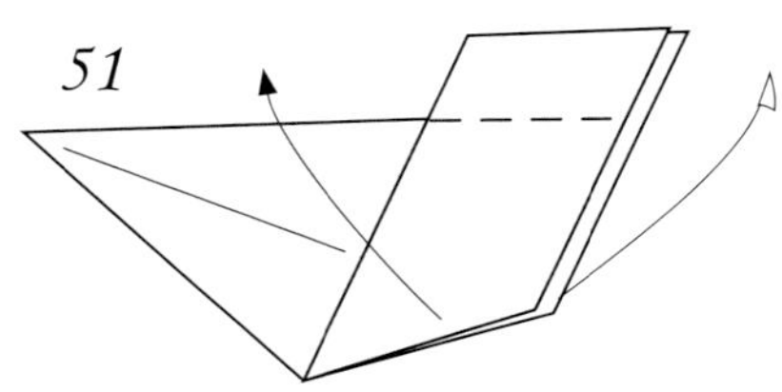

52

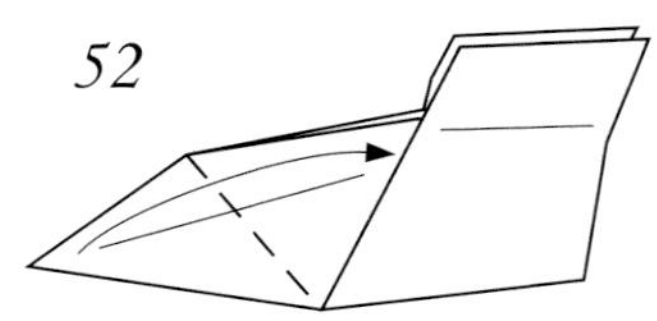

53

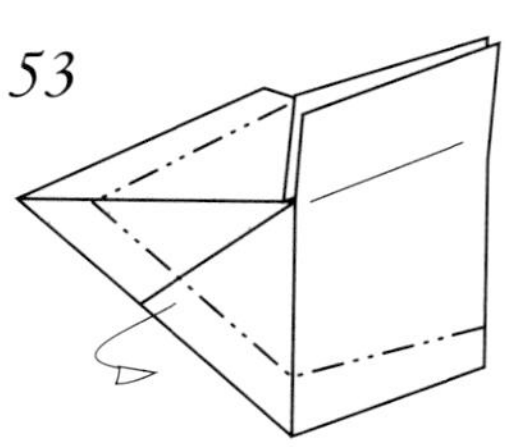

54

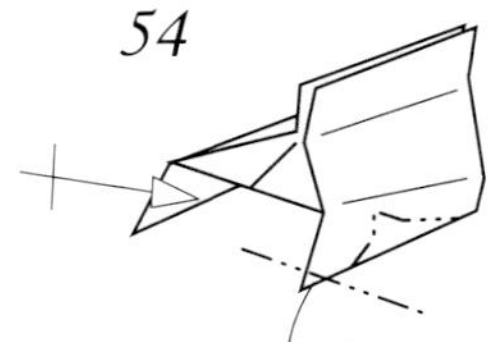

Dar forma a las ruedas
Shape the wheels

55

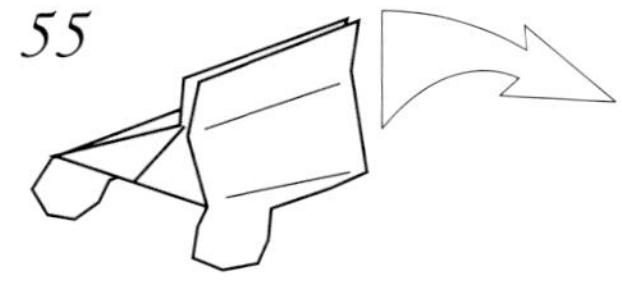

56

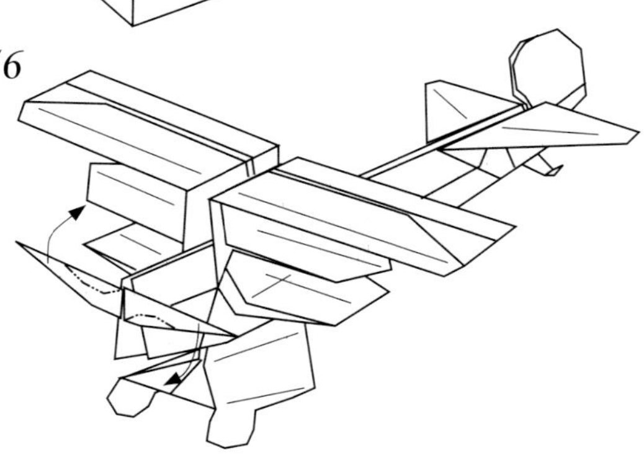

Dar forma a la hélice
Shape the propeller

57

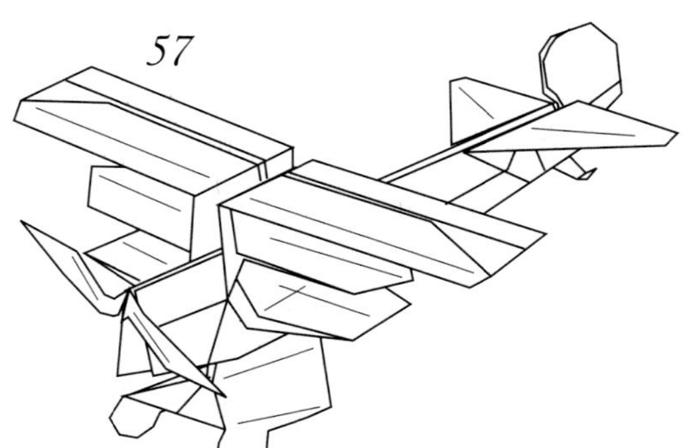

Sopwith F.1 Camel

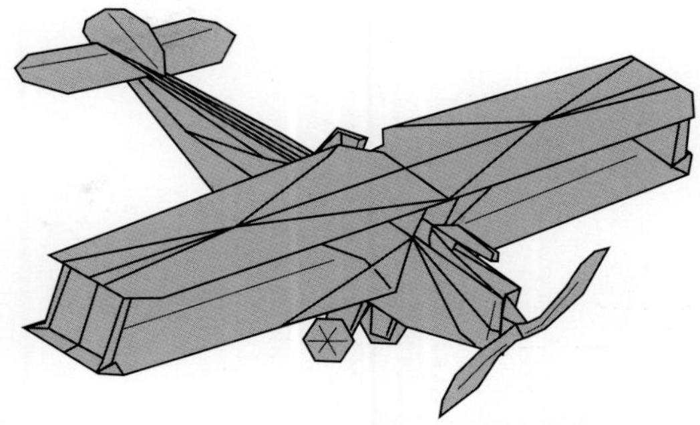

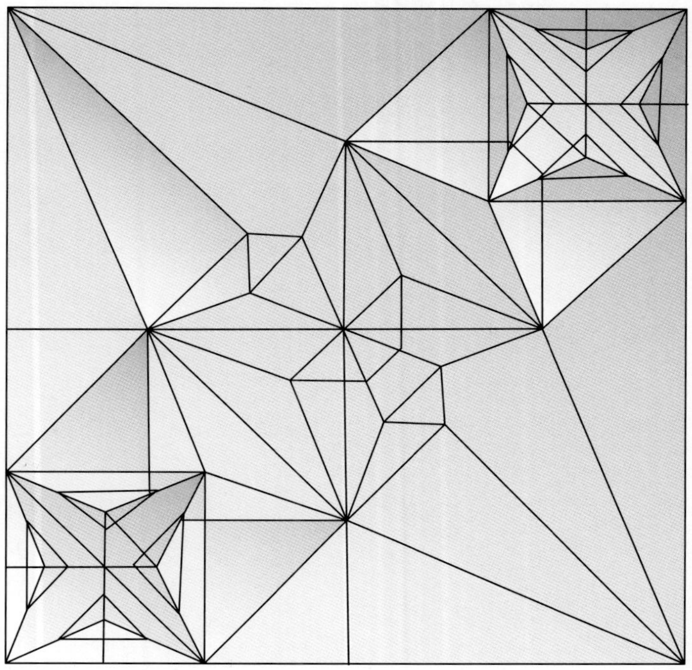

En términos de aviones destruidos (1.294), el Camel fue el mejor caza aliado de la I Guerra Mundial. Derivado conceptualmente del Pup, entró en servicio en 1917. Su apodo de "Camel" (Camello) era resultado del abultamiento del fuselaje a la altura de las ametralladoras. La concentración de las mayores masas en la proa del fuselaje daba a este caza una agilidad excepcional, aunque sus características de viraje eran a veces excesivas para los pilotos poco experimentados. Existió también una versión naval 2F.1, con una sola ametralladora, envergadura reducida y cola desmontable. La producción total del Camel ascendió a 5.490 ejemplares.

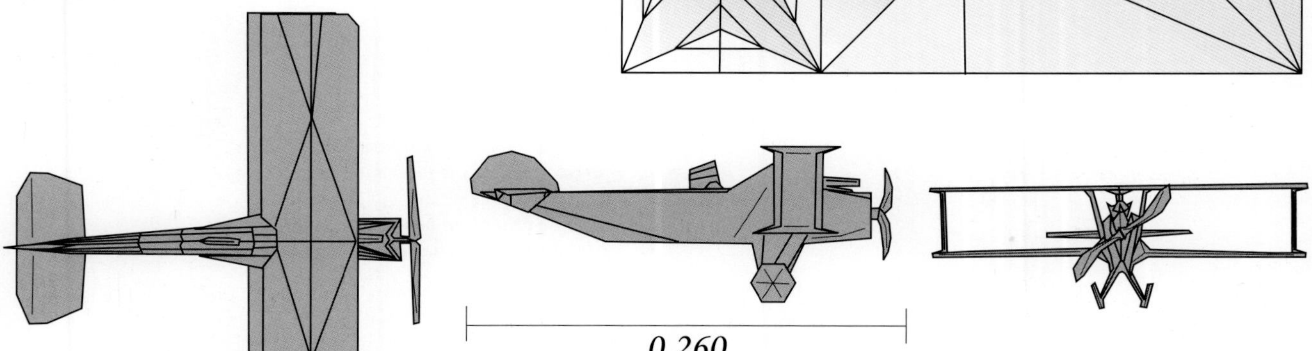

1

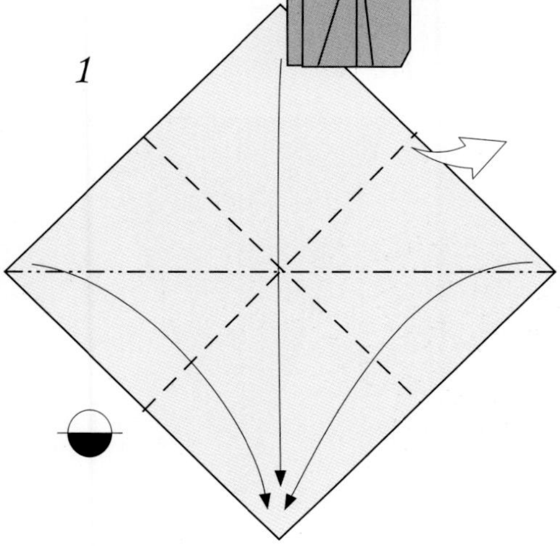

2

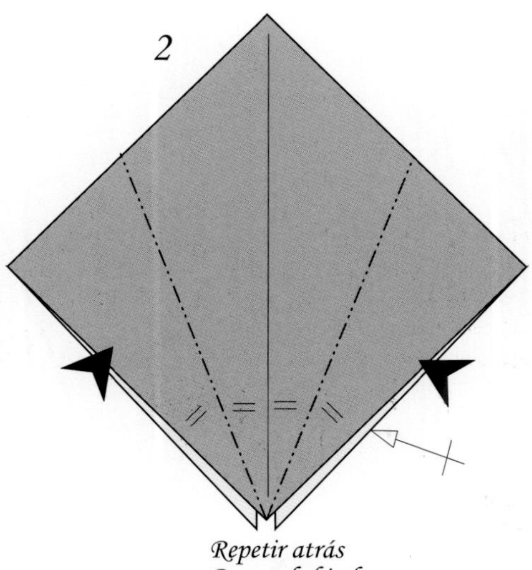

Repetir atrás
Repeat behind

3

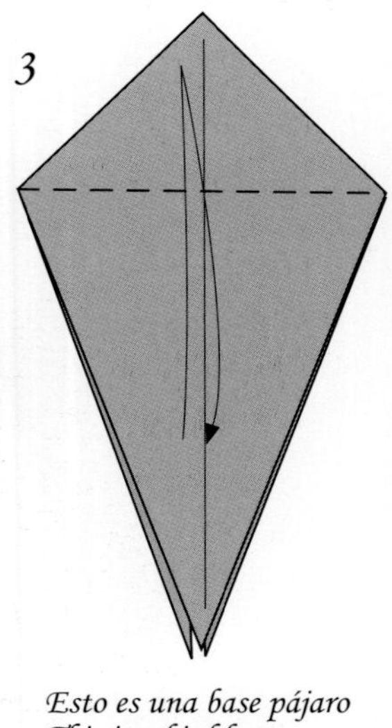

Esto es una base pájaro
This is a bird base

4

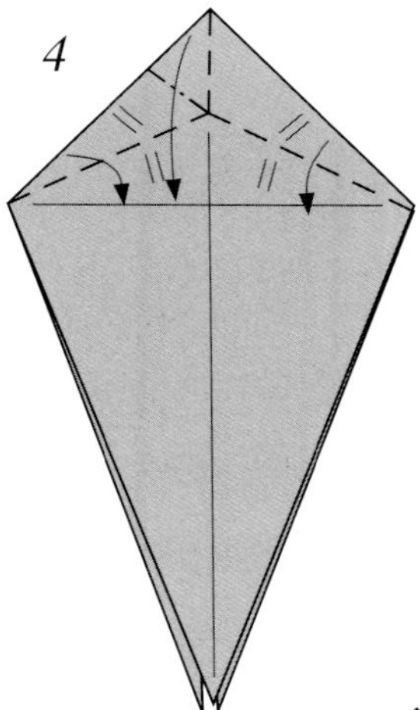

5

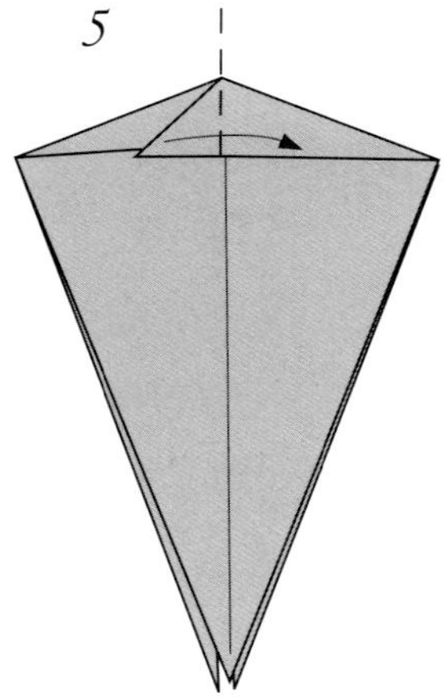

6

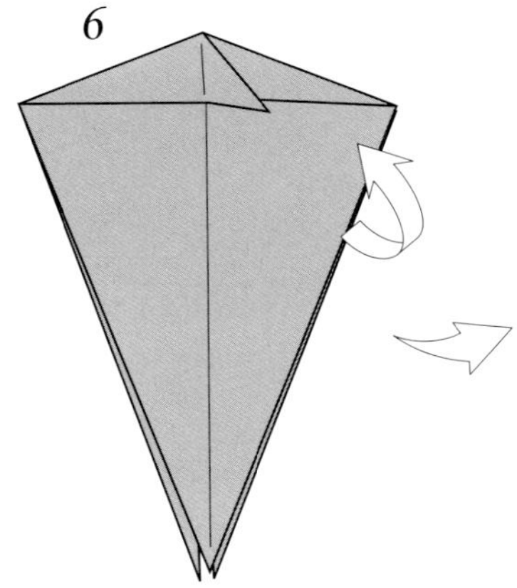

Desdoblar hasta el paso 1
Unfold to step 1

7

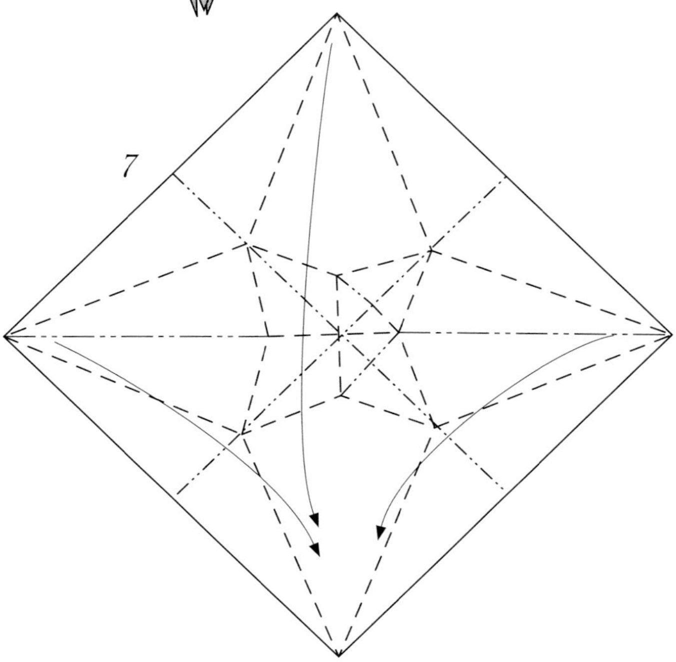

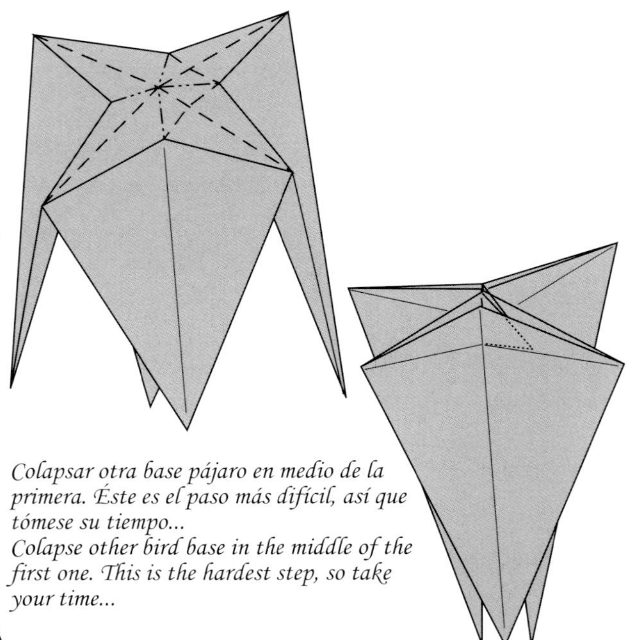

Colapsar otra base pájaro en medio de la primera. Éste es el paso más difícil, así que tómese su tiempo...
Colapse other bird base in the middle of the first one. This is the hardest step, so take your time...

8

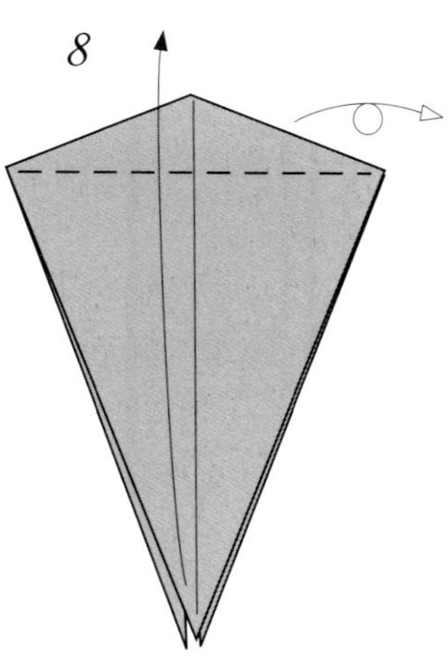

9

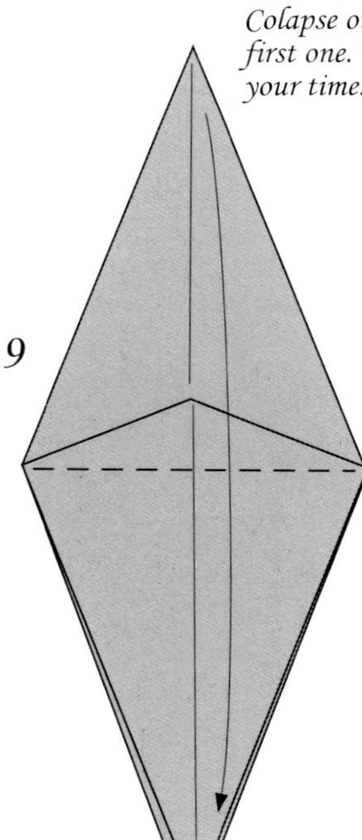

10

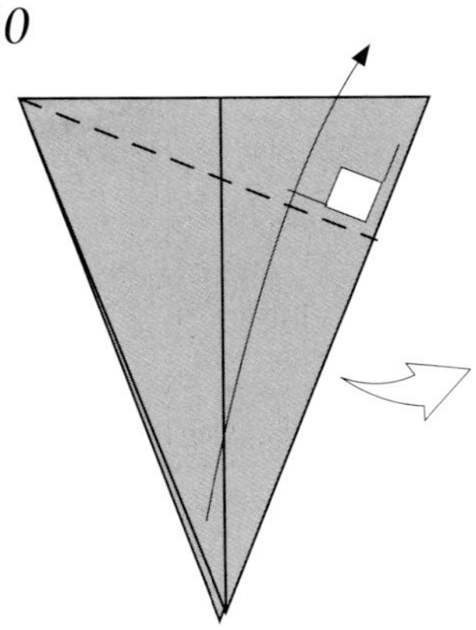

11

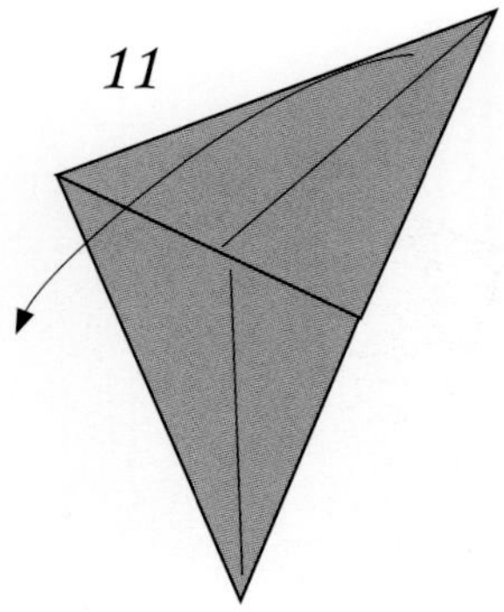

12

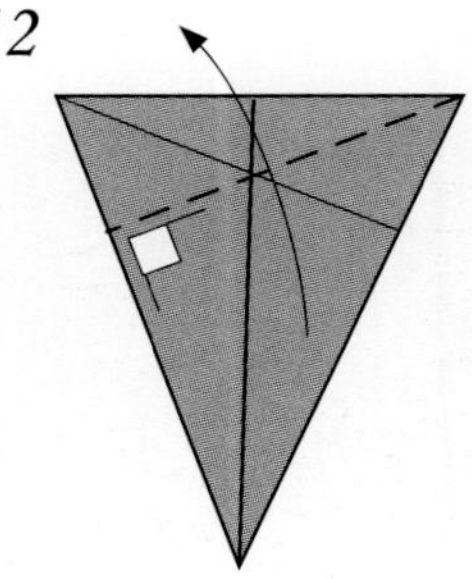

13

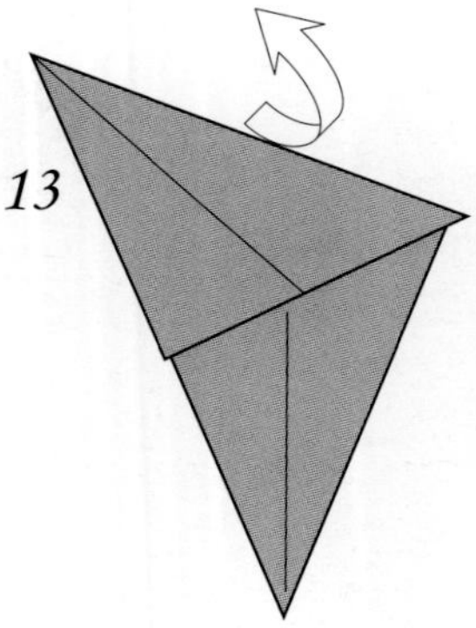

14

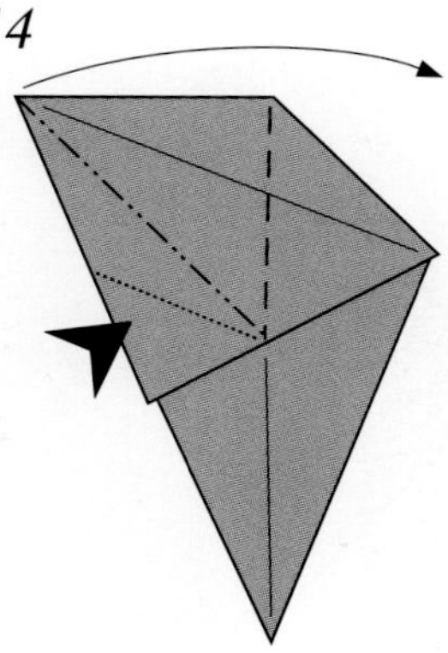

15

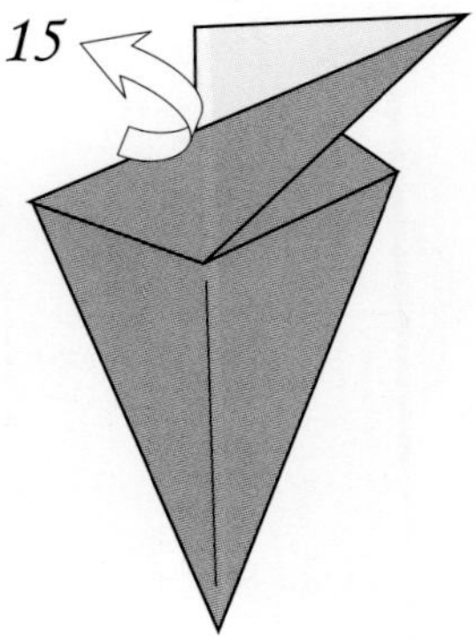

16

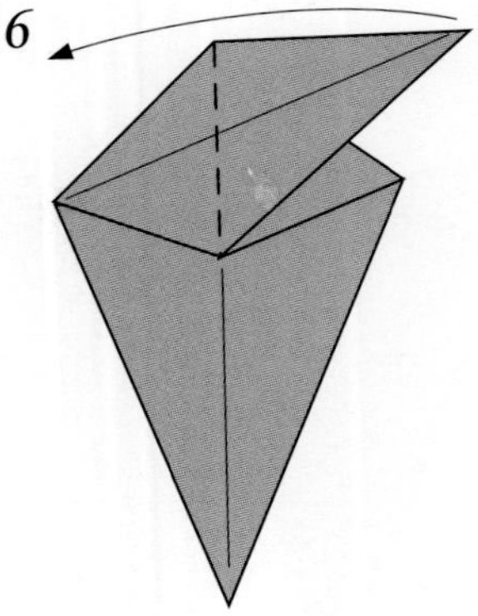

17

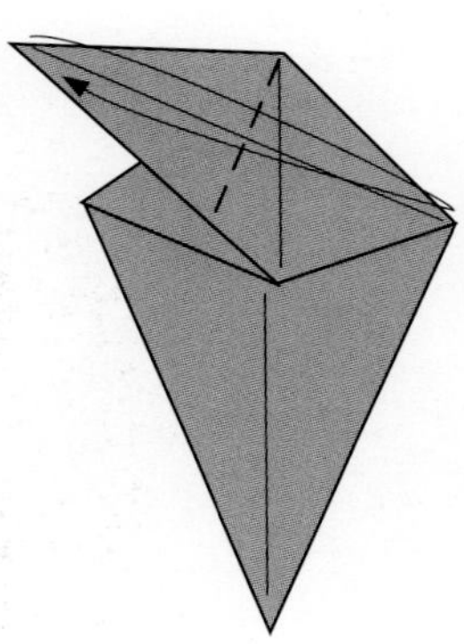

18

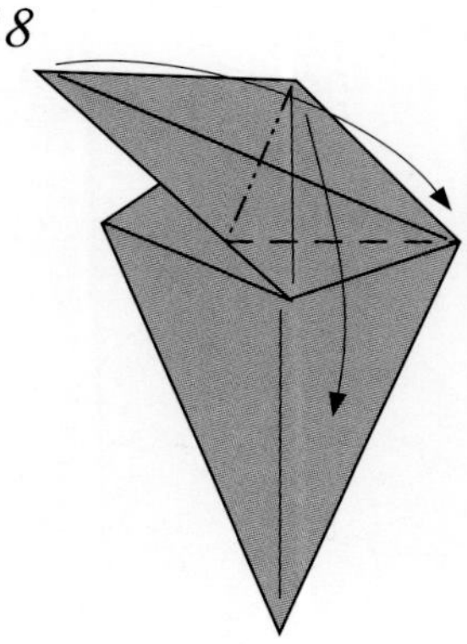

19

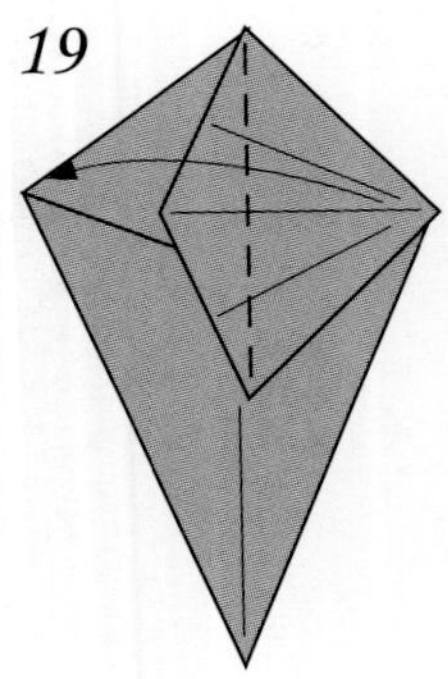

20

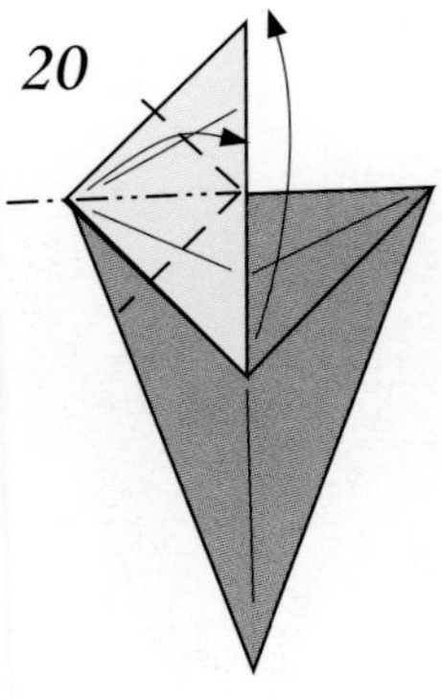

21

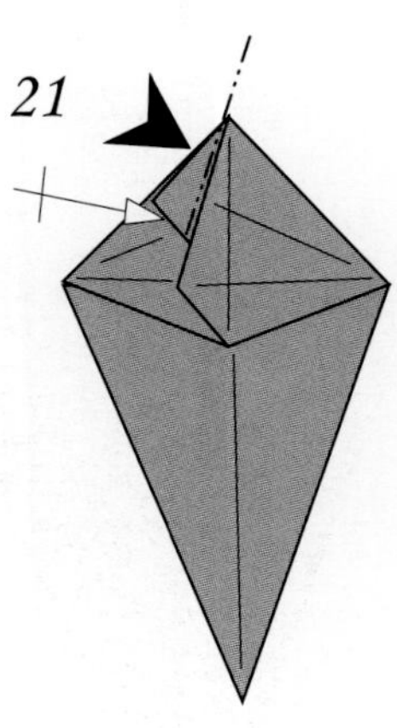

22

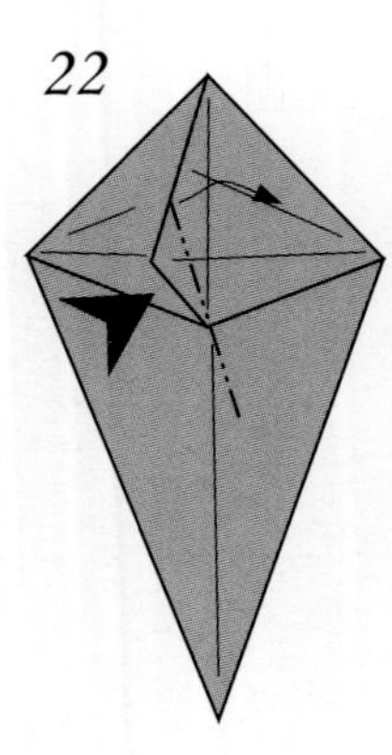

23

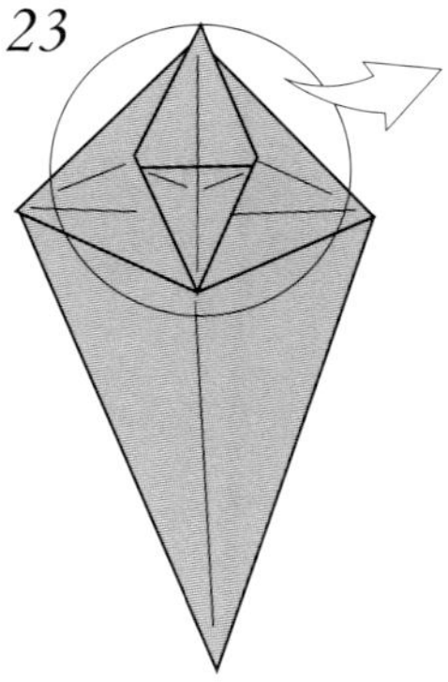

24

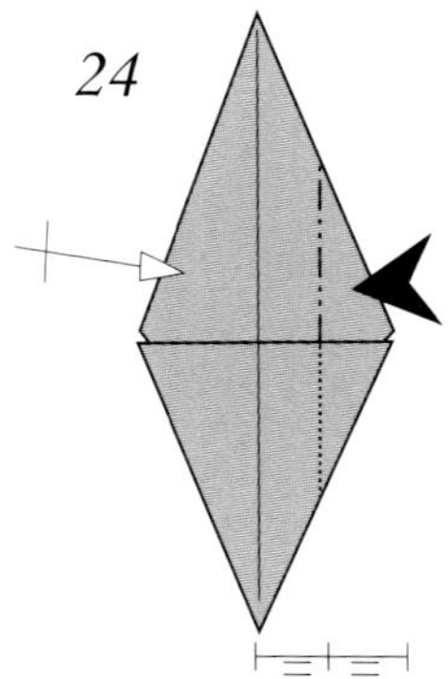

25

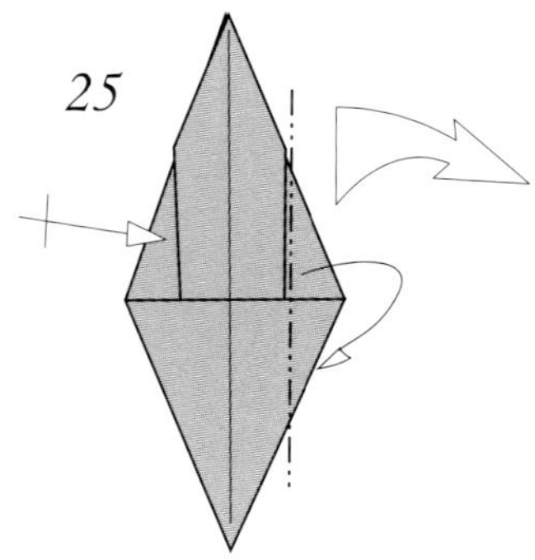

26

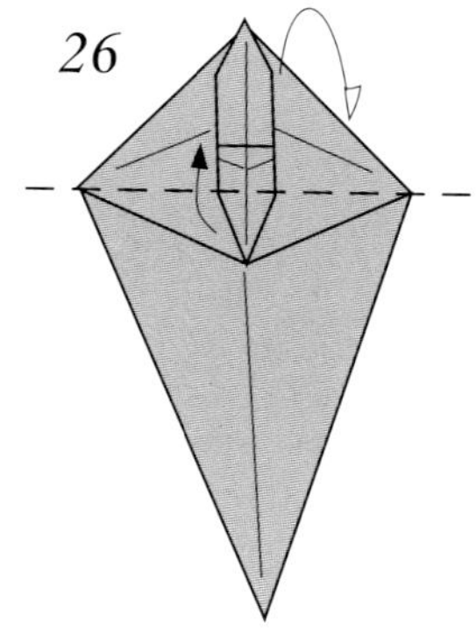

27

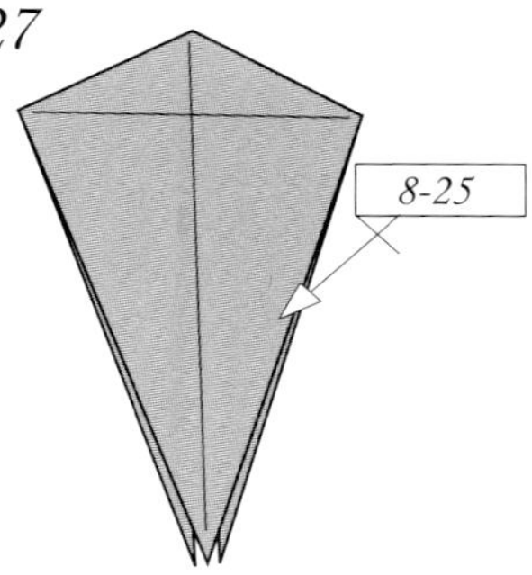

28

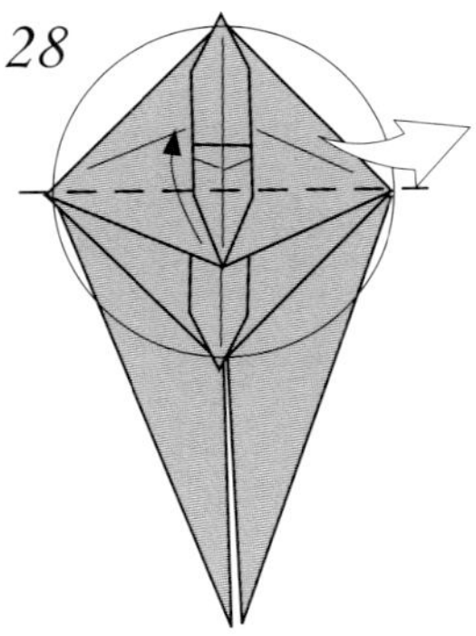

Dos capas
Two layers

29

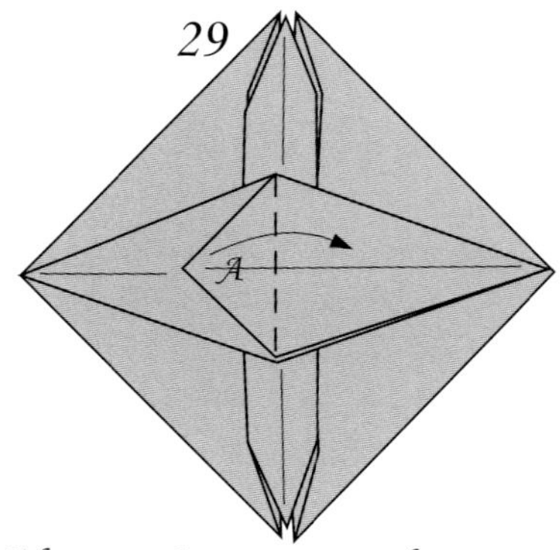

Si la punta A se encuentra a la derecha, sáltese este paso
If the tip A is on the right, skip this step

30

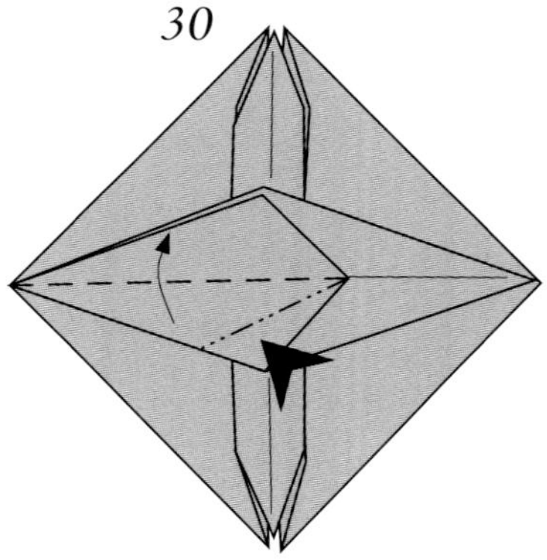

31

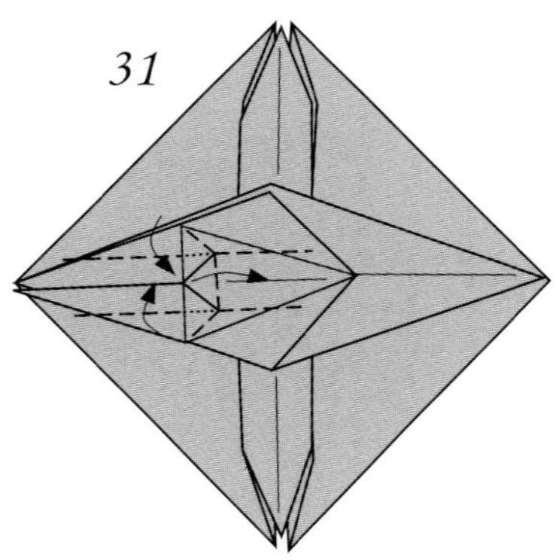

32

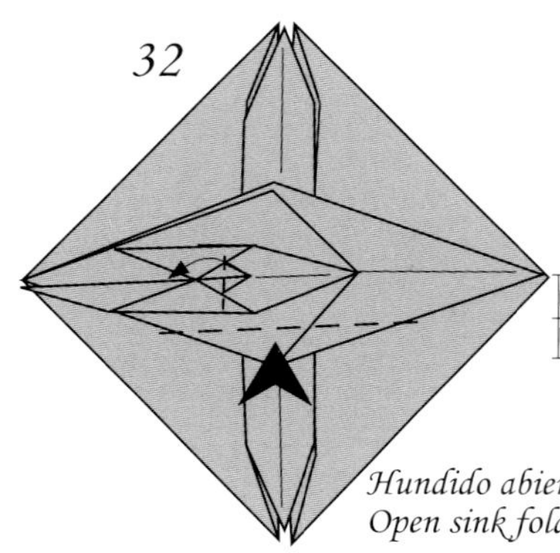

Hundido abierto
Open sink fold

33

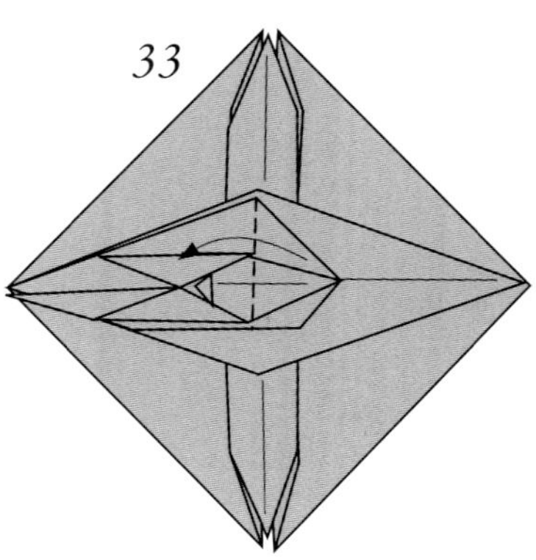

34

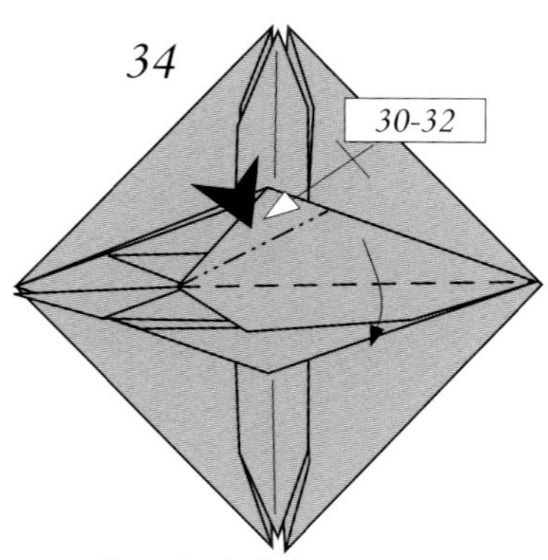

Repetir simétricamnte
Repeat symmetrically

35

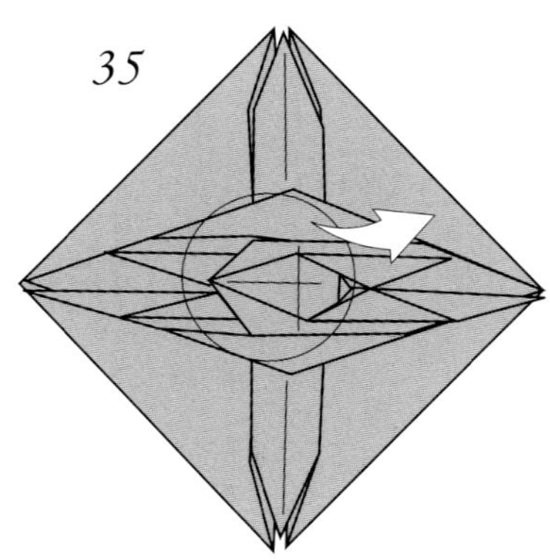

Detalle del piloto
Pilot detail

36

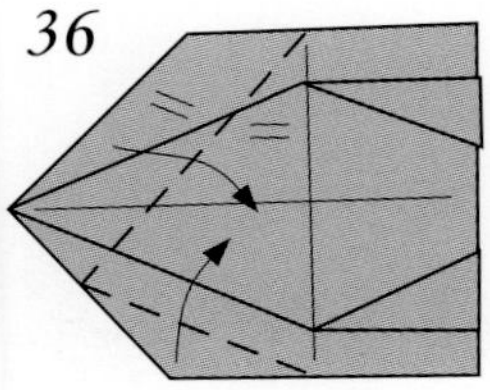

37

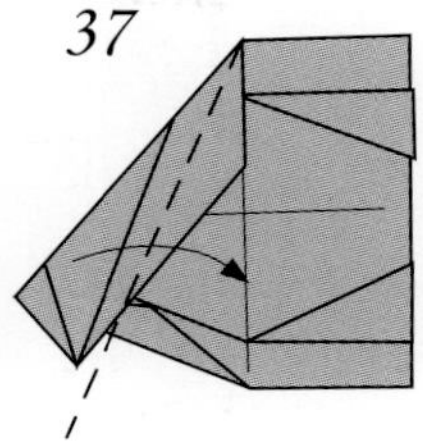

38

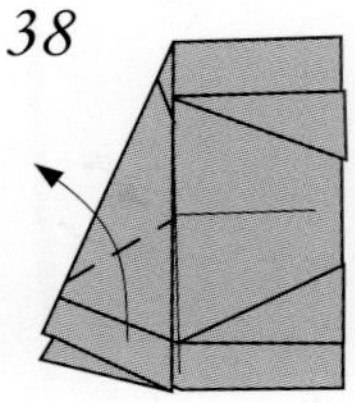

39

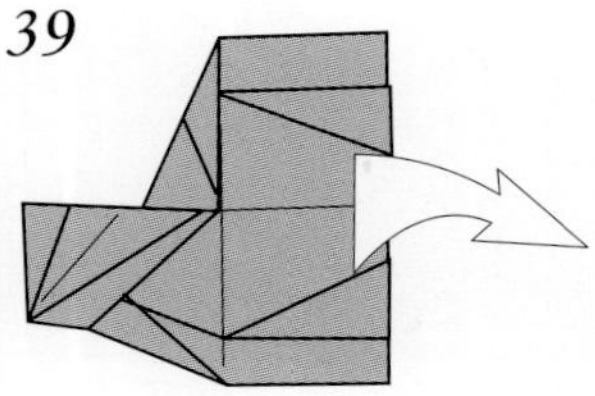

40

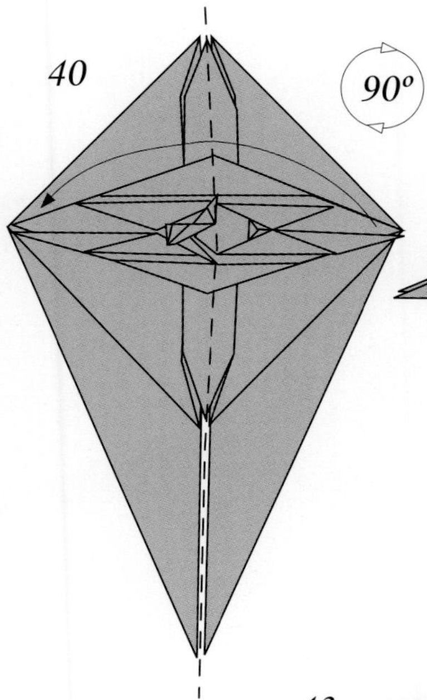

41

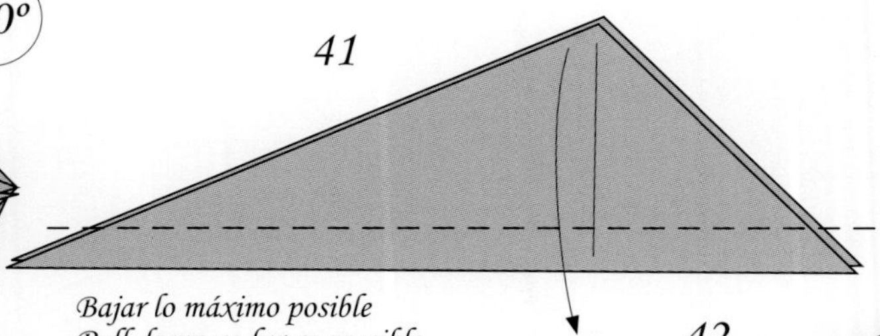

Bajar lo máximo posible
Pull down as far as possible

42

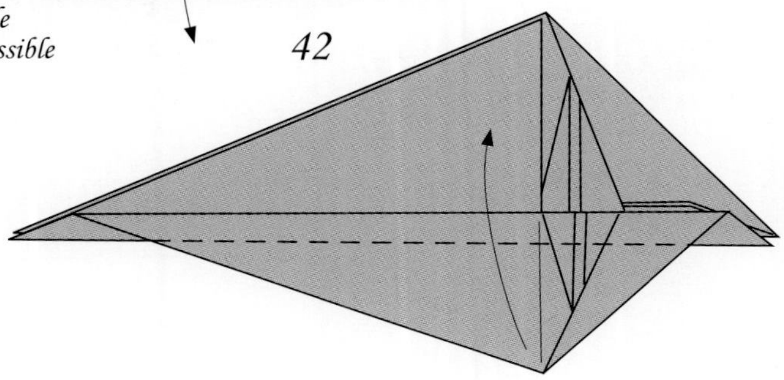

43

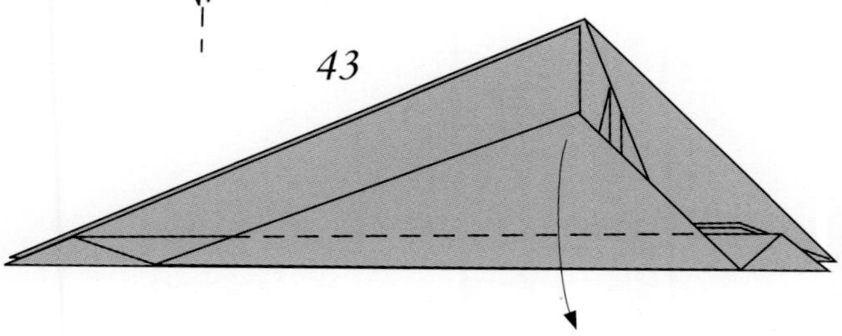

44

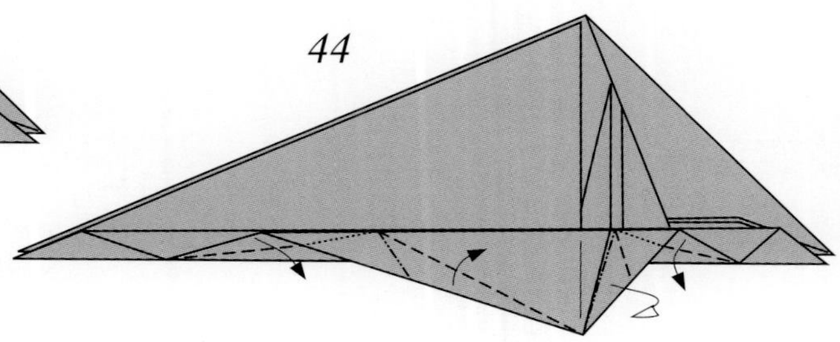

45

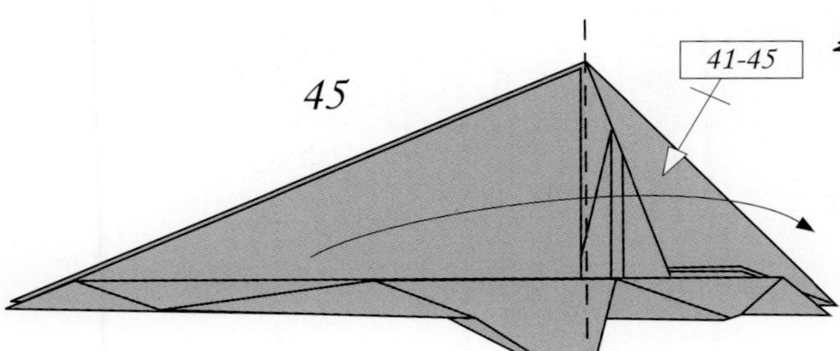

46

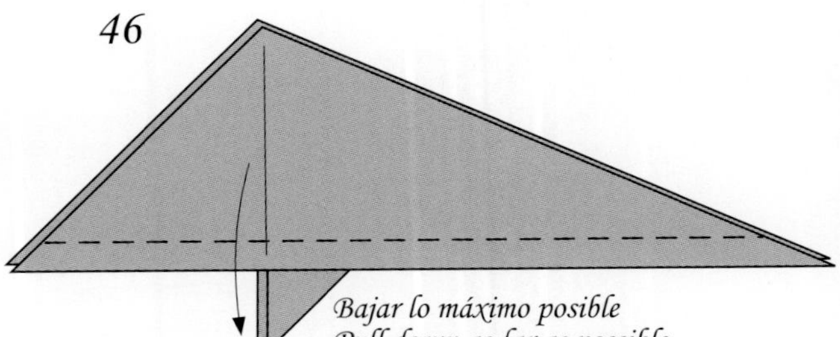

Bajar lo máximo posible
Pull down as far as possible

47

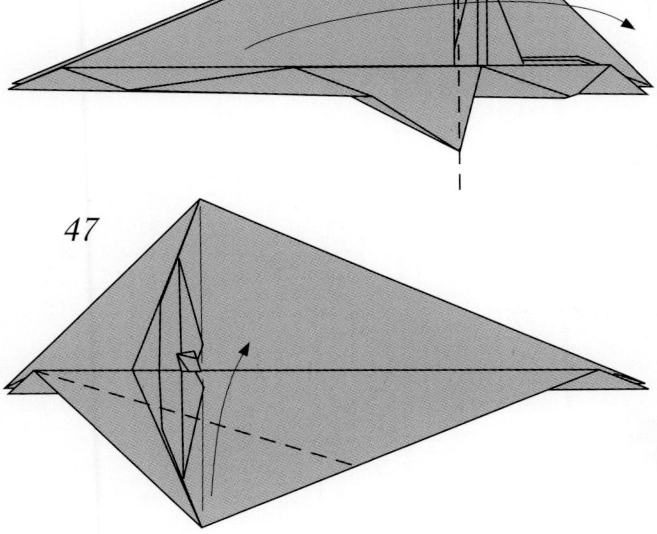

48

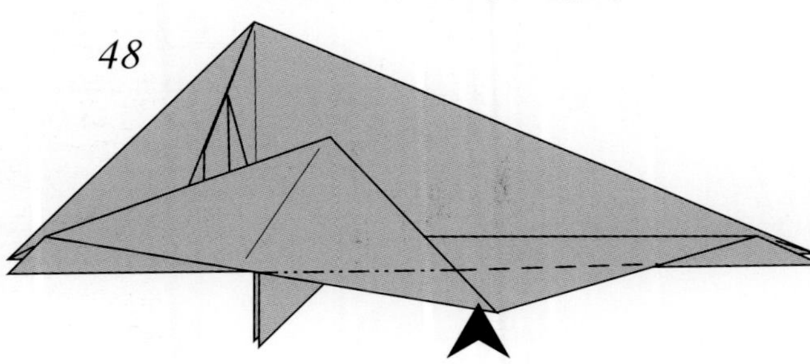

49

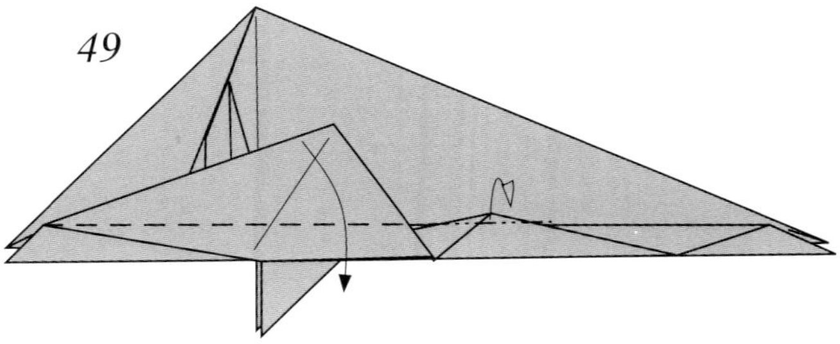

50

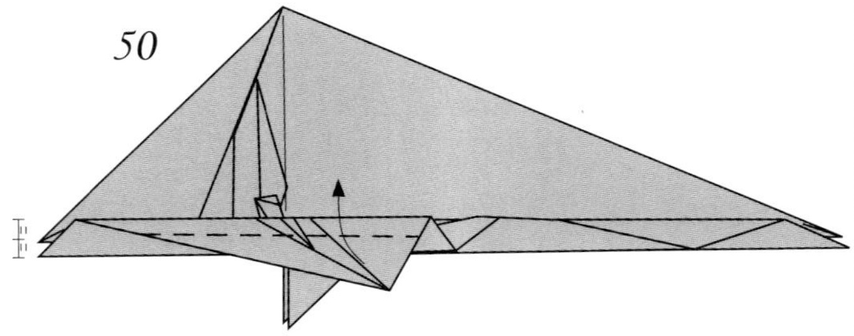

51

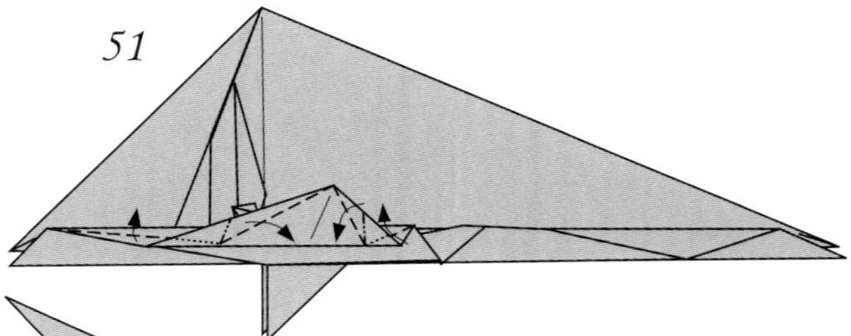

52

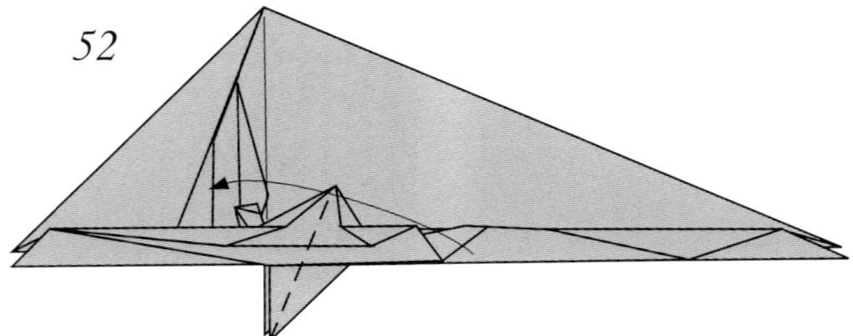

53

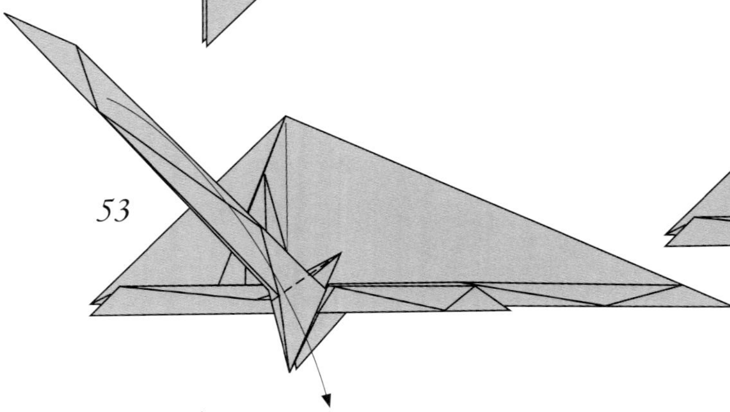

54

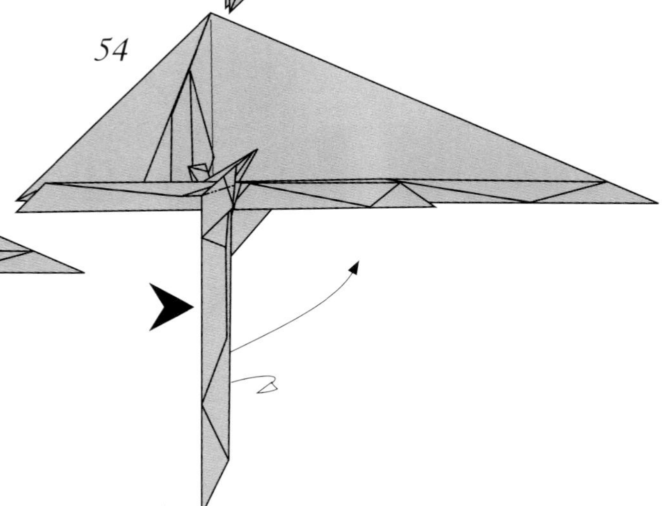

55

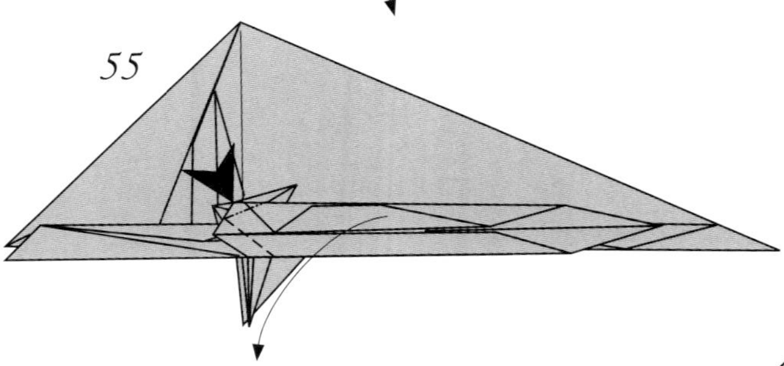

56

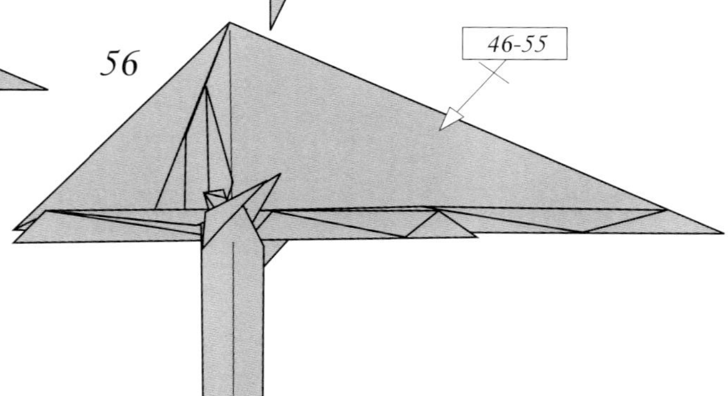

57

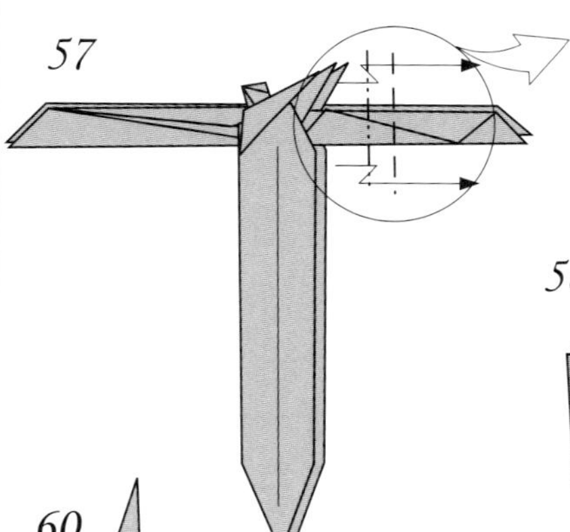

58

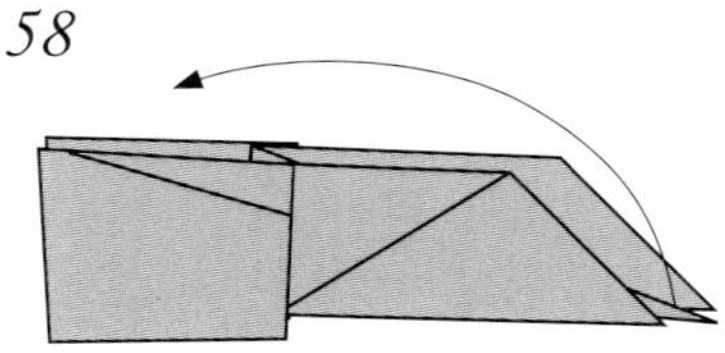

Echar hacia atrás la ametralladora
Pull the cannon backward

59

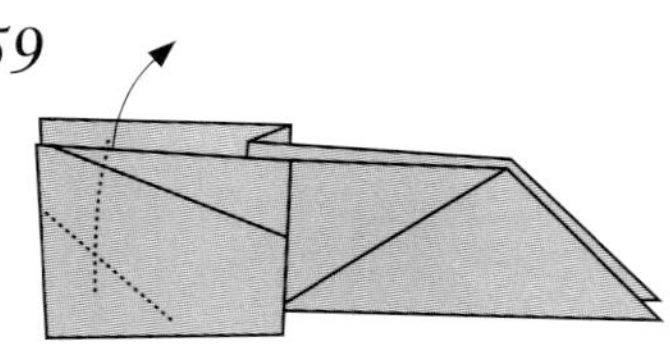

Sacar la ametralladora
Pull out the cannon

60

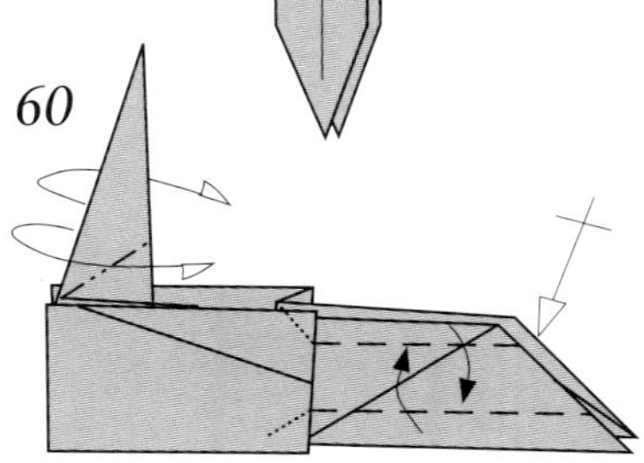

61

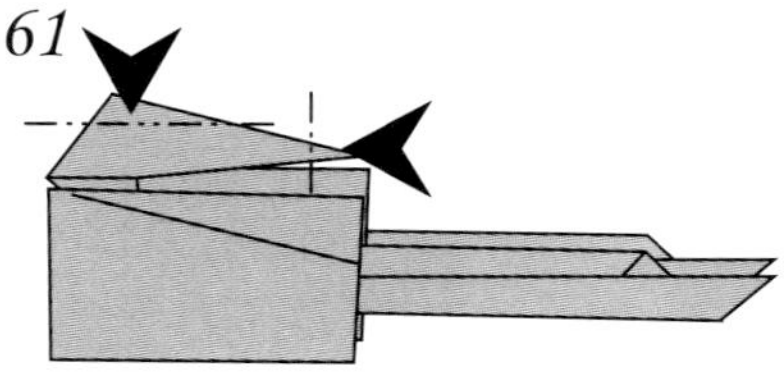

62

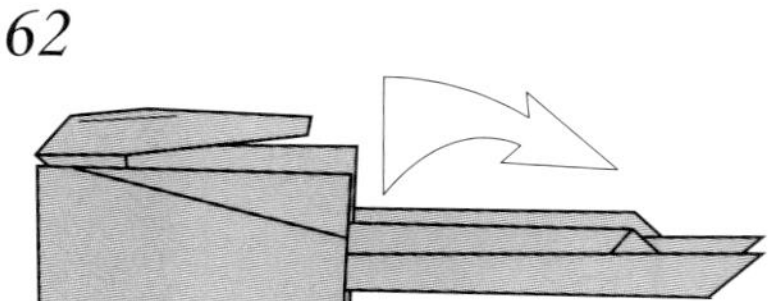

63

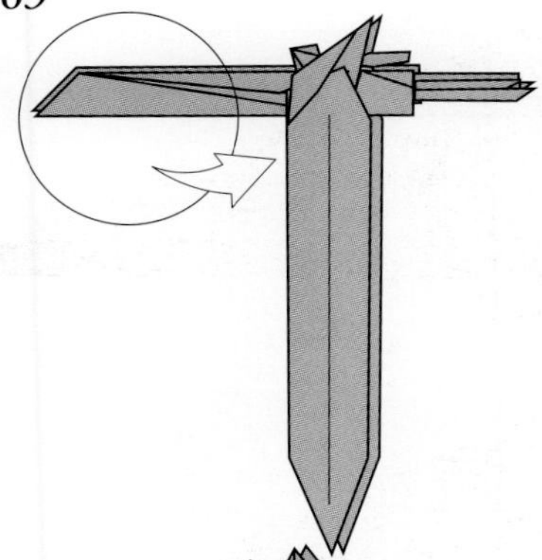

64

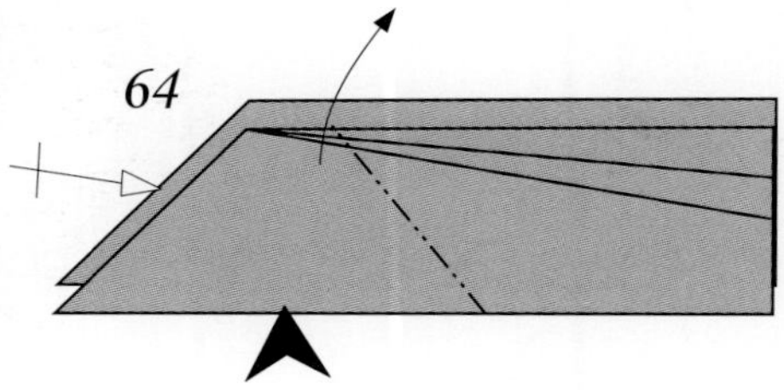

65

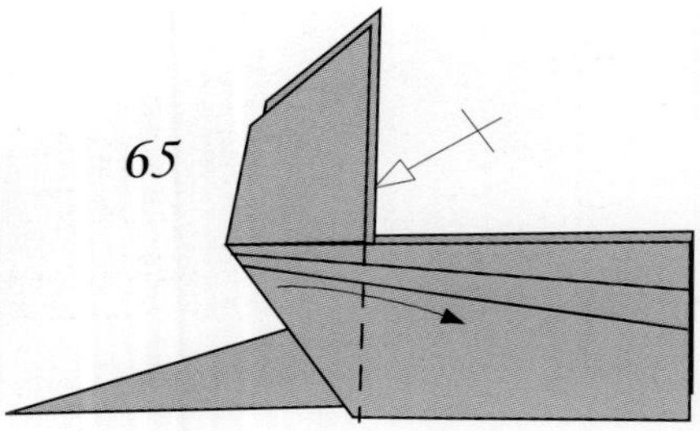

66

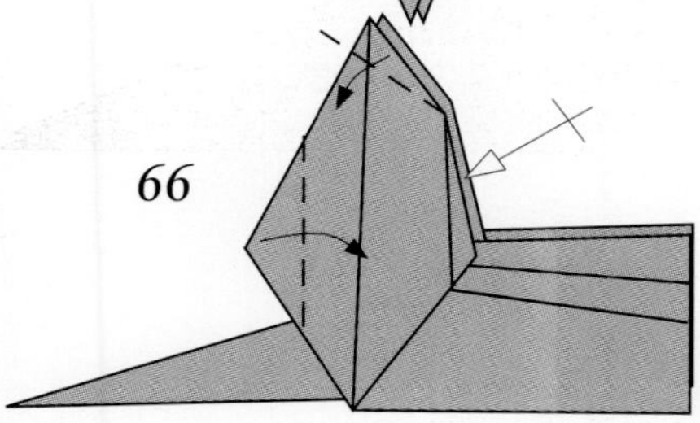

67

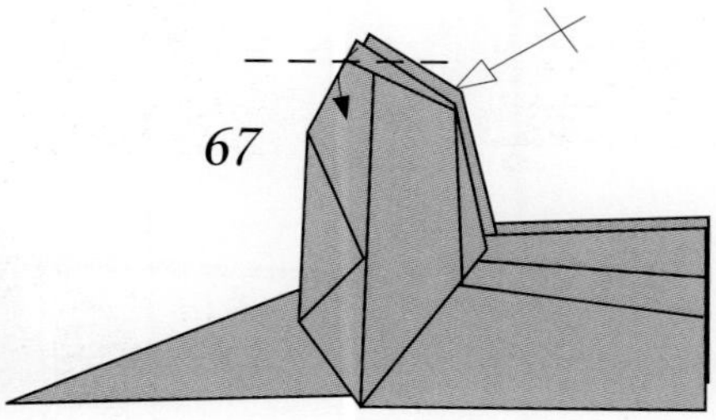

68

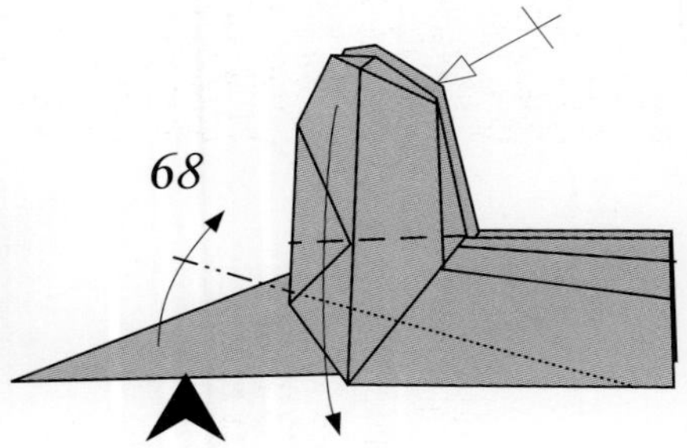

69

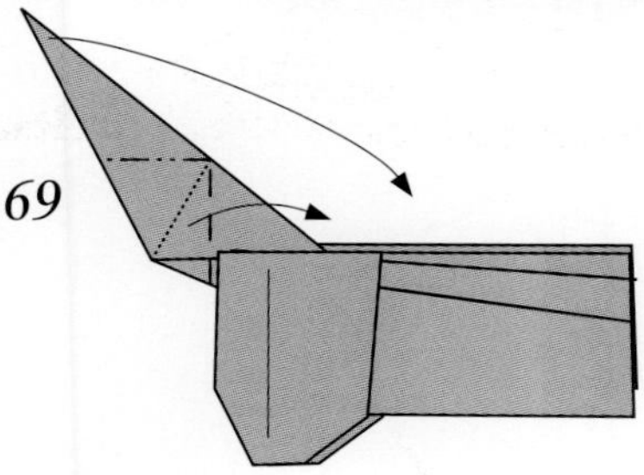

70

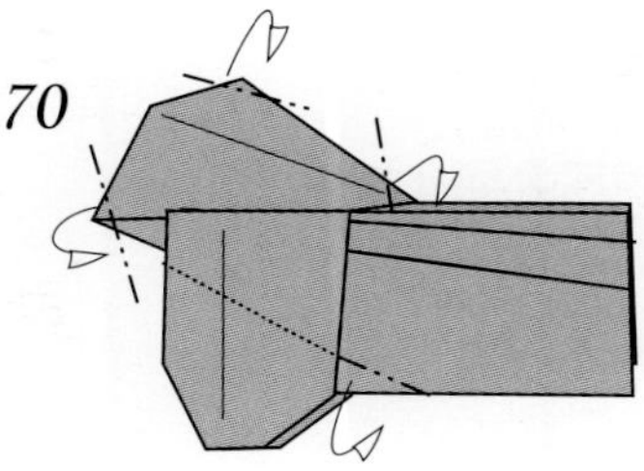

71

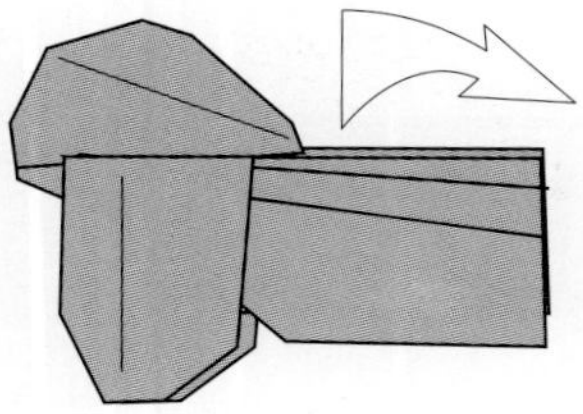

72

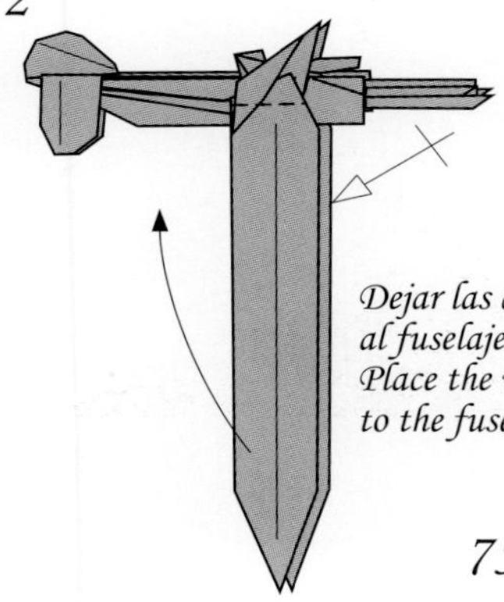

Dejar las alas perpendiculares al fuselaje
Place the wings perpendicular to the fuselage

73

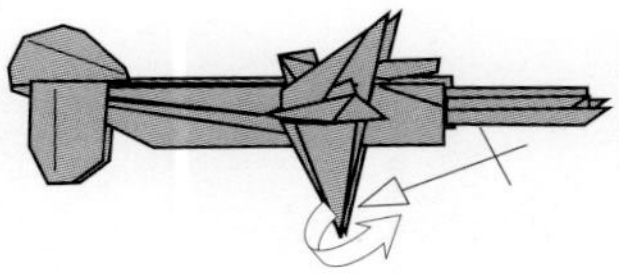

Formar las ruedas
Shape the wheels

74

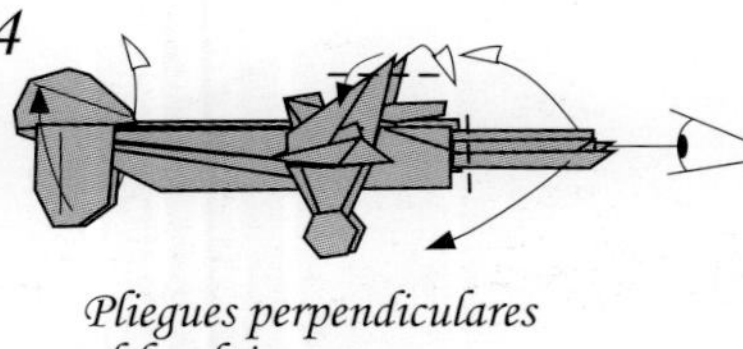

Pliegues perpendiculares al fuselaje
Folds perpendicular to the fuselage

75

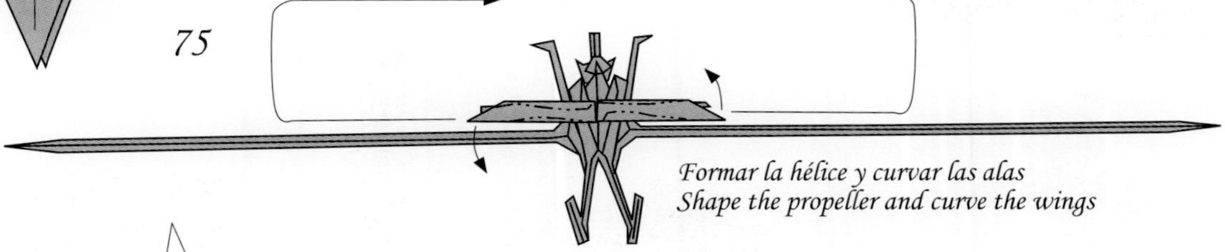

Formar la hélice y curvar las alas
Shape the propeller and curve the wings

76

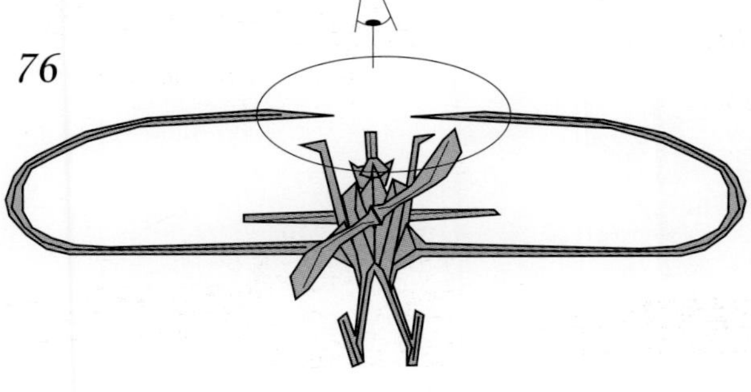

77

Cierre de las alas
Wings interlocking

78

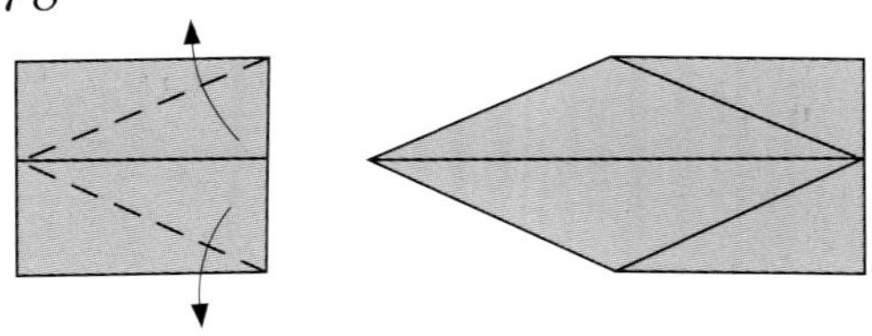

79

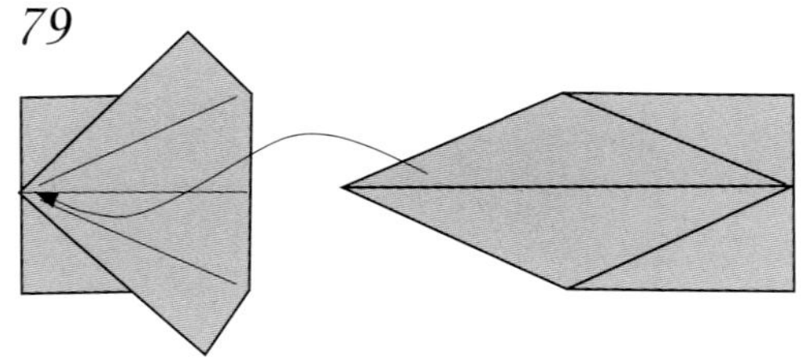

80

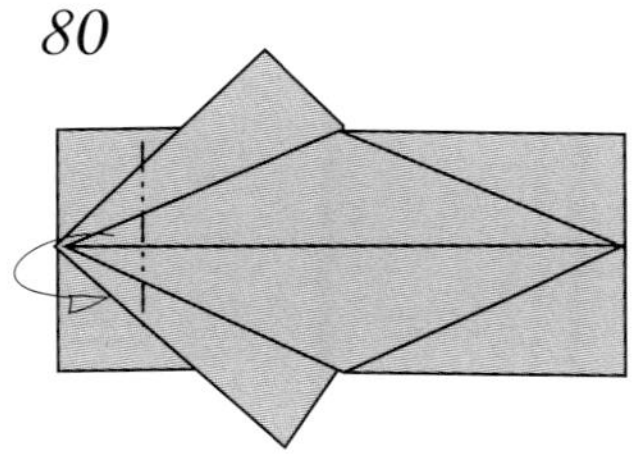

81

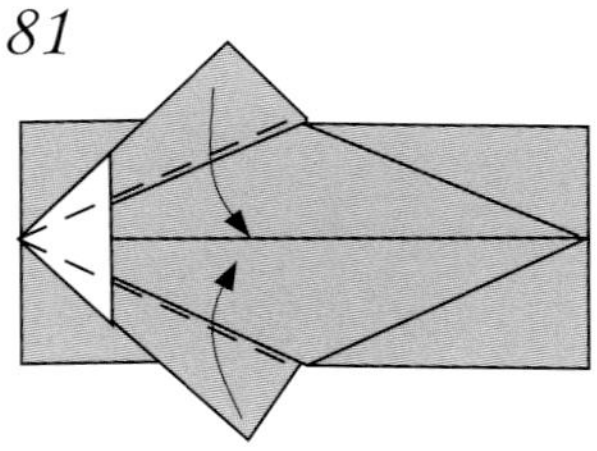

82

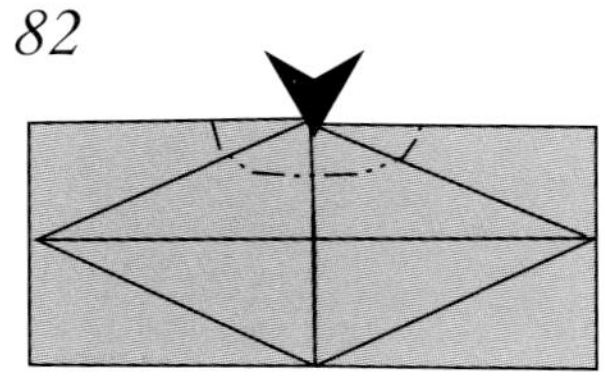

Parte trasera del ala
Wing´s trailing edge

83

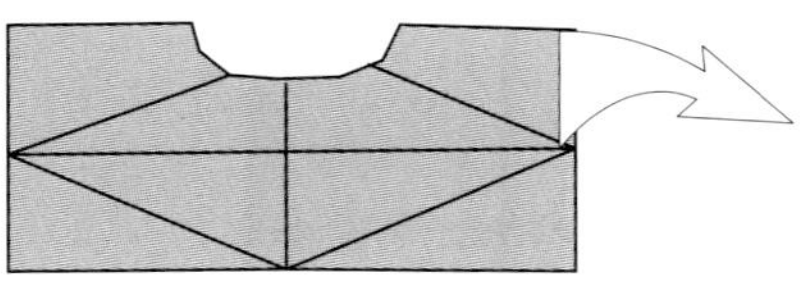

84

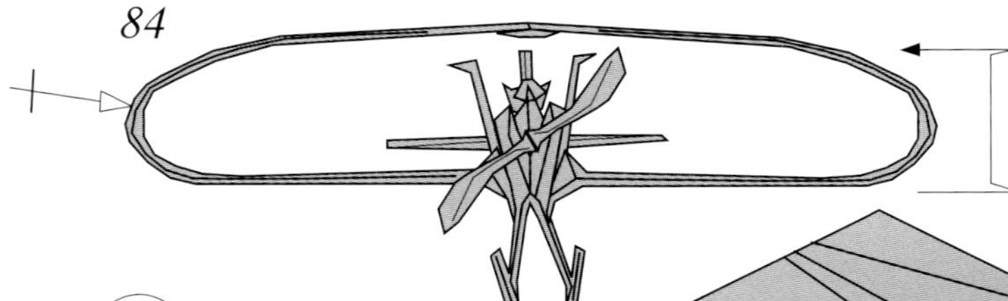

85

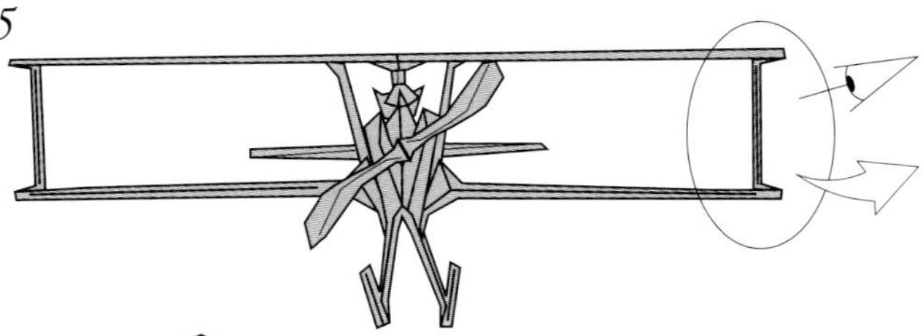

86

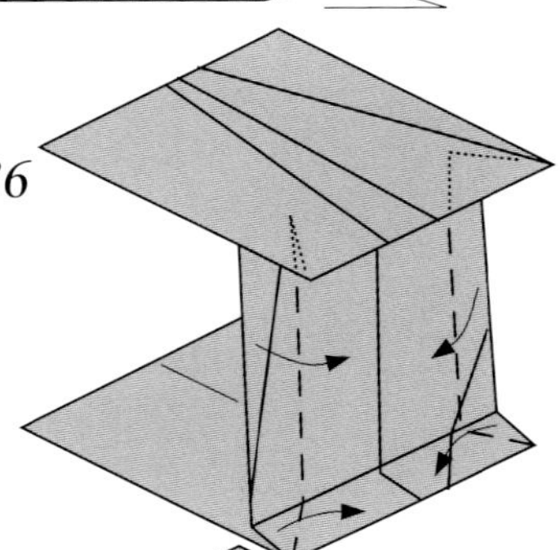

87

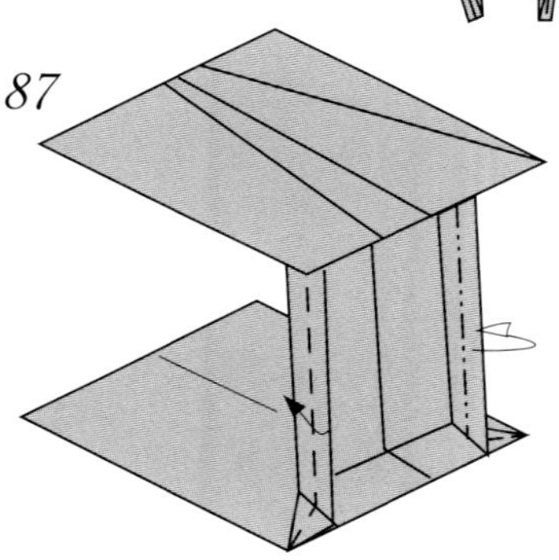

88

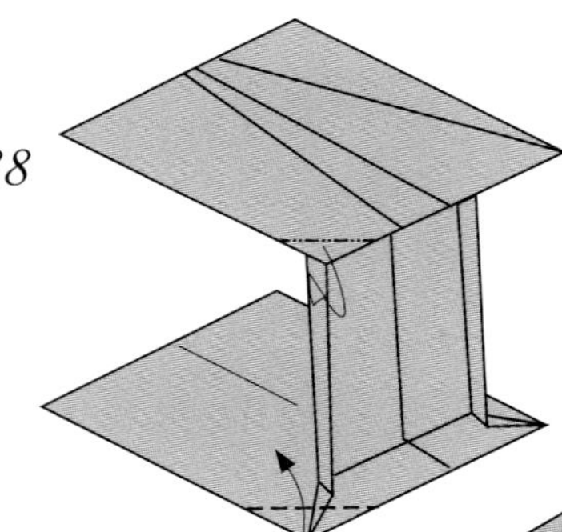

89

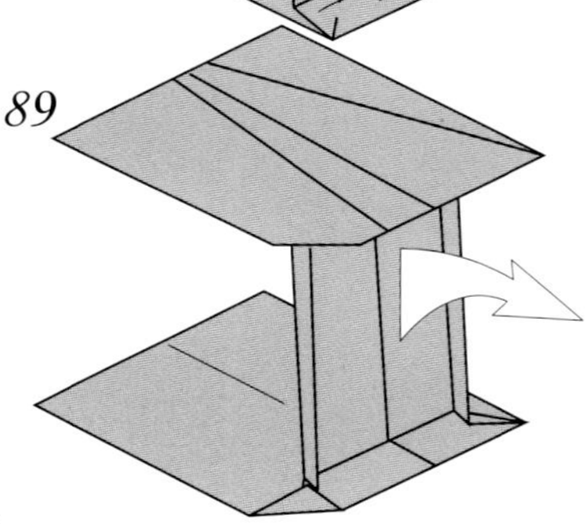

90

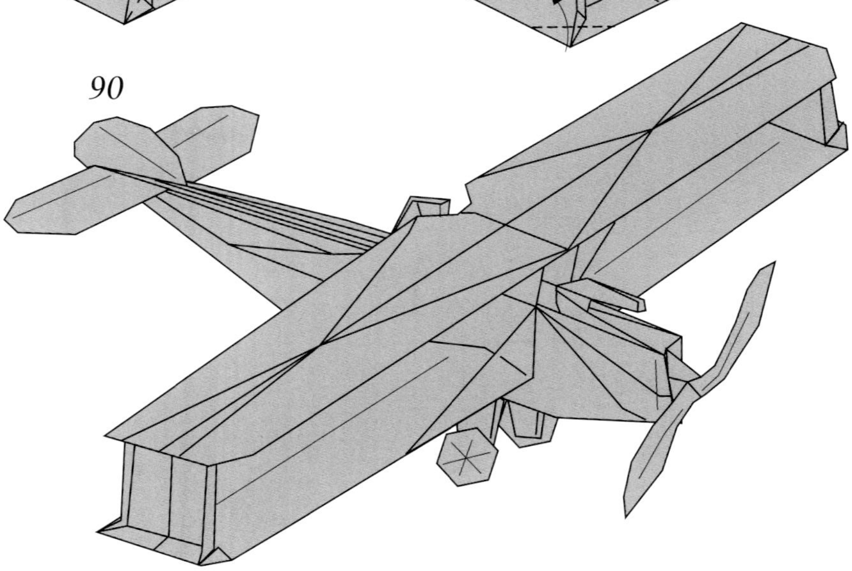

Técnicas, Insignias y Acabados

En esta sección voy a tratar de dar una serie de consejos para mejorar el acabado final de los modelos, pero tómelo como eso, consejos. No dude en probar nuevas técnicas.

En primer lugar tenemos que ocuparnos de la elección del papel. Los primeros modelos del libro, al ser más sencillos, se pueden plegar casi con cualquier papel. El F-117 y el A320 los he llegado a plegar en cartulina. Para los modelos posteriores yo recomiendo papel metalizado. Este papel mantiene muy bien la forma y no se abre. Tiene la desventaja de que cuesta invertir los pliegues (de monte a valle). Consta de una cara blanca y otra brillante, que puede ser de varios colores: plateado, dorado, azul, verde, rojo, etcétera.

Una técnica que uso profusamente en mis figuras es el papel "sandwich". Consiste en pegar al papel metalizado papel de seda. Conseguimos así el color deseado (existe una gran variedad de colores en el papel de seda), pero con las buenas características del papel metalizado. El pegamento que yo utilizo es de barra, aunque otras personas prefieren el pegamento en aerosol. Debido a que el papel de seda es muy fino, podemos cambiar el tono final del color pegando el papel de seda bien sobre la cara blanca o bien sobre la brillante del papel metalizado.

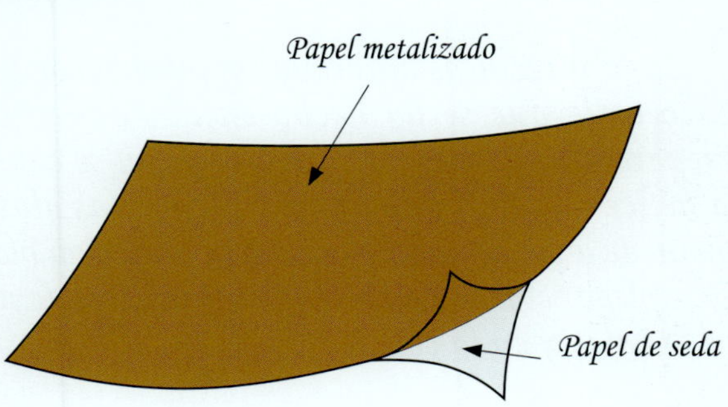

Elaboración del papel "Sandwich"

Dicho esto del papel, pasemos a los modelos. Lo más aconsejable es disponer de fotografías del modelo real y estudiar sus colores, insignias, detalles, etcétera. Dependiendo del realismo que queramos conseguir, podemos optar por varias técnicas.

Hay modelos en los que basta con elegir un buen color. Por ejemplo el F-117, utilizando papel "sandwich" negro se obtienen buenos resultados. Con otros modelos, al jugar con el cambio de color, debemos prestar atención a ambas caras del papel. Es el caso del Transbordador espacial (blanco y negro), del velero (blanco y azul) o del Eurofighter (gris y negro).

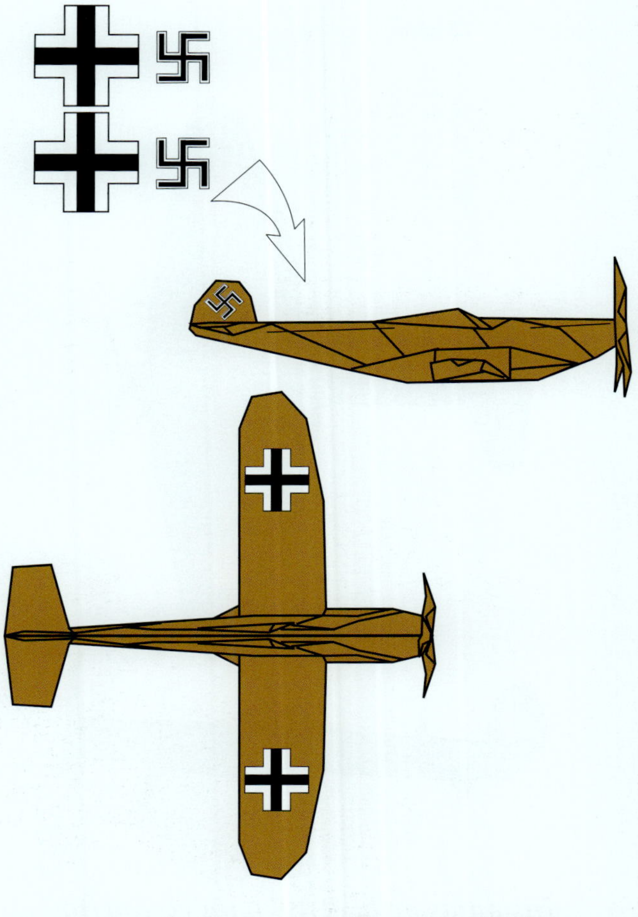

Insignias de la Luftwaffe para el Bf109

Un paso más para realzar la figura es añadir detalles o insignias. Esto no es muy ortodoxo, pero es una forma sencilla de mejorar el aspecto final. Por ejemplo, en el Messerschmitt Bf 109 podemos añadir en las alas y en la cola los emblemas de la Luftwaffe. Para ello se pintan en un papel los emblemas, se recortan y se pegan sobre el modelo ya plegado.

Además de los emblemas o insignias, podemos añadir detalles como la cabina o el escape del motor, etcétera. Esto es lo que se ha hecho para el Supermarine Spitfire.

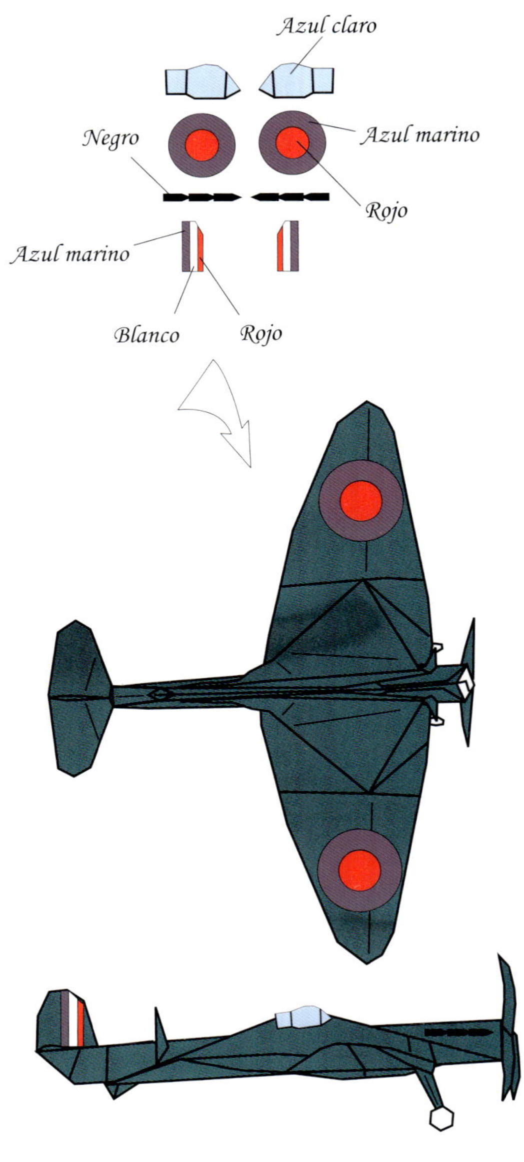

Insignias de la RAF para el Spitfire

Otra técnica quizá más ortodoxa consiste en preparar los colores antes de plegar el modelo. Para ello debemos estudiar el "Crease Pattern" de la figura para determinar dónde quedará el papel visto en la figura plegada. A modo de ejemplo se muestra el papel preparado para doblar el V-22 Osprey.

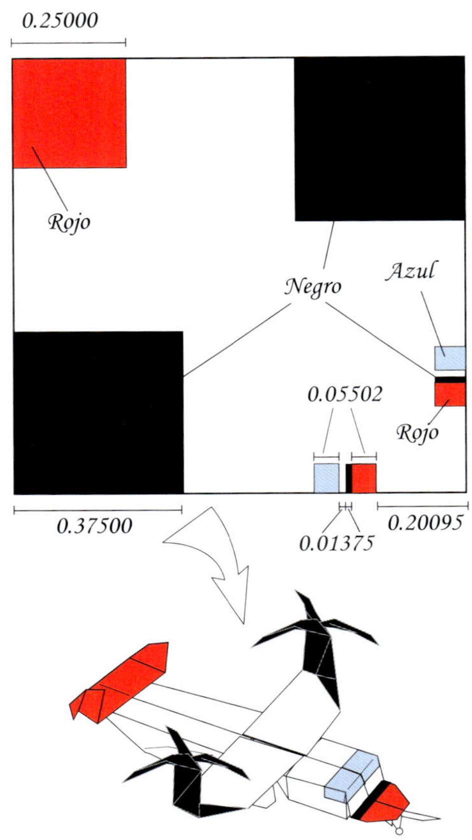

Patrón de colores para el V-22 Osprey

Las dos técnicas anteriores se pueden combinar. Esto es lo que se ha hecho en el Fokker Dr I. Preparando convenientemente el papel se consigue la hélice de color marrón, el fuselaje, las alas y el timón de altura rojos, y el timón de dirección blanco. Tras plegar el modelo se añaden las cruces de malta en las alas y en la cola.

Por último, si queremos que la figura tenga un aspecto más consistente y no se deteriore con el paso del tiempo, podemos barnizarla. Se puede aplicar barniz de aeromodelismo con pincel, o bien barniz en aerosol.

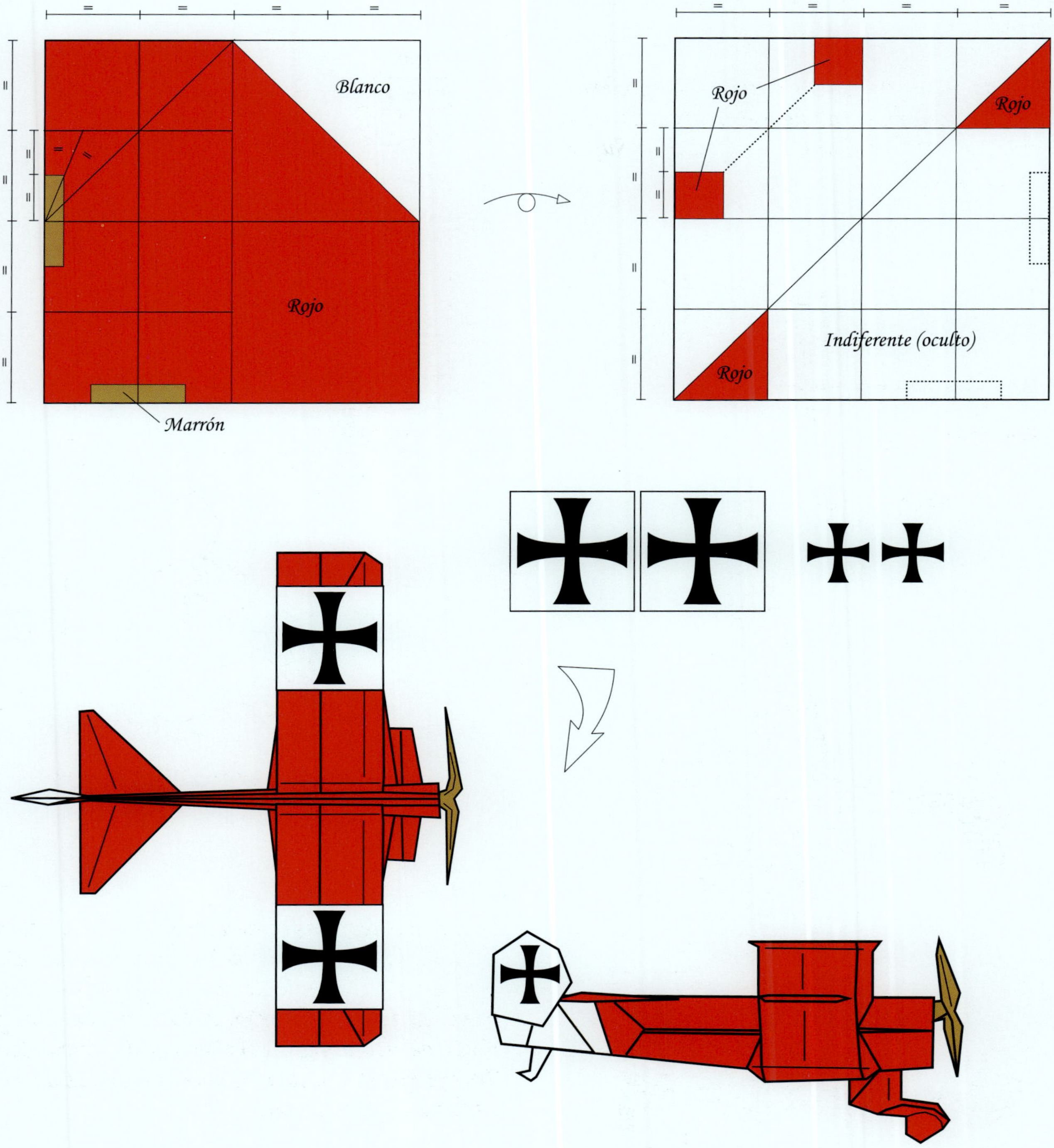

Patrón de colores e insignias del Fokker Dr I

Fotografías

F-117 Night Hawk, página 17

Airbus A320, página 12

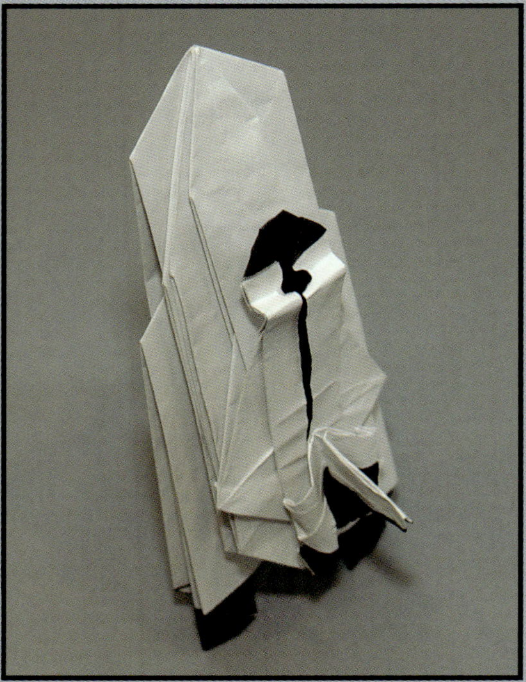

Transbordador "Space Shuttle", página 20

Bell Model 209 Huey Cobra, página 23

Messerschmitt Bf 109K, página 25

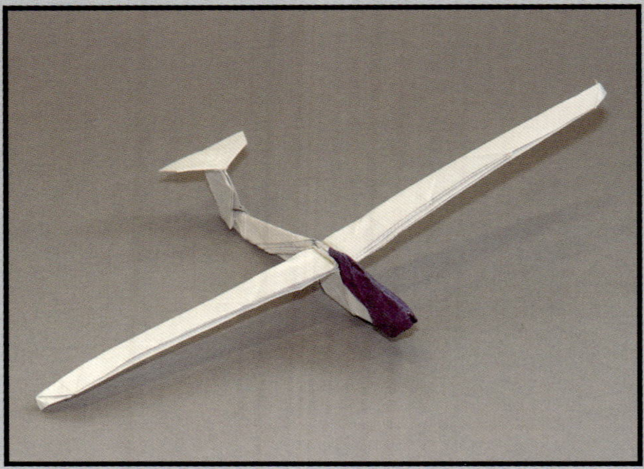

Velero de Vuelo sin motor, página 29

Supermarine Spitfire, página 32

Panavia Tornado, página 37

F-18 Hornet, página 42

Schweizer-Hughes 300, página 45

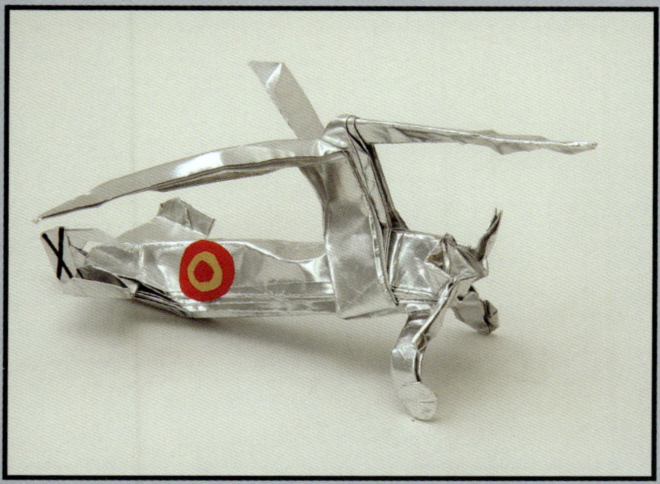

Autogiro Cierva C.30, página 48

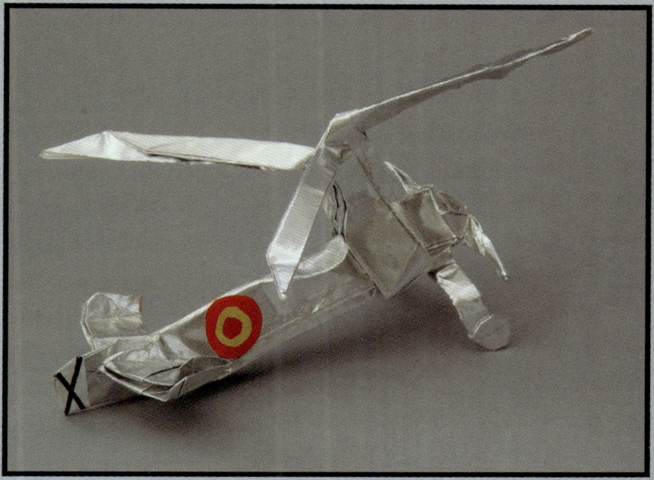

Autogiro Cierva C.19, página 51

Eurofighter Typhoon, página 54

McDonnell Douglas MD-80, página 59

Bell/Boeing V-22 Osprey, página 69

C-212 Aviocar, página 64

Fokker Dr I Barón Rojo, página 74

Sopwith F.1 Camel, página 79